和合，是包容基础上的扬弃、传承基础上的创新。

古为今用——古今和合　洋为中用——中外和合　他为我用——五力和合

和合战略

熊小军／著

中国城市出版社

图书在版编目（CIP）数据

和合战略 / 熊小军著．—北京：中国城市出版社，
2018.12（2019.9重印）

ISBN 978-7-5074-3156-8

Ⅰ．①和…　Ⅱ．①熊…　Ⅲ．①企业战略－战略管理
Ⅳ．①F272.1

中国版本图书馆 CIP 数据核字（2018）第 301803 号

责任编辑：朱晓瑜　张智芊
责任校对：王宇枢

和合战略
熊小军　著
*
中国城市出版社出版、发行（北京海淀三里河路 9 号）
各地新华书店、建筑书店经销
逸品书装设计制版
北京圣夫亚美印刷有限公司印刷
*
开本：787×1092 毫米　1/16　印张：20¾　字数：319 千字
2019 年 3 月第一版　　2019 年 9 月第二次印刷
定价：**75.00** 元
ISBN 978-7-5074-3156-8
（904120）

目录

CONTENTS

第一篇 总论

目　录

第三篇 和合战略之实践

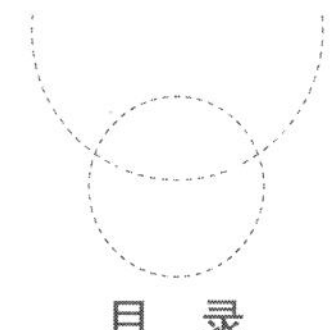

和合战略

第一篇 总论

第一章 和合渊源

第二章 战略概论

第三章 和合战略概论

第四章 战略典源解读

“和”是要把不同的东西调和在一起，产生或发展出全新的、超越自我的东西。“和”，就像煮羹汤，精选食材、调和烹饪，乃成美味。“和”不能什么都要，就像羹汤里不需要老鼠屎。“和”需要选择、扬弃和创新发展。

“合”是要把不同的东西包容在一起，形成一个更大范围、更多内容的东西。“合”就好比大海，不拒细流、涵容百川，有容乃大。“合”不是简单混合，就像大海把泥沙沉淀在海底。“合”需要包容、传承和规则秩序。

和合连起来讲，指在承认不同事物矛盾、差异的前提下，把彼此不同的事物包容在一起，在传承的过程中，通过选择和扬弃、创新和发展，吸取各个事物之优长而克服各个事物之短劣，使之在一定的规则和秩序下能够超越自我、达到最佳组合，由此推动事物的进步，促进新事物的产生。

总而言之，和合是包容基础上的扬弃、传承基础上的创新。了解和合传统、和合文化、和合精神、和合理念、和合思想，可以使我们获得历史的启迪与现实的智慧。

本书所研讨的课题重点是战略策划和研究、战略准备和评估以及战略执行和应用。其目的是要有效地帮助中小企业生存发展，同时也要帮助大型企业查漏补缺，巩固战略地位。

本书推荐的战略是不受企业规模和行业限制，是既能有效复制，又能差异发展的战略，最终能够帮助企业在 21 世纪的产业革命中高速前进、持续获得强大的竞争优势。这种方法不需要靠运气，靠的是用和合思想理念进行实力的积累和智慧的创新，从而获得优势战略地位。

| 第一章 |

和合渊源

和、合两字都见于甲骨文。和的初义是声音相应和谐；合的本义是上下嘴唇的合拢。

“和合”观念，较早见之于《国语·郑语》：“商契能和合五教，以保于百姓者也。”

春秋时期，和合概念是人们对社会生活各个层次、各种冲突现象和谐的认知的提升，也是对自然、社会现象本质的探索。《管子》(《管子集校》第八)载：“畜之以道，养之以德。畜之以道，则民和；养之以德，则民合。和合故能习，习故能偕。”管仲认为畜养道德，人民就和合，和合便能和谐，和谐所以团聚，和谐团聚，就不会受到伤害，给和合以高度重视。墨子从“兼相爱、交相利”的思想出发，认为“内者父子兄弟作怨恶，离散不能相和合”，指出家庭内若父子兄弟相互怨恨、互相使坏，推及天下百姓，亦互相亏害，国家就会离散灭亡。

在中国传统中，和合是处理人与家庭、社会、国家关系的根本原理。和合是修养道德的目标和对于这种目标的追求。人有了道德修养，便和合。它是使家庭、社会凝聚在一起，形成不离散的社会整体结构的聚合剂，亦是社会和谐、安定的调节剂。中华民族是五十六个民族的和合体，中华自古崇尚“和为贵、合为乐”，使数十个民族和合在一起构筑了一个和谐大家庭，和合有着意蕴丰富、内涵深邃的文化传统思想。

和合是中国文化的精髓，亦是被中国传统各家各派普遍认同的原则，浸润着中国文化思想的各个方面。和合被认为是诸多因素、要素的动态融

合、有序发展的结果。这种融合不是简单的混合，而是一个重新选择、有扬有弃的过程。和合按照和合体自身的需要，在选择、扬弃诸多因素、要素中，汲取自身所需要的适用精华成分，而排除其不需要的糟粕部分，从而产生新生事物，使和合体获得有序发展。无论是天地万物的产生，人与自然、社会的关系，还是道德伦理、价值观念、心理结构、审美情感，都贯通着和合。

在中国民间就流传着许多“和合”的故事。

第一节　家庭和合

据唐代段成式的《酉阳杂俎》记载，唐初僧人万回出家前是弘农阌乡人，俗姓张氏，二十多岁了，还未娶妻生子，形状怪异，有点傻样，也不太说话。他胞兄万年戍守辽阳，久无音信，父母十分惦念。除夕那天，他包好了几张烙饼，说要给哥哥送去，飞奔出门，连快马都追不上。傍晚赶回，带来兄长的家书，封口上的糨糊还湿着呢。算起来，一天往返万里，人们在敬佩之余，送给他一个“万回”的雅号。自然，这是个夸大其词的传说。

万回，传说是菩萨转世，因犯错被佛祖贬到人间，唐高宗曾把万回召入宫中，武则天还送他锦袍玉带，他所说之事多有应验，万回死后，宫廷、民间都奉祭他，认为此人能未卜先知，排解祸难，而唐明皇亦封万回为圣僧，后人视为“团圆之神”，称之为“和合之神”。万回作为“团圆之神”“和合之神”，传达出来的是一种家庭内部的“和合”、骨肉之间的亲情。

后来，万回作为“和合之神”的位置慢慢被“和合二圣”所取代。和合二圣是浙江天台国清寺“拾得”与“寒山”两位名僧之合称。大约在明代中叶万回绝祀之前，民间和寺观就已供奉和合神像。明嘉靖五年（1526）进士、钱塘（今杭州）人田汝成所著《西湖游览志余》按称：“杭州近俗，婚姻喜庆俱礼和合二圣，其像二神并立，则和合之祀犹存，惟未尝目为万回哥哥。”这就是说当时已由“和合二圣”寒山拾得取代了“和合之神”万回。清代医家，广学博闻的汪汲（号海阳竹林人）在溯源和合神时，也就以“和合神乃天台山僧寒山拾得也”载入《事物原会》之中。

明清之际，出现了异性的和合二仙塑像，均系成人，一样的擎荷捧盒，有的则分别穿着红绿衣服。至清初，这种习俗广为人知，盛为流传。可见，和合二仙不只含蕴一般吉神的求福增喜，也不只是像万回传说那样仅仅只是表达家人团聚的美好愿望，它后来也是作为好事成双、喜结秦晋的象征而存在，是“夫妻和合”“家庭和合”的形象表现。

家庭，是社会生活的起源，也是社会基本的组成单位，它的安定、幸福对于整个社会的稳定发展起到十分关键的作用。各个家庭成员之间和睦相处、仁爱相亲，对稳定社会秩序、构建良序美俗具有积极的现实意义。“兄弟和合”“夫妻和合”“家庭和合”是中国传统文化的和谐家庭关系形态。

“家庭是人类文明和伦理的起点”（黑格尔语），“父义、母慈、兄友、弟恭、子孝”五教和合，定义了家庭和谐的人伦关系，也影响了社会礼教秩序。尽管长期社会发展过程中，存在过千差万别的家庭，但“家和万事兴”是中华民族在总结理想家庭关系中得出的基本结论。“父、母、兄、弟、子”五者身份地位不同，在一个家庭里和合，就需要做好符合自己身份地位的事，求同存异，和睦相处。只有家庭稳定，和睦融洽，家庭成员想要做事才会获得必要支持，才能解除后顾之忧。全家心往一处想、劲往一处使，就有心思、有精力、有信心去把事情顺利做好。

第二节　和合二仙

拾得与寒山两位名僧，也是传说中掌管和平与喜乐的神仙，合称和合二仙，亦称和合二圣。和合二仙形象早已深入中华民间。相传两位高僧因

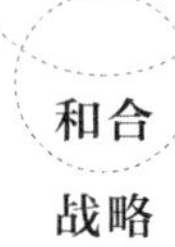

为情感融洽，故能保佑世间朋友友谊长存，情侣情意绵长。

传说中，寒山是文殊菩萨的化身，拾得是普贤菩萨的化身。据记载，清朝雍正十一年（1733）雍正帝册封寒山为“妙觉普渡和圣寒山大士”简称“和圣”，拾得为“妙觉普渡合圣拾得大士”简称“合圣”。

寒山，人称寒山子，能作诗，关于他的确凿记载非常少。因姓氏、法号不详，人称“寒山”，又称“寒山子”或“贫子”，根据他的诗作推测，他可能是唐太宗贞观时期出身唐代仕宦世家，由于科考不利和被兄嫂疏远，“抛绝红尘境，常游好读书”，辗转流浪到天台。初来天台时，居住在山村中，以耕读持家，与邻里和睦相处：“田家避暑月，斗酒共谁欢。”后来，隐居于浙江天台山的寒岩洞（寒山），过着独居隐世生活，以山自名。后与拾得同为僧侣。唐台州刺史闾邱胤撰《寒山子诗集传》与宋僧赞宁著《宋高僧传》有传。

拾得，本是弃儿，国清寺丰干（一作封干）禅师外出拾回，故称“拾得”，后来出家，成为国清寺的和尚，掌管食堂香灯。寒山子来寺，拾得与同寺的丰干常把供佛或僧众用餐剩余的饭菜倒进竹筒里，让寒山子背回去。寒山、拾得和丰干经常来往于国清寺和寒石山之间，吟诗唱偈，笑傲林泉，情逾手足，正如拾得诗所写的“我别无亲眷，寒山是我兄”。

早期《和合图》中的寒山、拾得，均为男身，多数形象为：拾得手擎荷叶，寒山手执斋盒，两人蓬头笑面，身穿莲蓬纹和云纹袈裟，系腰带，袒胸露乳，紧裤赤脚，有的还相互挨肩，俨然一对孪生兄弟。

晚清以后，无论雕塑绘画，和合二仙像的欢乐氛围营造得更加充分。大多是人见人爱的稚童形象。如晚清一枚象牙雕刻，二仙乳气未脱，体态丰腴，憨态可掬。有的盒子中还装满珍珠宝贝，也有盒子中飞出五只蝙蝠，象征着“五福（长寿、富贵、健康、好善、寿终正寝）临门”。二仙像常常放在财神像的旁边，象征着和气生财，内涵更加丰富。但不管是什么造型，无一例外都是一副欢乐之神的样子，犹如开怀大笑的弥勒佛。

现代著名画家马骀在题《和合二仙图》中说得好：“和气乃众合，合心则事和。世人能和合，快活乐如何！”

“人的生活，离不开友谊，但要获得真正的友谊并不容易。它需要用忠诚去播种，用热情去灌溉，用原则去培养，用谅解去护理。”（奥斯特洛夫斯基语）人与人相处就像是照镜子，你对着镜子笑，镜子里的人就对着你笑；你对着镜子哭，镜子里的人就对着你哭。如果你能替他人着想，能帮的忙都会尽力，能做的事都能尽心，别人也会有所感激并懂得热情回馈！

寒山、拾得，一个是流浪汉、一个是弃儿，非亲非故，萍水相逢，却能以诚相待，患难与共，真是不是骨肉，胜过骨肉。体现了中华民族所崇尚的仁爱孝悌、谦和好礼的传统美德。中华民族仁爱美德，也即重视人、尊重人、理解人、关心人、爱护人、帮助人、同情人、关怀人，是中华民族人伦原理的思想精华。

第三节　朋友和合

寒山、拾得与丰干一起，供奉在浙江天台国清寺三贤殿里。三人中，数丰干年纪最大，《宋高僧传》说他“剪发齐眉，布衣拥质，身量可七尺余”，是位高个子。他的家就在天台县城东门外丰家（今路口村），父亲当过尚书。他在寺中每天舂谷出米，到了晚上就唱歌自娱，颇为自在。他曾云游四海，到过五台山。他写过这样一首诗：“余自来天台，凡经几万回。一身如云水，悠悠任去来。逍遥绝无闹，忘机隆佛道。”

在国清寺，丰干虽然独来独往，与寒山、拾得却很投机。拾得本来是十来岁时被父母遗弃的孤儿，是丰干在赤城山的岭路上捡来带回寺院的，就取名“拾得”，山也因此获名“拾得岭”。拾得长大后，与丰干的感情特别好，故丰干诗中有“寒山特相访，拾得常往来”之句；寒山诗中也有“时访丰干道，仍来看拾得”之句。国清寺将他们称作三圣或三贤，同供于一殿，称作三贤殿；将三人诗作同收于一册，称作《三隐集》。

现存最早记载描绘三贤的图画是诗僧贯休的《寒山拾得图》，上面题有“东家人死西家哀，世上何人识破来。只为丰干太饶舌，至今岩罅不曾开”的诗句。其后，中国和日本以三贤为题材的画作、著录甚多。

中国有句老话："在家靠父母，出门靠朋友。"总是独来独往、常常自娱自乐的丰干在与寒山、拾得交往中仍然很自在，感情非常好，显现了"和合二仙"的亲和力。他们三者的关系，体现了人们在人际交往中对亲密友谊、美好善良的追求。

中国在亲朋好友间讲究礼尚往来。孔子有一句名言"克己复礼为仁"，意思是说，每个人都应克制自己不正当的欲望、冲动的情绪和不正确的言行，做到"非礼勿视、非礼勿听、非礼勿言、非礼勿动"。丰干、寒山、拾得三人在交往中，使自己的视、听、言、行等一举一动都符合"礼"的规定，大家的感情日益升华，才能长久亲密相处。

人，作为社会的一分子，无论其时间、精力还有资源都是有限的，要想有所作为、获得成功，离不开别人的帮助。因此，处理好与周围的人、相关的人的关系是至关重要的。秉承中华民族传统美德，是获得大家认可、信任、帮助、支持的不二之选。朋友之间的帮助和支持，也要考虑对方的承受能力，如果为了满足自己的需要，搞友情强制，这就是一种使朋友反感的行为。

在人生的舞台上，与朋友相处，实在没有什么值得争强好胜的，大度宽容、真诚待人，你才会获得朋友的爱。你想要人家怎样对待你，你就应该怎样对待人家，"己所不欲，勿施于人"，善待朋友就是善待自己，善待别人也是善待自己。善待朋友、善待别人，能够帮助你获得更大的成功。

第四节　自然和合

高僧华国子文、墨庵灵渊、梦堂昙噩、祥符绍密等都绘有《四睡图》。所谓四睡图，是指寒山、拾得、丰干和一只老虎一同睡觉的画作，正如宋人林希逸题的"多少醒人作寐语，异形同趣谁知汝，四头十足相枕眠，寒山拾得丰干虎"，自注"其像三人交头枕虎而睡"。这些图源于丰干骑虎的传说。丰干经常出入松门和国清寺，把虎养在藏经楼后侧的一个院子里，

人称虎啸堂，起初僧众听见虎啸十分惊惧，时间长了，又不见虎伤人，也就习以为常，而寒山、拾得更因为与丰干来往频繁而经常接触老虎，也与虎成为朋友。后来丰干去五台山，回归山林的老虎也经常于夜静更深之时到寺院周围巡游一番，吼叫一阵才离去，似一头护法虎。

从生态学角度看，天台在三圣所处的年代，崇山峻岭，林深草长，生活着很多珍禽异兽。在一般情况下，人兽各居其所，相安无事。只有当生态环境恶化或者人侵扰其领地时，才会发生猛兽伤人的事件。清康熙年间群虎下山伤人就是一例。如果说丰干骑虎颇有神话色彩，那么寒山子与虎的关系就属于常态了。他所居住的寒石山，距县城七十里，山高林密，易匿兽踪。寒山子所写“复有朦胧处，松萝相连接。此中多伏虎，见我奋迅鬣。手中无寸刃，争不惧慑慑”，正是遇虎的实录。但寒山子并不因此而以火烧山、斫树芟林或邀众驱虎，而是“庭芜更不芟”“云路烟深绝客来”，尽量保持原生态自然环境。

有着“仁爱”美德和“和合”观念的寒山子和他的朋友们，先是人自“家住绿岩下”、兽自栖息丛林中，进而至于“猿啼畅道内，虎啸出人间”，终于臻达“石林临碧沼，虎鹿每为邻”“时逢林内鸟，相共唱山歌”。

这样的人与自然睦邻友好的境界，才是生态协调发展和可持续性发展的自然境界啊。人类的生存和发展，离不开大自然。人与自然是相互依存、相互联系的关系。与自然和合，世界才会有生机蓬勃！“我们不要过分陶醉于我们人类对自然界的胜利。对于每一次这样的胜利，自然界都报复了我们。”（恩格斯语）如果没有自然和合，其结果要么自然内部的平衡被破坏，要么人类社会的平衡被破坏，要么人与自然的关系被破坏，因而受自然的报复也就在所难免。

自然界是人类社会产生、存在、发展的前提和基础，人类归根结底是自然的一部分。在开发自然、利用自然中，人类的行为方式必须符合自然规律。人要与自然相和合，而不能凌驾于自然之上。保护自然环境就是保护人类本身，“劝君莫打枝头鸟，子在巢中望母归”的经典诗句，告诉人们，对自然要取之有时、取之有度。与自然和合的中华传统文明，为我们成就事业，开启了尊重自然、造福生态、惠及后代的智慧之门。

第五节　社会和合

丰干、寒山、拾得三人趣味相投，和睦相处，同时他们也深深知道他们三人也处在一个社会大环境中，面对社会环境，他们不能置身事外、独善其身，他们与社会上其他人相互联系、相互依存，需要同舟共济、包容互惠。在他们的诗作中，就有一些是说如何严于律己、帮助弱者名句，“不须攻人恶，何须伐己善”，“运心常宽广，此则名为布。辍己惠于人，方可名为施”，表现了胸襟宽阔、舍己为人的情怀。

丰干、寒山、拾得三人的言行，在当时的社会上，产生了正面效应，对其后的时代进步和社会发展也起到了积极的作用。一些文人和佛教徒以唱和的形式托名三贤，编写出众多的劝善偈语和诗歌。最著名的是《寒山问拾得》：

“世间谤我、欺我、辱我、笑我、轻我、贱我、恶我、骗我，如何处治乎？”

“只是忍他、让他、由他、避他、耐他、敬他，不要理他，再待几年，你且看他。”

还有人专门编写了《寒山拾得忍耐歌》，基调也是一样，“听、听、听，堂前父母须孝敬，兄弟同胞须一心，枕边谗言休要听”，“天、天、天，天意与人无两般，为人莫作亏心事，举头三尺有神明”，“人弱心不弱，人贫道不贫。一心要修行，常在道中办”，“世有爱荣华，我却不待此。名利总成空，我心无足厌”等，流传颇广。

这些劝善的偈语和诗歌，都要求立足于自身的良言善行，追求自身道德行为的修行升华，树立起正确的价值观和道德观。这些也体现了中华民族传统的社会责任、道德情操、人文素养、公德意识、人格精神，倡导的是积极向上、健康正确的人生观和社会观。它也是中国人民两千多年来处理人际关系的实践的结晶。

社会的健康发展，其基础是社会的和谐安定，也离不开人际关系的良性互动。社会上的个体，都有自身的利益诉求，这些利益诉求难免会有不同，难免会有矛盾。这就需要有识之士进行疏导化解，需要社会个体做好自我约束，需要社会组织妥善调整处理。“人的本质是一切社会关系的总和”（马克思语），而社会关系是指社会中人与人之间关系的总称。从关系的双方来讲，社会关系包括个人之间的关系、个人与集体之间的关系、个人与国家之间的关系，也包括集体与集体之间的关系、集体与国家之间的关系。从关系的范畴来看，社会关系涉及经济关系、政治关系、法律关系等。所有的这些关系，都需要井然有序，和谐维护。

从对寒山和合文化的梳理中，不难看出，和谐不仅是人与人之间的和谐相处，包括兄弟相亲、夫妻恩爱、家庭和睦、朋友诚信、社会有序，而且包括人与自然的和谐相处。也只有自身内心世界安宁平衡，外部的协调才能起作用，整个世界的和谐才有可能实现。社会和合，就是要以人为本，在承认个体差异的基础上，不否认矛盾、差异和必要的斗争，维护公平正义，把矛盾、差异和斗争限定在既对立又统一的和合体中，使社会个体凝聚在一起，防止因过度的矛盾斗争而破坏了不同事物共同存在的基础，形成不离散的社会整体结构，使社会得到和谐有序发展。社会上的人口规模、年龄结构、人数分布、种族结构以及收入分布等因素，都会对社会个体和社会组织产生影响，如何把握好与其之间的关系，是成就组织事业、帮助个体成功的重要因素。

第六节　和合文化

中国古代先哲们通过对天地自然界、人类社会普遍存在的和合现象作大量观察和探索，从而提出了和合的概念。秦汉以来，和合概念被普遍运用，中国文化的发展也呈现出一种融合的趋势，同时也保留各家的鲜明特色和个性。“和”“合”联用，不仅突出了不同要素组成中的融合作用，强

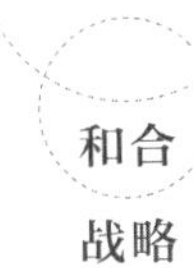

调了矛盾的事物中和谐与协调的重要性，而且成了不同要素融合最为理想的结构存在形式，普遍受到各派思想家的推崇和重视。

在《国语·郑语》中，有“和五味以调口”“和六律以聪耳”的说法。这里所说的“五味”指的是酸、苦、甘、辛、咸等五种味道，这五种味道不能简单相加，需要按一定比例，根据不同的口味进行调和，才能产生美好味道满足不同人的需要；中国古代说的“六律”指的是黄钟、太蔟、姑洗、蕤宾、夷则、无射等六种音律，这六种音律不能简单拼凑，而是六律的相互和谐、协调的组合，才能产生动听的音乐。

美好的味道和动听的音乐，已不是原来的五味和六律，而是一种新的创造。中华民族的先哲们在对和合现象作本质的概括和阐释基础上，推导出促进事物的发展和新事物产生的规律。

和合文化有两个基本的要素：一是客观地承认不同，比如阴阳、天人、男女、父子、上下、先后等，相互不同；二是把不同的事物有机地合为一体，如阴阳和合、天人合一、五教和合、五行和合等。而孔子“和而不同”的思想较能够反映和合文化的本质，不仅限于人与人之间的关系，还包括国与国、人与社会、人与自然（天人）之间的关系，都可以用“和而不同”，或不同而和，来加以概括。

和合承认多元的、多样的事物的存在，不同事物的和合，就能达到“和五味以调口”“和六律以聪耳”。和合是把异质要素整合成一个和合体。和合文化并不否认矛盾、差异和必要的斗争，它本身就是矛盾的对立统一体，只是把矛盾、差异和斗争限定在既对立又统一的和合体中，防止因过度的矛盾斗争而破坏了不同事物共同存在的基础，使得事物的发展停滞不前。

和合是有机的、有序的。和合既不是机械的切割，也不是机械的拼凑。和合是动态发展的过程。在和合中各因素、要素自身都不是凝固的、定型的。因为各因素、要素自身也是由其自身因素、要素所结合的和合体，和合体就是一个连续的、反复的、不断的进程。当某一和合体呈现时，在相对稳定的同时又始终处于动态的不断的发展过程中，是既完整又不完整、既协调又不协调、既和谐又不和谐的。

和合是诸多因素、要素冲突后融合的结果，诸多因素、要素冲突后通

过和合而获得更高层次的安定和进步。冲突若不走向和合，就会走向灭亡，冲突便毫无所成，亦毫无价值和意义。冲突需要和合来肯定和认可，亦需要和合来提升和继续。和合当然不是一件容易的事，它需要机遇、环境与条件。总的来说，和合是新事物的诞生，是肯定、提升和创新，使原来的冲突和矛盾通过和合进入一个新的领域。和合与冲突相反相成，使和合体变化更新，生生不息。了解和合思想理念，可以使我们获得历史的启迪与现实的智慧。

和合思想理念概括地来说，有以下三个方面：

（1）和合是新生事物产生的原因。天下万物都是由和合而生，是不同质的因素、要素的多元和合，正因为其不同质，甚至是完全相对立的因素、要素，才会产生阴阳交感、交互交合作用，才能产生新质事物。假如是同质、同一因素，自身就具有相互排斥的性质，也就不会产生新质事物，不能构成新生事物产生的原因。之所以说“和实生物”，是因为虽有诸多异质因素、要素，若不和合，亦不能产生新质事物，唯有和合，才能产生新质事物，所以和合是产生新质事物的原因。在这里，和合不仅是使诸多异质因素、要素相结合、融合的方法，而且已提升为新质事物之所以产生的原因或根源之所在。和合升华为方法的原因、方法的根据或原因的方法、根据的方法。方法与原因、根据和合一体。

（2）和合是天地事物存有的方式。和合是天地万物存有的环境、存有的条件、存有的内容、存有的结构以及存有的系统等的形式。日月星辰、四时运行的自然，和谐而有序；人自身、家庭、社会，和睦而有序；礼乐典章制度、伦理道德，协调而有序。这种存有的方式，其核心就是和合的存有方式。和合在政治方面是各种不同社会交往与政见的和合；在经济方面是不同劳动方式、消费结构、生活方式、生产资料占有方式的和合；在意识方面是各种不同学术观点、价值观点、审美观点以及各种思想观点的和合。

（3）和合是健康人生的心灵境界。和合是一种心绪和平恬淡、心灵充实愉悦的心灵境界。中国古人认为音乐文化的根本精神就是和合，它能陶冶情操，净化心灵，调整人的情绪冲突，调和人的心情的烦恼。使人进入

人和而与天和，人合而与天合，人乐而与天乐的天人愉悦的和合境界。六律的相互和谐、协调，才能产生动听的音乐，音乐创作成为一门艺术也是源于此道。

和合这一概念，是中华民族传统文化的精髓，广泛而深入地融合于中国文化之中。和合传统、和合文化、和合精神、和合理念、和合思想，使不同的地理环境、不同的生活习俗、不同的宗教信仰、不同的文化传承、不同的历史渊源的五十六个民族，和合在一起，构成了中华民族大家庭。和合思想理念不是中华民族某一家某一派所倡导的思想，而是中华民族诸子百家的共识，也成为中国人民普遍认同的观念。在和合传统的指引下，中华和合思想理念得以产生、流传和发展，中华和合文化不断与时俱进，同时也推动了中国社会的创新发展。和合思想理念，也必将推动中国人民不断创新发展，去获得一个又一个的成功，去创造一个又一个的辉煌。

【认识大师】

在近现代，著名学者、中国人民大学教授张立文，著名思想史家、台湾学者钱穆，著名哲学家、中国思想史家、北京大学教授张岱年，著名思想家、东方学家、北京大学教授季羡林，著名中国哲学史家、北京大学教授汤一介，著名社会活动家、全国人民代表大会常务委员会副委员长程思远等，都对和合文化深有研究，如果需要进一步了解，可参阅先生们更加权威的著作。本书以研究战略为己任，有关和合文化传统故事和论述，都源于先生们的著作，不敢再作过多叙述。

第七节　本章小结

中国古代先哲们通过对天地自然界、人类社会普遍存在的和合现象作大量观察和探索，从而提出了和合的概念。在对和合现象作本质的概括和

阐释基础上，推导出促进事物的发展和新事物的产生的规律。中华民族崇尚“和为贵、合为乐”，“和合”有着意蕴丰富、内涵深邃的文化传统思想。

和合是修养道德的目标和对于这种目标的追求。畜养道德，人民就和合，和合便能和谐，和谐所以团聚，和谐团聚，就不会受到伤害。人有了道德修养，便和合。它是使家庭、社会凝聚在一起，形成不离散的社会整体结构的聚合剂，亦是社会和谐安定的调节剂。

寒山、拾得，一个是流浪汉、一个是弃儿，非亲非故，萍水相逢，却能以诚相待，患难与共，真是不是骨肉，胜过骨肉。他们严于律己、帮助弱者、胸襟宽阔、舍己为人，通过自己的行为劝导人们与人为善。他们还写偈语和诗歌，“堂前父母须孝敬，兄弟同胞须一心，枕边谗言休要听”，“天意与人无两般，为人莫作亏心事，举头三尺有神明”，这些劝善的偈语和诗歌，体现了中华民族传统的社会责任、道德情操、人文素养、公德意识、人格精神，倡导的是积极向上、健康正确的人生观和社会观。

中华民族有家庭和合、夫妻和合、朋友和合、自然和合、社会和合的和合传统。和合不仅是人与人之间的和谐相处，还包括兄弟相亲、夫妻恩爱、家庭和睦、朋友诚信、社会有序，而且包括人与自然的和谐相处。人类的生存和发展，离不开大自然。人本身也是大自然的一部分，与自然和合，世界才会生机蓬勃！

和合思想理念并不否认矛盾、差异和必要的斗争，它本身就是矛盾的对立统一体，只是把矛盾、差异和斗争限定在既对立又统一的和合体中，防止因过度的矛盾斗争而破坏了不同事物共同存在的基础，使得事物的发展停滞不前。

和合思想理念有两个基本的要素：一是客观地承认不同，比如阴阳、天人、男女、父子、上下、先后等，相互不同；二是把不同的事物有机地合为一体，如阴阳和合、天人合一、五教和合、五行和合等。在这个过程中，中华和合文化得以产生、流传和发展，成为人们普遍认同的观念。

孔子“和而不同”的思想较能够反映和合文化的本质，而不仅限于人与人之间的关系，包括国与国、人与社会、人与自然（天人）之间，都可以用“和而不同”，或不同而和，来加以概括。

和合是诸多因素、要素冲突后融合的结果，诸多因素、要素冲突后通过和合而获得更高层次的安定和进步。冲突若不走向和合，就会走向灭亡，冲突便毫无所成，亦毫无价值和意义。冲突需要和合来肯定与认可，亦需要和合来提升与继续。和合与冲突相反相成，使和合体变化更新，生生不息。总的来说，和合是新事物的诞生，是肯定、提升和创新，和合传统、和合精神，能够促进旧事物的发展与新事物的产生。了解和合文化，可以使我们获得历史的启迪和现实的智慧。

和合思想理念概括为三个方面：和合是新生事物产生的原因，和合是天地事物存有的方式，和合是健康人生的心灵境界。在此和合思想理念的指引下，中华文化不断与时俱进，同时也推动了中国社会的创新发展。

| 第二章 |

战略概论

在中国，战略一词历史久远，“战”指战争，“略”指谋略。在古代，战略被看作是基于客观情况而提出的克敌制胜的对抗竞争策略。战略的一个显著特征是以智取胜，它是在一定的客观条件下，以智谋为先导“致人而不致于人”，变被动为主动，化劣势为优势，以少胜多，以弱制强，乃至“不战而屈人之兵”的重要方法。

在西方，战略（Strategy）一词最早也是军事方面的概念。“Strategy”一词源于希腊语“Strategos”，意为军事将领、地方行政长官。后来演变成军事术语，指军事将领指挥军队作战的谋略。

在现代，“战略”一词被引申至政治和经济领域，其含义演变为泛指解决重大问题的谋略、方案和对策。第二次世界大战以后，在世界上，无论是发达国家还是发展中国家，都掀起了一个研究、制定、实施、调整、发展战略的热潮，人们清楚地认识到战略的重要性。它有着事关一个国家、一个地区、一个单位兴衰的重大影响。

战略主体本身是一个整体，我们研究战略应该立足于战略主体本身。

与战略主体相关的全部内容构成了战略全局。战略，重在对全局的谋划。战略的全局包括了全部的空间和全部的过程。

整体和全局都是变化和发展的，战略必须面向未来，把握全局未来的发展和变化，解决未来的方向性问题，从而引领整体未来的变化和发展。

战略是对整体性、全局性、方向性重大问题的谋划和决策。战略是立足整体、总揽全局、面向未来、处理大事的。战略的谋划和决策，需要胸怀全局，通观全局，把握全局。

第一节 概 述

战略是对整体性、全局性、方向性重大问题的谋划和决策。战略是立足整体、总揽全局、面向未来、处理大事的。这就是战略的基本内涵，要理解战略，我们就必须掌握战略的整体性、全局性、方向性这三大特性。

战略主体本身是一个整体，我们研究战略应该立足于战略主体本身。与战略主体相关的全部内容构成了战略全局。整体和全局都是变化和发展的，战略必须面向未来，把握全局未来的发展和变化，解决未来的方向性问题，从而引领整体未来的变化和发展。

一、战略的整体性

整体针对个体而言。任何一个整体都是由互相作用的若干个体，按一定的结构功能要求，系统地组成的一个有机的综合体。个体又按自身的作用组成不同的系统。

就像一部汽车，汽车本身是一个整体，它是由发动机、底盘、电气设备和车身四大系统组成的。而发动机又是由曲轴连杆、配气机构、燃料系、冷却、点火、润滑、启动等部件组成，底盘由传动、行驶、转向、制动四大系统组成，电气设备由电源、用电两部分系统组成，车身，提供驾驶、乘用。汽车有其结构性、功能性、系统性要求。汽车的各个零部件按其不同的功能按一定的结构组成不同层次的大系统、小系统，汽车的各个系统、零部件按一定的构造要求组成汽车结构，汽车的各个系统、零部件又提供不同的功能，这样有机组织起来，才构成一部汽车。

所谓结构，实际上就是事物、系统内部各种要素之间相互联系、相互作用的方式，比如一定的比例、一定的秩序、一定的布局、一定的连接方式，这些都是结构。发展主体整体的性质和功能既取决于构成整体的各种要素（个体）的性质和功能，也取决于各种要素（个体）之间的结构。结构变化了，整体的功能作用也会发生变化，我们既可以为了获得某种功能而建构事物的某种结构，也可以通过改变事物的结构来改变事物的功能。

合理的结构能够促进整体功能的优化，不合理的结构则会造成整体功能的内耗，我们可以通过优化结构来实现整体功能的优化，比如说所有制结构、产业结构、投资结构、需求结构、能源结构、城乡结构、区域结构、国土开发空间结构以及领导班子结构等各种结构，合理的结构有助于提高效率、促进发展、优化功能。

中国古人“阴阳八卦、五行生克”所提示的自然界、人类社会的演化法则，就体现了整体性思维。整体是由个体按一定的结构功能要求，密切配合系统地组成的一个有机体。整体中的个体，是相互依赖、相互制约的，不能简单割裂，也不可机械叠加，而是要作为一个整体系统来研究。整体离开个体就会残缺，影响大局，这就是我们常说的“细节决定成败”；个体离开整体就失去其存在的意义，这就是我们常说的“水滴只有融入大海才不会干枯”。

二、战略的全局性

全局针对局部而言。从全局和局部的关系上说，全局决定局部。这不仅因为全局较之局部是更高层次上的东西，更重要的是全局支配、制约着局部；它处于统帅的地位，规定着局部的地位、作用、任务和行动。当然，全局又是由局部构成的，有些局部的好坏虽对于全局并不发生重大影响，但有些局部的成败对全局却有着决定性意义，因此，照顾、协调、统筹各个局部之间的关系，也是全局战略的重要任务。局部是全局的一个组成部分，没有局部就无所谓全局；没有全局，独自存在的局部也就缺乏相应的意义。局部的发展、局部的利益服从于全局的发展、全局的利益。正

确处理局部与全局的关系，不仅要看现状，还要看历史，更要有战略的眼光看长远、看未来。局部是全局的一部分，局部的东西总是隶属于全局的东西，局部不能孤立地存在和发展，只有全局搞好了，局部的问题才好办。“大河有水小河满，大河无水小河干”，讲的就是这个道理。

1861年，上海阜康钱庄的挤兑风潮波及杭州。正当胡雪岩全力调动、苦撑场面的时候，又传来了一个坏消息：宁波两家钱庄也面临倒闭。宁波这两家钱庄都是胡雪岩名下的。挤兑风潮出现的时候，原本希望能从那两家钱庄调出一些银子来应急。但没想到的是，宁波钱庄受到市面形势的影响，加上资金周转不灵，早已自身难保，最后不得不申请倒闭。宁波海关在查封倒闭的钱庄时，同时给浙江方面发了电报，希望他们的东家去作善后处理。浙江藩台德馨在接到电报以后，心情十分沉重。因为胡雪岩跟他交情不错，眼见着胡雪岩的钱庄接连出事，他不能坐视不管。最后，德馨决定让他的姨太太赶往胡雪岩家里，传话给胡雪岩，说：只要宁波的两家钱庄在20万两银子挽救的范畴内，他自己愿意无条件地帮助他们渡过难关。胡雪岩对德馨的好意表示感谢，却出人意料地拒绝接受帮助。胡雪岩对在场的人说，现在正是危机重重的时刻，即使往里面砸银子，也不过是头疼医头，脚痛医脚，不能从根本上解决问题。如果我们现在接受了德馨的20万两银子，等于是宁波的钱庄开了一个缝，虽然现在可能会及时补上，但是，保不准哪一天，又有什么地方裂开了。到时候，问题没有解决，可能还要连累德馨。胡雪岩的一席话，让在座的人连连点头称是。尽管眼下自己一手创立的钱庄倒闭，是一件极其难过的事情，但是，胡雪岩情愿放弃对宁波钱庄的挽救，也要确保杭州钱庄的声誉。胡雪岩的聪明之处在于，他懂得“两弊相衡取其轻，两利相权取其重”，处理好了全局与局部、整体与个体的关系。

三、战略的方向性

方向是指面向未来的目标、宗旨，具有短期、中期、长期之分。战略一般是指相对较长的时期，是比那些在短期内起作用的措施和活动来说具有更深远意义的谋划。一般情况下，把几年的战略目标称为短期战略目标；十几年、几十年的战略目标称为中期战略目标；更长的就是长期战略目标；终极目标就是宗旨。企业宗旨是关于企业存在的目的或企业使命的陈述。企业宗旨，是企业肩负的任务，是企业确定的总的目标和发展的根本方向。

也就是说，尽管企业的宗旨陈述千差万别，但它要回答这样三个基本问题：

（1）我们企业肩负的任务是什么？

（2）总的目标是什么？

（3）未来的方向是什么？

战略的着眼点是未来，是在正确认识过去和现在的基础上，面向未来对目标和任务所作出的选择，通过科学预见来谋划未来的发展趋势、发展方向，选择有所为、有所不为以及选择所作所为的优先顺序。

四、战略的其他特性

战略除了整体性、全局性、方向性这二大特性以外，还有稳定性、宏观性、社会性、层次性、目标性、适应性、长期性、风险性、经济性、系统性等方面特性，但这些特性都从属于整体性、全局性、方向性这三大特性。就整体性而言，包含了层次性、系统性、经济性等要求；就全局性而言，包含了宏观性、社会性等要求；就方向性而言，包含了稳定性、目标性、适应性、长期性、风险性等要求。

总之，战略是对整体性工作的长远目标、长远利益的谋划。战略贯穿于整个组织活动的各个阶段，对组织活动的全过程发挥着指导作用。战略影响后果往往是持久的，其影响后果不可能仅仅截止到某种战略完成之时，而是对以后的战略制定和实施都有某种程度的重大影响。

第二节　战略要素

战略要素是指任何类型、任何形式的战略都必须要具备的基本内涵。战略要素也就是构成战略的基本成分，指对战略目标设定、战略方案选择及战略组织实施等有重大影响的一些因素。战略要素一般包括五个基本的方面：一是战略方针；二是战略目标；三是战略重点；四是战略阶段；五是战略对策。

在这五个战略的基本要素当中：

战略方针，是整个战略的灵魂，也就是战略指导思想，起统帅作用。正确的战略方针，建立在对所处环境的科学分析的基础上。企业的战略方针，规定了企业所肩负的任务，并确定企业总的目标和根本的发展方向，是对社会、对员工、对股东的承诺，体现了企业的宗旨。

战略目标，是整个战略的核心，是实施战略所期望获得的成果。战略目标告诉我们该做什么，不该做什么。做正确的事远比正确地做事来得重要，方向都错误的事情，即使实施得再正确，也始终无法达成预期的目标。

战略重点，也就是关键目标，是实施战略的突破口和抓手。战略重点的确定与选择，对于不同的发展主体以及同一发展主体不同的发展阶段，都会有所不同。其作为重点体现在三个方面：第一方面，它是实现战略目标的重点；第二方面，它是资源配置的重点；第三方面，它是领导者进行战略指导的重点。

战略阶段，就是要长计划、短安排，把一个大的总目标分成多个阶段性小的目标，形成一个目标体系，逐步来实现。战略阶段规划出实现发展总目标的进程或节奏，目标分解成为一个目标体系后，就应该有一个先后实现的顺序和体现轻重缓急的层次，将所有分解后的子目标都在同一时间实现是不可能的。子目标必须是总目标下的子目标，而且是为实现总目标或后面的子目标奠定了基础，同时，为了最有效地利用资源，规划战略阶

段时应考虑资源利用的均衡性；逐步实现的子目标，它还有一个作用，就是能够鼓舞士气。

战略对策，是实施战略目标的方法、手段和措施。战略对策，告诉我们应该用什么方法、手段和措施去实现已经确立的目标。一般而言，一个目标都有许多可以选择的方法、手段和措施，但是，选择正确与否，将严重影响着目标是否及时、高效地实现以及实现的成本，选择不当也会使我们无法达成预期的目标。

我们制定战略，就是要预先对战略要素进行策划、研究、评估，从而确定战略要素的内容。战略决策，实际上就是对各战略要素的选择和确定。各种形式、各种性质不同的战略，它们主要的区别就在于战略要素的内容不同。如果一个战略的要素内容变了，整个战略也变了，因此，我们制定战略，首先就要研究战略要素，做好战略策划。

通常来说，对于一个企业，既要有清晰的战略目标和独特的战略手段，又要有正确的成长方式和循序渐进的战略步骤，缺少其中任何一个要素，都可能会使企业因缺乏方向感而不可避免地出现短期行为或管理的无序。

第三节　战略方针

战略方针是一个战略的指导思想，所以，战略方针又叫作战略指导思想。它是一个战略的纲，也是确定战略目标、战略重点、战略阶段、战略对策的一个依据，因而它也是整个战略的灵魂，制定战略首先要确定战略方针。战略方针在战略中起统帅作用。

一、战略方针及其形成

战略谋划，就是要谋划发展的基本目标以及走向这些目标的行为准则，这就是要求行动不能偏离基本方向，要确定发展主体的大政方针及基

本途径，因此，我们谋划发展，首先要谋划战略方针。

战略方针的制定，是一个复杂的、科学的研究过程。因为战略方针的制定不仅要考察现实，还要回顾历史，更要展望未来，同时，不仅要考察一个战略主体的内部原因，而且要考察它的外部原因；不仅要考察它现在具有什么样的条件，而且要考察整个社会发展的其他因素，因此，制定一个战略方针，是一个复杂的过程，需要有科学的方法进行策划、研究、分析和比较。

确定一个战略方针，可以从三个方面来进行考虑。

第一，总结在以往的发展中战略主体的成功失败、得失利弊，分析具体的原因是什么。

第二，从横向的对比中，考察相关对应的战略主体，看发展主体有什么有利条件，有什么不利条件。

第三，从纵向的对比中，考察发展主体供应商和客户的讨价还价能力及所处的地位，还要预测未来世界在政治、经济、社会、技术发展当中一些基本趋势是什么，存在着怎样的机遇和挑战。

通过上述三个步骤进行分析研究，可以帮助战略主体形成或设计出其愿景和使命，为战略主体指明前进的方向，从而确定发展的基本目标以及走向这些目标的行为准则。孙子兵法说："知可以战不可以战者胜""知彼知己，百战不殆"，孙子强调战前必须进行谋划和考察，只有这样，才能在战争中获胜。这其中的道理是相通的。

根据上面的战略方针的形成过程，我们可以确定战略方针具有一定的特征。

二、战略方针的特征

首先，战略方针具有稳定性。

战略方针的稳定性表现在整个战略期里面，战略方针是不能轻易改变的，如果要调整它，整个战略也就变了。

战略方针之所以具有稳定性，是由两个方面的原因所决定的。一个是

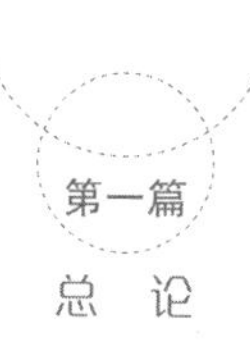

它自身的地位所决定的，因为战略方针是整个战略决策中的总纲，处于统帅地位，而其他的要素，包括战略目标在内，都要服从于它。因此它必须要稳定，它如果变了，“牵一发而动全身”，其他的统统都需要调整。这是由其地位决定它必须具有相对稳定性。另外，在其确定的过程中，战略方针比其他要素的确定具有更深入、更广泛的内涵。从前面战略方针的确定过程我们可以看到，战略方针是对经济、技术、文化、社会、政治等各种因素和内外部各种条件进行了详细的分析以后，总结过去、考察现在、展望未来，在对这些因素的静态和动态状态充分评估的基础上抽象出来而形成的。除非是环境条件、社会条件、主体设想发生了变化，否则战略方针是不会轻易而变的。

所以，由于它的形成过程、本身地位就决定了战略方针必须要稳定。

第二，战略方针具有纲领性。

战略方针的纲领性，是由三个方面体现的。一个方面，它是思想纲领。战略方针是整个战略的灵魂，也就是战略指导思想，起统帅作用。另一方面，它是行动纲领。战略方针在一个战略体系中，是全体成员要共同遵守行动纲领。第三方面，战略方针具有动员作用、号召作用，其表述是高度概括的，具有纲要性。一般战略方针的表述要求不能啰嗦：言简意赅、 语破题；不能繁复：朗朗上口、易懂易记。

所以这也就决定了战略方针的纲领性。

第四节　战略目标

战略目标也是战略的基本要素之一，是战略主体在一定的战略期内，图谋发展、精心策划的全局性、整体性、方向性重大问题的奋斗目标。战略目标决定了战略重点、战略阶段和战略对策。如果战略目标没有了，那么其他三点也没有了，所以，战略目标是一个战略的核心。

一、战略目标的确定原则

首先，战略目标的确定，必须是现实与未来相结合。任何一个目标的确定，必须以战略主体的现实条件为基础，来考虑未来目标的可行性，同时作为战略要求，战略目标作为未来的一段时间的目标，必须具有先进性，才能鼓舞人心，起到动员和号召作用。

第二，战略目标的确定，必须是个体与整体相结合。个体目标必须服从整体目标，整体目标也不能脱离个体的具体实际。整体是由个体组成的，离开个体，整体就残缺了；没有整体，个体就成了离群之雁，难以到达目的地。

第三，战略目标的确定，必须是局部与全局相结合。局部与全局犹如人之与器官、机器之于部件、楼房之于砖瓦，不可分、不可离、不可缺也。局部是全局的一个组成部分，没有局部就无所谓全局，没有全局，局部可能也不存在，所以局部与全局应该是统一的、相互依存而且密不可分的关系。正确处理局部与全局的关系，还要不能只看现状、看历史，还要看长远、看未来。既要尊重局部的利益，发挥局部的主观能动性和积极创造性。局部的发展、局部的利益也要服务、服从于全局的发展、全局的利益。

第四，战略目标的确定，必须是短期与长期相结合。几年的短期战略目标，十几年、几十年的中期战略目标，更长时间的长期战略目标以及终极目标（宗旨），都是相关联的，不能脱节。

第五，战略目标的确定，应该是定性与定量的目标相结合。定量是用数字和相应度量单位来表述事物。定性是用事物的变化的状态和程度所相关的语言来表述事物。定性是定量分析的基本前提，没有定性的定量是一种盲目的、毫无价值的定量；定量使定性更加科学、准确，它可以促使定性得出更加广泛而深入的结论。能够定量的要尽量定量，这更直观，便于考核。不能定量地，可做出定性描述。

总之，制定整个战略目标就必须要从这五个方面来考虑。

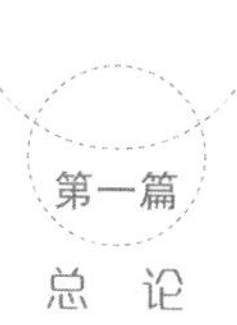

二、战略目标的选择

战略目标的选择，要从三个基本的因素来考虑，一是战略主体的本身的发展要求，二是战略主体发展的条件，三是战略主体所处的客观环境。首先，我们必须要对战略主体发展的要求进行客观的估量。因为对于发展的要求，有人思想保守，有人思想激进，怎么才能确定得恰如其分呢？只有既对客观环境进行了全面的估量，又对自身条件进行了客观的评价，才能够确定出符合实际的发展要求，从而确定战略目标。也只有这样的战略目标，才能称得上是既具有先进性，又具有可行性。

在制定战略目标的过程中，我们还要考虑到高、中、低不同水准的一些方案，同时对每一种方案还要有一整套的目标体系。在这个基础上，经过大量的分析、精确的测算，再进行评估、比较，从各种方案当中选择出一个满意的、合适的战略目标。

明确的目标，让我们知道什么应该做，什么不该做，使我们少走弯路、错路，为我们如期达成目标指明了方向。

第五节　战略重点

战略重点，也就是关键目标，是实施战略的突破口和抓手。战略主体的各个组成部分，其所处的地位、发挥的作用是有所不同的，有的起一般性作用，有的起比较重要的作用，有的则发挥着最关键的决定性的作用。因此在实施战略时不是平均用力，而是要抓住主要矛盾，突出战略重点，做好中心工作，以此为枢纽推动整体工作。

战略重点通常包含两方面的含意：战略优势和战略劣势。战略优势是指在较长时期内，在关系全局成败方面拥有的优势地位，需要重点保持的优势实力。战略劣势是指在实现战略目标中出现的薄弱环节，需要采取切实有效的措施予以重点解决。我们如果抓住了战略重点，就是抓住了主要矛盾和中心工作，就可以提纲挈领、事半功倍；如果我们抓不住战略重点，平均用力、茫无头绪就会事倍功半；如果我们抓错了主要矛盾和中心工作，就会南辕北辙、劳而无功、导致整体工作的失败。

一、战略重点确定的原则

第一，应该考虑到战略重点的多元性。因为战略的要素是复杂的，是多方面的，是由各种原因造成的。

第二，应该考虑到战略重点的整体性。战略要素的各个方面是相互联系的，因此，多元的战略重点应该是构成一个有机的整体。

第三，应该考虑到战略重点的关键性。战略重点必须是对实现战略目标具有关键意义，确定战略重点就是确定核心目标。重点考虑那些优势或劣势的部门、区域或者要素等关键，进行强化。

二、战略重点的保证

战略重点需要采取强有力的措施，保证这些战略重点能够获得强化。

首先，要把战略重点放在真正的重点位置上。如果确定了战略重点，但在平时的工作当中并没有把它当成重点，这样确定的战略重点就得不到落实，也就不可能实现战略目标。

第二，应该把战略重点作为资源配置的重点。这是最关键的，如果资源得不到重点配置，这个战略重点也不能得到重点实现的保证。

第三，作为战略领导者的关注焦点，加强对战略重点的战略指导和重点照顾。

第四，还要妥善地处理好重点和非重点的关系。如果这个关系处理不好，那些非重点会影响到重点的发展。

我们只有采取这四方面的措施，才能保证战略重点能够存在和发展下去。

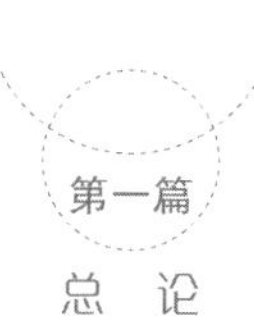

三、战略重点的转移

战略重点会转移。因为一个战略目标长达数年、数十年，在这个很长的过程中，由于各种因素的影响，会引起战略重点的转移。不同的战略阶段也会有不同的战略重点，特别是从一个战略期过渡到另外一个战略期的时候，最容易发生战略重点的转移。当然也有战略重点从一个战略期过渡到另外一个战略期，贯穿两个战略期或更长时间。

战略重点的转移，一般是由下面几个方面的原因造成：

一是战略目标发生了变化。因为战略重点是为实现战略目标而决定的，当战略目标变了以后它肯定也要发生变化。

二是由于原来我们制定的战略重点处于发展优势的方面，现在它失去了发展的优势，因此这个时候也必须跟着战略重点转移。

三是由于过去确定战略重点的那些部门、单位从薄弱的环节经过加强以后，已经形成了很强的优势，这个时候，我们也要及时地把战略重点进行转移。

四是由于技术革新、新技术的发展，这时候我们必须把新技术引用到我们的战略发展上来，然后对战略重点进行转移。

最后是由于外部环境的原因，这时候我们也很可能要发生战略重点转移。

第六节　战略阶段

在一个战略体系中，由于战略任务的不同和基本形势的变化，战略应该划分成不同的阶段。在战略实施前所作的预见性的战略阶段划分，是战略策划、研究、评估、准备的必要组成部分。

只有正确地划分战略阶段，才能够保证有步骤地实施战略目标和战略

重点。预见战略发展进程的各个阶段，能使战略指导者抓住战略枢纽，有目的地进行指导，推动战略实施的进程。

战略期有各种各样，有长有短，但是一个完整的战略期一般分为三个阶段：准备阶段、发展阶段和完善阶段。

战略准备阶段是为实现总战略目标做准备的阶段，这对发展速度要求不高。战略准备阶段是一个战略的序幕和开篇。在这个阶段，要立足于自身现有基础，根据具体的实际情况，既要作好资金、资源的准备，也要作好人才、制度的准备，还要作好思想、文化的准备。具体的准备工作都要有阶段性目标，协调发展，持续完善。

战略发展阶段是在准备阶段就绪的基础上不断夺取战略目标成果的阶段，这是整个战略阶段最重要的阶段。战略发展阶段是一个战略的成长期与发展期。在这个阶段，战略目标和战略重点逐步获得落实。随着时间的推移，意料之中和意料之外的环境变化，使具体的战略目标和重点会根据具体的情况应用相应的对策，以确保战略总目标的实现。

战略完善阶段就是查漏补缺，全面达成战略目标的最后一个阶段。战略完善阶段是一个战略的成熟期，在这个阶段，大部分重要目标都已经达到，但在这个阶段还是会暴露出一些具体的问题，需要及时查漏补缺来完善。

在战略准备、战略发展和战略完善等三个阶段，还可按照日历时序，根据实际情况的需要划分为年阶段、季阶段，甚至月阶段、旬阶段、周阶段等，进行长计划、短安排，通过小阶段、小目标的划分和确定，逐步实施，有序推进，确保战略目标的实现。一般情况下，作为阶段管理的要求，每一个阶段，都应该是经过策划、实施、检查、处理等四个步骤的 PDCA 循环程序推进的过程。

第七节　战略对策

战略对策是指为实现战略方针和战略目标而必须采取的重大措施，是

在战略期内用来指导合理配置资源，有效达到目标的一整套方法、手段和措施的总称。

战略对策的制定，是基于战略主体自身条件以及所处环境来决定的，同时，由于战略对策是针对未来的事件，对策的制定需要有一定的预见性。发展主体自身条件有优势也会有劣势，所处环境有机遇也会有威胁与挑战。随着时间的推移，发展主体自身条件的优势和劣势也会发生变化，而所处环境也会发展变化，因此，制定的战略对策也不能一成不变。

战略对策一般包括这样几个特征：

第一，针对性。战略对策要通过预测，针对未来事件提出解决方案，针对如何完成战略目标、战略方针来确定。

第二，多样性。单一的对策往往是不能奏效的。战略对策越是多样，越有利于战略方针的实现。

第三，层次性。战略对策要切实可行，就不止有一个方面的战略对策，而是有多个层次和不同的层面的对策。

第四，协同性。战略对策的多样性、层次性，就要求诸多的战略对策必须要协同作战，否则只会互相掣肘、互相抵消，不利于战略目标、战略重点、战略方针的实现。

第五，灵活性。也就是说，战略对策是可变的。当战略对策失去了它的时效性的时候，我们要及时总结采取措施，要有新的战略对策来替换它。当社会经济提出新要求的时候，我们要有新的战略对策来进行补充。另外，有些战略对策已经完全失去作用时，我们要及时淘汰它。这也是我们在战略阶段实施 PDCA 循环程序的理由。

战略主体采用的战略对策，包括方法、手段和措施多种多样，有的采用多元化发展措施，有的会采用专业化发展措施，有的会采用差别化策略，有的会采用低成本策略……，各种策略不一而足。中国古代流传下来的三十六计，就是在六种不同态势下所采取的六套计策，在每套计策中又包含了六个兵法策略，这对现代企业也有借鉴意义（见本书第九章）。

第八节　本章小结

战略是立足整体、总揽全局、面向未来、处理大事的。

战略具有整体性、全局性、方向性三大特性。整体针对个体而言。全局针对局部而言。方向是面向未来的目标、宗旨，具有短期、中期、长期之分。

战略主体本身是一个整体，我们研究战略应该立足于战略主体本身这个整体。与战略主体相关的全部内容构成了战略全局。整体和全局都是变化和发展的。战略必须面向未来，把握全局未来的发展和变化，引领整体未来的变化和发展。

战略要素一般包括五个基本的方面：战略方针、战略目标、战略重点、战略阶段、战略对策。在这五个基本的要素中，战略方针是灵魂，战略目标是核心，战略重点、战略阶段、战略对策是手段。

制定战略，要预先对战略要素进行策划、研究、评估，从而确定战略要素的内容。战略决策，实际上就是对各战略要素的选择和确定。各种形式、各种性质不同的战略，它们主要的区别就在于战略要素的内容不同。如果一个战略的要素内容变了，整个战略也变了。

战略方针又叫作战略指导思想。它是一个战略的纲，也是确定战略目标、战略重点、战略阶段、战略对策的一个依据，因而它也是整个战略的灵魂，制定战略首先要确定战略方针。战略方针的制定不仅要考察现实，还要回顾历史，更要展望未来。

确定一个战略方针，可以从三个方面来进行考虑：

第一，总结在以往的发展中战略主体的成功失败、得失利弊，分析具体的原因是什么。

第二，从横向的对比中，考察相关对应的战略主体，看发展主体有什么有利条件，有什么不利条件。

第三，从纵向的对比中，考察发展主体供应商和客户的讨价还价能力及所处的地位，还要预测未来世界在政治、经济、社会、技术发展当中一些基本趋势是什么，存在着怎样的机遇和挑战。

通过这三个步骤进行分析研究，可以帮助战略主体形成或设计出其愿景和使命，为战略主体指明前进的方向，从而确定发展的基本目标以及走向这些目标的行为准则。战略方针具有稳定性和纲领性。

战略目标是战略主体在一定的战略期内，图谋发展、精心策划的全局性、整体性、方向性重大问题的奋斗目标。战略目标的确定，必须是现实与未来相结合、个体与整体相结合、局部与全局相结合、短期与长期相结合、定性与定量相结合。战略目标的选择，要从三个基本的因素来考虑，一是战略主体的本身的发展要求，二是战略主体发展的条件，三是战略主体所处的客观环境。经过大量的分析、精确的测算，再进行评估、比较，从多种方案当中选择出一个满意的、合适的战略目标。

战略重点，也就是关键目标，是实施战略的突破口和抓手。战略重点通常包含两方面的含意：战略优势和战略劣势。作为重点体现在三个方面：一是实现战略目标的重点；二是资源配置的重点；三是领导者进行战略指导的重点。战略重点确定应该考虑到战略重点的多元性、整体性、关键性。战略重点会由于战略目标的变化、内部因素的变化、外部环境的变化而转移。

在一个战略体系中，由于战略任务的不同，战略应该划分成不同的阶段。一个战略期一般分为三个阶段：准备阶段、发展阶段和完善阶段。在这三个阶段，还可按照日历时序，根据实际情况的需要划分为年阶段、季阶段，甚至月阶段、旬阶段、周阶段等，进行长计划、短安排，通过小阶段、小目标的划分和确定，逐步实施，有序推进，确保战略目标的实现。

战略对策是指为实现战略方针和战略目标而必须采取的重大措施。这些措施一般包括这样几个特征：针对性、多样性、层次性、协同性、灵活性。

| 第三章 |

和合战略概论

和为贵！和是调和，是创新。和是要把不同的东西，把它调和在一起，产生或发展出全新的、超越自我的东西。和不能什么都要，和需要选择、扬弃和创新发展，讲究的是和美、和乐、和善、和顺、和谐、和平、和局、祥和。

合为乐！合是包容，是继承。合是要把不同的东西，把它包容在一起，形成一个更大范围、更多内容的东西。合不是简单混合，合需要包容、传承和规则秩序，讲究的是合理、合情、合法、合拍、合时、合作、融合、结合。

和合，能把彼此不同的事物合理、合情、合适、和美、和顺、和谐地包容在一起，并在不同事物传承的过程中获得延续、演变和升华，通过选择和扬弃、创新和发展，使之在一定的规则和秩序下能够承上启下、超越自我，达到最佳组合，由此摒弃旧事物的不足，推动事物的进步，促进新事物的产生。

总而言之，和合是包容基础上的扬弃、传承基础上的创新。在包容基础上扬弃，在传承基础上创新，也是和合战略的根本特性。

第一节 和 合

和合战略用于不同的领域有不同的概念，研究和合战略，先要从“和”与“合”讲起。

和是什么？和是要把不同的东西调和在一起，产生或发展出一个新的、超越自我的东西。就像煮羹汤，选择不同的食材调和、精心烹饪，才会有新的美味食物产生。

和为贵！和是调和，是创新。这很难得，因而贵。和不能什么都要，就像羹汤里不需要老鼠屎。和需要选择和扬弃，讲究的是和美、和乐、和善、和顺、和谐、和平、和局、祥和。

夫妻和，并不是什么人都可以做夫妻，要经过选择；结婚后还要磨合，夫妻双方的行为、性格、脾气、习惯等都需要有所扬弃，夫妻家庭生活才会和美、和乐、和善、和顺、和谐。没选择好，结婚后两人又不懂得自身秉性的扬弃，就会有婚姻生活的“七年之痒”，即使结婚多年，有的夫妻还是不和，有的就要离婚。

家庭和，是因为父母与子女有共同的基因，血脉里流着相同的血，这不需要选择，但需要常年的共同饮食和多年一起养成的生活习惯，这样家庭才会和美、和乐、和善、和顺、和谐。如果父母在孩子出生后就离开了，再聚在一起，如果不懂得自身行为和习惯的扬弃，就有可能导致家庭不和，有的兄弟姐妹就会起争执，一言不合甚至大打出手。

君臣和，是因为志同道合，上下同欲，这也是要在双方自愿选择基础上的，这就是所谓“一朝天子一朝臣”。成为君臣后，双方也会有相互妥协、相互学习，这就是扬弃。如果君有道，臣贤能，这样君臣关系才会和美、和乐、和善、和顺、和谐。如果君无道，贤能的大臣就会离开，这就是所谓“良禽择木而栖”。

民族和、国家和、天下和，都是历史选择的结果，也是参与各方相互

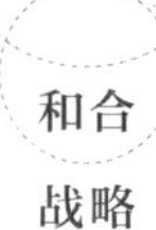

妥协、相互学习和创新发展、共同进步的结果。一句话，民族和、国家和、天下和，都需要选择、扬弃和创新发展。

合是什么？合是要把不同的东西，把它包容在一起，形成出一个更大范围、更多内容的东西。就好比大海，海纳百川，有容乃大。

合为乐！合是包容，是继承。包容和继承都让人快乐，所以乐。合不是简单的混合，就像大海虽然容纳了河流带来的泥沙，却要把泥沙沉淀在海底一样。合需要包容、传承和规则秩序，讲究的是整合、汇合、融合、结合、合作、合理、合情、合法、合拍、合时、合心。

夫妻间包容越多感情越浓；家庭内包容越多相处越好；朋友间包容越多友谊越长；君臣间包容越多辅佐越顺……包容越多，得到越多！人与人之间，多一分包容就会多一分理解，多一分理解就会少一分误会，少一分误会就会少一些纷争。

合，在包容和继承之后，还需要规则和秩序。如果是物资物品乱堆乱放就会占地方，东西会找不到；如果氧气和乙炔合在一起放，就会容易引发爆炸；如果是不同类型的罪犯合并关押，就会使他们相互学会更多的犯罪“技能”；如果是不同宗教信仰的人合在一起，就可能起冲突……

秩序和规则是合的必然要求，也就是要合理、合情、合法地对事物进行有序安排和协调整理。

这就要求东西的堆放场地、位置要有秩序的规定，堆放要有序整齐，必要时要进行整理。

这就要求氧气和乙炔都要分别装在瓶子里。乙炔瓶还应直立放置，氧气瓶与乙炔气瓶间距不应小于 5 米，二者与气焊、气割动火作业地点不应小于 10 米，并不得在烈日下曝晒。

这就要求普通民众要与罪犯相隔离，采取措施保护民众不受罪犯再次侵害，罪犯监狱要分区，小偷和强盗分开关押……

和合连起来讲，指在承认不同事物之矛盾、差异的前提下，把彼此不同的事物合理、合情、合适、和美、和顺、和谐地包容在一起，并在不同事物传承的过程中获得延续、演变和升华，通过选择和扬弃、创新和发展，吸取各个事物之优长而克服各个事物之短劣，使之在一定的规则和秩

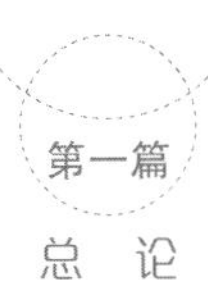

序下能够承上启下、超越自我，达到最佳组合，由此摒弃旧事物的不足，推动事物的进步，促进新事物的产生。

总而言之，和合是包容基础上的扬弃、传承基础上的创新。

第二节　和合战略

战略是对整体性、全局性、方向性重大问题的谋划和决策。战略是立足整体、总揽全局、面向未来、处理大事的。这就是战略的基本内涵，我们掌握了这一点，也就是理解了战略。我们研究和合战略，就要把握这个基本的线索，在包容基础上进行扬弃，在传承基础上进行创新。

和合战略就是通过立足于战略主体的整体，总揽外部环境全局，面向未来应用和合思想理念的管理战略。这就是和合战略的一般含义。

整体相对于个体而言，和合战略要求整体和个体要和合。整体是由个体组成的，个体的缺失会导致整体的弱化。我们在强调整体利益的同时，必须尊重个体特定的利益。就战略主体的整体而言，要立足于战略主体本身，分析和研究内部条件。内部条件涉及主观能力和客观资源两个方面。客观资源分为实物资源、人力资源、财务资源。主观能力是战略主体利用资源追求利润的组织、管理才能。战略主体所具备的资源和能力，对其战略选择和应用有决定性的影响。

和合战略立足于战略主体的整体，就是把战略主体的整体作为分析、研究、策划、评估的出发点和落脚点。战略主体的整体的内部条件（主观能力、客观资源）体现了个体的价值，整体由个体所组成，个体的条件对整体的条件造成直接的影响，但不完美的个体，通过和合（有机的组合），也能造就完美的整体。如果战略主体所具备的资源和能力是独有的、难以模仿和不可替代的，并且这些资源和能力是具有形成持久的竞争力优势价值的，这样战略主体就能够获得超出其竞争对手平均水平的优势，对企业来说，就是获得超额利润。

全局相对于局部而言，和合战略要求全局与局部要和合。从全局和局部的关系上说，全局决定局部。这就要求以和合思想理念分析和研究战略主体的外部环境。外部环境分为面向全局的总体环境、密切相关的行业环境以及直接面临的竞争环境。面对总体环境，战略主体需要以和合思想理念把握趋势、选择时机。面对行业环境，战略主体需要以和合思想理念选择合适的行业。面对竞争环境，战略主体需要以和合思想理念选择恰当的对策。不谋全局不足谋一域，不谋万事不足谋一事。宏观把握很关键。和合战略要求总揽外部环境全局，就是要以和合思想理念把具体问题上升到原则性的高度来思考。不能够头疼医头、脚疼医脚，就事论事、就现象论现象，而要以和合思想理念为指导抓住本质、抓住规律、抓住大局、抓住关键。同时，要以和合思想理念把局部问题放在全局之中来思考，不能够一叶障目不见泰山，不能够目光短浅只注意到眼前利益。

战略一般要经历相对较长时间，和合战略要求短期目标和长期目标要和合。这就需要我们在不同阶段以和合思想理念选择不同的重点，在有的时候，为了长远利益需要放弃眼前利益。战略要解决的是方向性问题，如果方向弄错了，无论多么辛劳，无论多有智慧，也永远都别想到达成功的彼岸、到达理想的顶峰，也无法达成预期的目标。在未来的漫长时间里，会意味着变化和不确定性，这就需要我们以和合思想理念留意环境变化，变化就存在着机会，变化中有不变的本质（比如成为一个靠谱的负责任企业），抓住了就能以不变应万变。和合战略要求面向未来，就是要以和合思想理念把眼前利益和长远利益结合起来，不能够急功近利而失去未来，不能够局限于局部的和一时的利益而忘记了根本的和长远的利益。面对利益，以和合思想理念为指导，要有大胸怀，要有大志向，要有大追求，这样才能看清长远利益。

和合战略，以传承和包容为立足基础，以选择和扬弃为基本手段，以创新和培育核心竞争力为必由之路，以获得超额利润和优势战略地位为追求目标。在包容基础上扬弃，在传承基础上创新，是和合战略的根本特性。和合战略，就是要求在“古为今用、洋为中用、他为我用”的基础上，以和合思想理念总结过去、考察现在、展望未来，通过有选择的扬

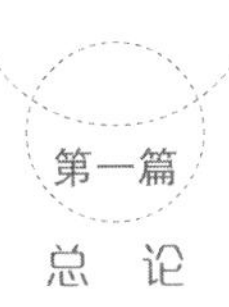

弃、创新发展来进行五个基本战略要素的研究、策划、评估、准备、执行、应用。

传承和包容是和合战略的立足基础。

传承是对事物传统和历史的继承，面对传统和历史，要以和合思想理念辩证地认识它在现实生活中的作用，分辨其中的精华和糟粕。前人栽树，后人乘凉。社会的发展是一代又一代人的接力跑。现代人类所拥有的物质和精神文明，凝聚着先哲的聪明才智，浸透着先民的辛勤汗水，累积着先人的巨大奉献。失去传承，意味着在接力跑中失去接力棒，再向前奔跑会迷失自我、失去意义。

包容是对不同事物和事物的不同方面的宽容和容纳。在一个和合体中，相互尊重、平等互利、合作共赢是建立良好秩序的基本规则和原则要求。

包容是一门学问，学会包容的人，就学会了生活；懂得包容的人，就懂得快乐！包容是一门艺术，它是一种精神的凝聚、善良的结晶，是人性至善至美的沉淀！包容是一种美德，它可以使你的人格得到升华，让你的心灵得到净化！包容是一种境界，人要达到这种境界，就必须拥有博爱的心、博大的胸襟，还要有一分坦荡、一种气概！包容是一种幸福，能够包容别人是一种幸福，让别人心存感激更是一种幸福！？包容是赢得朋友的保证。包容他人对自己无意的伤害，是让人钦佩的气概；包容他人曾经的过失，是对他人改过自新的最大鼓励；包容他人对自己的敌视、仇恨，是人格至高的袒露！（好搜百科）

面对传统和历史，不能原封不动地承袭，应该以和合思想理念取其“优秀文化、传统美德、智慧思想、不朽经典”的精华，去其“浅薄堕落、颓废迷信、愚忠愚孝”的糟粕，批判继承。这就需要以和合思想理念有所选择、有所淘汰（弃）、有所发扬（扬）。弃，就是要以和合思想理念不断革除陈旧的、过时的、落后的、腐朽的、不符合发展要求的东西。扬，就是要以和合思想理念继续保持和发扬符合发展要求的、积极向上的传统和历史内容。选择和扬弃是和合战略的基本手段。

通过传承和包容，发展主体获得实力的积累；通过选择和扬弃，发展主体就能智慧地创新。战略主体汲取历史精髓，发扬优秀传统，不断推陈出新，革故鼎新，从而培育独特的、新颖的、持久的、有益的核心竞争力，这是和合战略的必由之路。

和合战略的追求目标，不是停留在社会的平均水平上，而是通过实力的积累和智慧的创新，以获得超额利润和优势战略地位为追求目标，帮助发展主体获得持续、高速发展。和合战略是以和合思想理念解决一个企业如何从现在的状态达到将来理想位置的问题，是一种有意识、有预计、有组织的行动安排。要以和合思想理念将企业的主要目标、大政方针和经营活动结合成一个缜密的整体。和合战略主要以和合思想理念为企业提供发展方向和途径，包括一系列处理某种特定情况的方法、措施和策略。企业的任何经营活动，都必须遵从企业的和合战略方针进行活动，使各部门、各环节步调统一、运行有序、协同合作、齐心协力实现企业的战略目标。

历史上的伟人，很多属于不可多得的奇才，有着不同于常人的天资，也取得了不同于常人的成就。而我们当中的大多数人，甚至包括那些还算有点天赋的人，都不得不通过学习、“修道”和“顿悟”来掌握某些技巧。作为一个个体，我们必须学会与时代和合、与环境和合、与社会和合，必须知道把自己放在家庭和合、夫妻和合、朋友和合的位置上，才能做出最大的贡献，而且还必须在长达数十年的职业生涯中，“不争一时之长短”，知道从长远考虑，与时代环境的变化和合，通过实力的积累和智慧的创新，你才能真正做到卓尔不群。

企业战略是企业战略决策者主观判断的产物，当企业战略决策者的主观判断符合企业内外部环境的实际情况时所制定的战略就是正确的；反之，当其主观判断不符合环境现实时，企业战略就是错误的。成功的企业，是时代的宠儿。在近几十年中，中国有许多企业脱颖而出，就是其自觉不自觉与时代相和合，顺应了时代背景。在过去三十多年中，时代大背景是经济高速增长，城市化进程不断加快，互联网技术被广泛接受和运用。只有当你的战略与这些大趋势相和合，顺应大趋势把握好全局性、整体性、方向性重大问题的谋划和决策，企业所做出的努力才是有意义、有

价值的，才能获得被认可的成功。否则，就会犯整体性、全局性、方向性的错误，做出不合时宜的怪事，错失良机，也一定会被社会的发展、技术的进步所淘汰。

第三节 和合战略要素

和合战略要素，同样包括方针、目标、重点、阶段、对策五个基本要素。和合战略要素的确定，是在“古为今用、洋为中用、他为我用”的基础上，以和合思想理念总结过去、考察现在、展望未来，通过在包容基础上扬弃，在传承基础上创新来进行的。离开和合思想理念，五个基本要素就是无米之炊，就会停留在20世纪战略水平上，难以创新发展。

和合战略要素的确定，分三个步骤：

首先，和合战略要素的确定，要以和合思想理念总结过去，继承并立足于战略主体的原有基础，这是一个对以往的成败得失的反馈和传承的过程。战略是直接左右企业能否持续发展和持续盈利最重要的决策参照系，对以往历史数据的统计分析以及经验教训的总结提高，将有助于战略主体以和合思想理念建立切合实际的战略设想，建立合适的战略模式。战略主体不能完全脱离开自身现有的基础来建设理想中的“空中楼阁”——这是许多战略“胎死腹中”的主要原因，也是许多战略主体快速发展过程中突然失败的重要原因。和合战略所强调的传承，是战略主体以和合思想理念对历史的传承、文化的传承、物质的传承、能力的传承、技术的传承、经验的传承……和合战略所强调的包容，是战略主体以和合思想理念对现实的包容、资源的包容、失败的包容、环境的包容……包容和传承的过程，也就是战略主体实力准备和积累的过程。

第二，和合战略要素的确定，要以和合思想理念观察现状，借鉴左右，它是对自身的有利条件和不利条件的自查、选择和扬弃的过程。制定和合战略时应充分考虑到外部环境，尤其是行业竞争结构对企业行为和效益的影响。和合战略要素的确定以选择和扬弃为基本手段，着眼于战略主体自身的现状实力及其与竞争对手的比较。战略主体通过比较认识到自身的有利条件和不利条件、竞争优势和竞争劣势，为战略主体选择不同的策略、不同的目标提供决策依据，使战略主体以和合思想理念摒弃不足、不利、劣势、弱点，以和合思想理念发扬优势、强项，选择机会、机遇，这也就要求战略主体高级管理层具备相关的能力及素养。战略主体高级管理层缺乏能力及素养，对自身和环境认识不足，会直接导致战略选择的错误。以和合思想理念所进行的选择和扬弃的过程，也就是战略主体智慧创新的过程。企业行为模式和发展现状，是在历史中形成的，因此，在制定企业和合战略过程中就必须了解企业发展史，在选择和合战略时要充分考虑并尊重企业原有的行为模式和发展过程，因为它会在很大程度上决定企业未来和合战略的选择与和合战略实施的有效性。

第三，和合战略要素的确定，还要以和合思想理念展望未来，它是对未来机遇和挑战的一个预示、创新、发展的过程。外部环境的同一变化给拥有不同资源和能力的战略主体带来的机会与威胁可能完全不同，战略主体的战略选择应该以和合思想理念契合未来外部环境的变化，使这种变化成为增强战略主体发展的有利因素。和合战略面向未来变化和不确定性，要求战略主体不断学习和创新。战略主体只有比竞争对手学得快、学得好，才能在未来的竞争中立于不败之地。战略主体不断学习和创新的过程，也就是其差异发展的过程。

战略主体通过完成这三个步骤的过程，使我们战略决策者的认识得到升华，并以和合思想理念概括出战略主体的全局性、整体性、方向性重大问题，搞清楚决定和制约战略的主要矛盾和矛盾的主要方面是什么，从而给战略要素的确定提供科学的定位。和合战略的三个步骤，强调“古为今用、洋为中用、他为我用”，以传承和包容为立足基础，以选择和扬弃为基本手段，总结过去、考察现在、展望未来，创新培育战略主体的核心竞争力，从而在战略要素的确定中以和合思想理念追求战略主体的优势战略地位。

和合战略方针，是统帅整个战略的灵魂。是在分析和研究战略主体的内外部环境基础上，通过应用和合战略模型（见本书第二章），使战略主体把自身条件与时代特征相结合，从而感悟出前进和发展的方向，创新形成其区别于其他竞争对手的愿景、使命和与时俱进的指导思想，从而确定其方针。

和合战略目标，是整个战略的核心。战略目标确定是否合理、是否科学，是关系企业战略成败的一个极其重要的问题。企业为了实现自己的所谓生存、盈利、发展的战略，就必须要根据实际情况科学合理地来确定可操作、能实施、会达成的目标。在和合战略方针的指导下，创新应用和合战略模型，会使战略主体能够把握实施战略的目标框架，明确实施战略所期望获得的成果和持续改进的目标。

和合战略重点，是在区分关键目标和一般目标基础上，以和合思想理念把战略的突破口和抓手作为关键目标，也即战略重点。战略重点通常包含两方面的含意：战略优势与战略劣势。随着战略行动的逐步推进，战略重点呈现阶段性特征，必须注意及时调整。对战略重点，要采取重点针对性措施，实行资源重点配置，组织重点保证，行动重点推进，以实现企业的突破性发展。和合战略重点，也需要在和合战略模型基础上，进行选择性、差别化、有聚焦的创新。

和合战略阶段，是在和合战略方针、目标、重点的基础上，作为和合战略具体实施的规划，以和合思想理念进行长计划、短安排，把一个大的目标分成多个阶段性的小目标，逐步来实现。企业的日常经营活动必须要服从于企业的战略，任何人都不能随意更改企业已经决定的战略。如果企业领导人拍脑袋瓜来安排日常事务，随意改变企业战略阶段的安排，企业的经营活动是很难达到预期目标的。战略的不同的阶段，会遇到不同的问题；不同的问题，需要在实践中采取不同的策略（见本书第三篇）。

和合战略对策，告诉我们应该用什么方法、手段和措施去实现已经确立的目标。战略的实施，是一个长期的过程，会遇到各种不同的情况。以和合思想理念实行战略管理可以优化组合企业人力资源，增强企业的执行力，营造企业文化。再完美的战略，若没有好的执行力，对企业而言也只是空谈。面对各种不同的情况，需要具体的方法、手段和措施去应对，这

就需要以和合思想理念选择战略对策。和合战略，针对所遇到的不同情况，创新应用恰当的对策（见本书第九章）。

和合战略模型以《孙子兵法》为典源。十三篇《孙子兵法》构成了一个比较系统、完整的兵法体系。笔者在领悟《孙子兵法》基础上，遵照和合思想理念，建立了战略策划、战略研究、战略评估、战略准备四个模型。

利用战略策划模型，为战略主体进行战略的规划安排提供可以有效复制的策划模型；利用战略研究模型，为战略主体进行战略的比较分析提供可以有效复制的研究模型；利用战略评估模型，为战略主体进行战略的评价判断提供可以有效复制的评估模型；利用战略准备模型，为战略主体进行战略的事先准备提供可以有效复制的准备模型。战略有了模型，就可以和合思想理念进行有效复制。

有了战略模型，还必须以和合思想理念灵活创新应用。在包容基础上扬弃、在传承基础上创新，形成让竞争者难以理解或者无法理解的战略，使竞争者不可模仿、不愿模仿、不能模仿，最终能够帮助企业在21世纪的产业革命中高速增长、持续获得强大的竞争优势，当然这需要用和合思想理念进行实力的积累和智慧的创新，才可以差异发展。本书在以《孙子兵法》为典源的基础上，展现和引用古今中外的经典成果和案例，帮助读者领悟和创新。通过“古为今用、洋为中用、他为我用”，使读者能够“古今和合、中外和合、五力和合”，创新应用和合战略。

由于《孙子兵法》译本已很多，本书在引用时，除非有特殊含义，对相对浅显的句子，基本不再赘述译文。其实对于中国人，看古汉语，多读几遍，适当地翻翻字典，含义自明。

和合战略要素的确定，强调发展主体的统帅个人和最高层级的“修道”和“顿悟”。我们生活的这个时代充满着前所未有的机会，如果你有雄心，又通过“修道”和“顿悟”获得了智慧，那么不管你从何处起步，只要你以和合思想理念对整体性、全局性、方向性的重大问题做出了正确的解答，你就可以沿着自己所选择的道路登上事业的顶峰。

【和合推荐】

《战略：基于全球化和企业道德的思考》是奥本大学教授大卫·凯琴和佩斯大学教授艾伦·伊斯纳合作完成的一部极具创意的战略管理教科书。《战略：基于全球化和企业道德的思考》中融入了理解当今世界经济所必需的重要主题，包括全球化、技术、道德和创业精神等。作者运用商业实践中的例子使这些概念活灵活现，既说明了书中的每一个战略概念，又通过详细案例深入介绍了每一个知识点。另外，他们还给出了一些优秀的案例来帮助读者分析、综合、运用战略管理知识。战略并不空泛，而且至关重要。阅读该书，有助于读者理解本书的内容。

加拿大麦吉尔大学教授明茨伯格（H. Mintzberg）指出，人们在生产经营活动中不同的场合以不同的方式赋予企业战略不同的内涵，说明人们可以根据需要接受多样化的战略定义。在这种观点的基础上，明茨伯格借鉴市场营销学中的四要素（4P）的提法，提出企业战略是由五种规范的定义阐述的，从企业未来发展的角度来看，战略表现为一种计划（Plan）；从企业过去发展历程的角度来看，战略则表现为一种模式（Pattern）；从产业层次来看，战略表现为一种定位（Position）；从企业层次来看，战略则表现为一种观念（Perspective），此外，战略也表现为企业在竞争中采用的一种计谋（Ploy）。这构成了企业战略的“5P”。这五个定义从不同角度对企业战略这一概念进行了阐述。

《从战略规划到战略管理》是战略管理的鼻祖伊戈尔·安索夫（Igor Ansoff），在1976年出版的书。伊戈尔·安索夫在战略管理中的特殊地位最主要表现在对战略管理（Strategic Management）的开创性研究，由于他的开创性研究终于使他成为这门学科的一代宗师。作为战略管理的一代宗师，他首次提出公司战略概念、战略管理概念、战略规划的系统理论、企业竞争优势概念，以及把战略管理与混乱环境联系起来的权变理论。

第四节 本章小结

和是什么？和是要把不同的东西，把它调和在一起，产生或发展出一个新的、超越自我的东西。和不能什么都要。和需要选择、抛弃和创新发展。

合是什么？合是要把不同的东西，把它包容在一起，形成出一个更大范围、更多内容的东西。合不是简单的混合。合需要包容、传承和规则秩序。

和合，指在承认不同事物之矛盾、差异的前提下，把彼此不同的事物包容在一起，并在不同事物传承的过程中，通过选择和扬弃、创新和发展，吸取各个事物之优长而克服各个事物之短劣，使之在一定的规则和秩序下能够超越自我、达到最佳组合，由此推动事物的进步，促进新事物的产生。

和合战略就是通过立足于战略主体的整体，总揽外部环境全局，面向未来应用和合思想理念的管理战略。和合战略要求战略主体的整体和个体要和合、全局与局部要和合、短期目标和长期目标要和合。

在包容基础上扬弃，在传承基础上创新，是和合战略的根本特性。和合战略，就是要求在“古为今用、洋为中用、他为我用”融合基础上，总结过去、考察现在、展望未来，通过有选择的扬弃、创新发展来进行五个基本战略要素的研究、策划、评估、准备、执行、应用。

和合战略，以传承和包容为立足基础，以选择和扬弃为基本手段，以创新和培育核心竞争力为必由之路，以获得超额利润和优势战略地位为追求目标。

和合战略要素的确定，分三个步骤：

首先，要总结过去，继承并立足于战略主体的原有基础，这是一个对以往的成败得失的反馈和传承的过程。

第二，要观察现状，借鉴左右，它是对自身的有利条件和不利条件的自查、选择和扬弃的过程。

第三，还要展望未来，它是一个对未来机遇和挑战的一个预示、创新、发展的过程。

通过完成这三个步骤的过程，从而概括出战略主体的全局性、整体性、方向性重大问题，搞清楚决定和制约战略的主要矛盾和矛盾的主要方面是什么。使我们战略决策者的认识得到升华，从而给战略要素的确定进行科学的定位。

和合战略模型以《孙子兵法》为典源。利用战略策划模型，进行规划安排；利用战略研究模型，进行比较分析；利用战略评估模型，进行评价判断；利用战略准备模型，进行事先准备。战略有了模型，就可以有效复制。

有了战略模型，还必须灵活创新应用。在包容基础上扬弃、在传承基础上创新，形成让竞争者难以理解或者无法理解的战略，使竞争者不可模仿、不愿模仿、不能模仿，最终能够帮助企业在21世纪的产业革命中高速增长、持续获得强大的竞争优势，当然这需要用和合思想理念进行实力的积累和智慧的创新，才可以差异发展。战略模型经过和合，就可以差异发展。

| 第四章 |

战略典源解读

在春秋战国时期，中国的先哲们逐步摆脱愚昧和必然，总结形成了辩证思想，其杰出的代表有孔子、老子、孙子。孔子以中为基点创建了辩证法，其思想代表作是《论语》；老子以柔为基点创建了辩证法，其思想代表作是《道德经》；孙子以是以刚为基点创建了辩证法，其思想代表作是《孙子兵法》。

《孙子兵法》可以用一个智字来概括，具体来说就是：以理智对待战争，以明智规划战略，以机智设计战术。《孙子兵法》是被译成外国文种最多的中文古书。日本人最早把《孙子兵法》运用于企业经营管理和商战领域，随后是我国香港、台湾地区，后来韩国、新加坡和欧美一些国家也纷纷效仿，都取得了很好的效益和巨大的成功。当今世界上许多著名大学的商学院都研究讲授《孙子兵法》课程。日本人将《孙子兵法》列为商界领袖必读之书，美国人称《孙子兵法》是历史上最杰出的智慧，其军校作为必修课。毛泽东的军事战略思想融汇着《孙子兵法》，在其古为今用方面，毛泽东堪称大家。唐朝李世民说："观诸兵书，无出孙子"。曾国藩誉其为处事为人圣典。

在整理和注释《孙子兵法》的人中，曹操是最著名的一个，笔者在《孙子兵法》解读中导入曹操的一些注释；明代思想家、文学家李贽的注解也很有参考价值，笔者在本书中也作了一些引用；同时根据个人研习的心得撰写了"和合题注"和"和合解说"，对部分生僻词句加了拼音或注解，以飨读者。

《孙子兵法》历史上版本较多，在出土竹简里也可能存在乱简，笔者在查阅有关资料时，也不时发现差缺错漏情况，本书所引用《孙子兵法》以古诗文网（http：//so.gushiwen.org/guwen/book_3.aspx）的文本为蓝本，逐字逐句进行了校核，摘录于此书中。

本书提倡读者通过“细细品味”的阅读方式从而达到“默思静修、得道顿悟”的珍贵境界，希望大家读得越慢，收获越多。希望读者会有独到的解读，获得不同的领悟和智慧的启迪。

第一节 始计篇

【曹操题注】计者，选将、量敌、度地、料卒，计于庙堂也。

【和合题注】庙算：道、天、地、将、法。

孙子曰：兵者，国之大事，死生之地，存亡之道，不可不察也。

故经之以五事，校之以计而索其情：一曰道，二曰天，三曰地，四曰将，五曰法。道者，令民与上同意也，故可以与之死，可以与之生，而不畏危。〔曹操曰：危者，危疑也。〕天者，阴阳、寒暑、时制也。地者，远近、险易、广狭、死生也。将者，智、信、仁、勇、严也。法者，曲制、官道、主用也。〔曹操曰：曲制者，部曲、旗帜、金鼓之制也。官者，五官之分也。道者，粮路也。主用者，主军费用也。〕凡此五者，将莫不闻，知之者胜，不知者不胜。故校之以计而索其情，曰：主孰有道？将孰有能？天地孰得？法令孰行？兵众孰强？士卒孰练？赏罚孰明？吾以此知胜负矣。

将听吾计，用之必胜，留之；将不听吾计，用之必败，去之。

计利以听，乃为之势，以佐其外。势者，因利而制权也。兵者，诡道也。〔曹操曰：兵无常形，以诡诈为道。〕故能而示之不能，用而示之不用，近而示之远，远而示之近；利而诱之，乱而取之，实而备

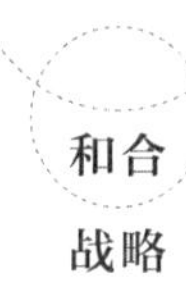

之，强而避之，怒而挠之，卑而骄之，佚而劳之，亲而离之。攻其无备，出其不意。此兵家之胜，不可先传也。

夫未战而庙算胜者，得算多也；未战而庙算不胜者，得算少也。多算胜，少算不胜，而况于无算乎！吾以此观之，胜负见矣。

【和合解说】

《始计篇》是《孙子兵法》首篇，也是其兵法十三篇的纲。阐述了兵法基础性条件和最基本法则。

其基础性条件是：“五事”和“七计”。“五事”是指“道、天、地、将、法”，分析、谋划这五个方面是用兵作战的基础条件。“七计”是指“主道、将能、天地、法令、兵众、士卒、赏罚”，研究、比较这七个方面是决定胜负的基础条件。

最基本法则是：“攻其无备，出其不意”。鉴于“兵者，诡道也”，因此兵无常形，在“未战”之前先“庙算”，“多算胜，少算不胜”。

第二节　作战篇

【曹操题注】欲战必先算其费，务因粮于敌也。

【和合题注】兵贵胜，不贵久。

孙子曰：凡用兵之法，驰车千驷，革车千乘，带甲十万，千里馈粮。则内外之费，宾客之用，胶漆之材，车甲之奉，日费千金，然后十万之师举矣。

其用战也胜，久则钝兵挫锐，攻城则力屈，久暴师则国用不足。夫钝兵挫锐，屈力殚货，则诸侯乘其弊而起，虽有智者不能善其后矣。故兵闻拙速，未睹巧之久也。夫兵久而国利者，未之有也。故不尽知用兵之害者，则不能尽知用兵之利也。

善用兵者，役不再籍，粮不三载，取用于国，因粮于敌，故军食可足也。国之贫于师者远输，远输则百姓贫；近师者贵卖，贵卖则（公家）百姓财竭，财竭则急于丘役（丘：古代按田收军赋；役：兵役、劳役）。力屈、财殚，中原内虚于家，百姓之费，十去其七；公家之费，破军罢（通“疲”）马，甲胄矢弓，戟盾矛橹，丘牛大车，十去其六。故智将务食于敌，食敌一钟，当吾二十钟；萁杆一石，当吾二十石。故杀敌者，怒也；取敌之利者，货也〔曹操曰：军无财，士不来；军无赏，士不往〕。车战得车十乘以上，赏其先得者而更其旌旗。车杂而乘之，卒善而养之，是谓胜敌而益强。

故兵贵胜，不贵久。

故知兵之将，民之司命。国家安危之主也。

【和合解说】

《作战篇》从“用兵之害”为切入点阐述了作战的经济效益问题。孙子从战争视角，提出“务食于敌”“胜敌而益强”“兵贵胜不贵久”等策略，目的是为了谋取最大的“用兵之利”。

第三节　谋攻篇

【曹操题注】欲攻敌，必先谋。

【和合题注】欲谋必先知，谋以全为本。

孙子曰：夫用兵之法，全国为上，破国次之；全军为上，破军次之；全旅为上，破旅次之；全卒为上，破卒次之；全伍为上，破伍次之。是故百战百胜，非善之善者也；不战而屈人之兵，善之善者也。

故上兵伐谋，其次伐交，其次伐兵，其下攻城。攻城之法，为不得已。修橹轒輼，具器械，三月而后成，距堙，又三月而后已。将不胜其忿而蚁附之，杀士卒三分之一而城不拔者，此攻之灾也。

故善用兵者，屈人之兵而非战也，拔人之城而非攻也，毁人之国而非久也，必以全争于天下，故兵不顿，而利可全，此谋攻之法也。〔曹操曰：不与敌战，而必完全得之，立胜于天下，则不钝兵挫锐也。〕

故用兵之法，十则围之，五则攻之，倍则分之，敌则能战之，少则能逃之，不若则能避之。故小敌之坚，大敌之擒也。

夫将者，国之辅也，辅周则国必强，辅隙则国必弱。

故君之所以患于军者三：不知军之不可以进而谓之进，不知军之不可以退而谓之退，是谓縻军。不知三军之事而同三军之政者，则军士惑矣。不知三军之权而同三军之任，则军士疑矣。三军既惑且疑，则诸侯之难至矣。是谓乱军引胜。

故知胜有五：知可以战与不可以战者胜；识众寡之用者胜；上下同欲者胜；以虞待不虞者胜；将能而君不御者胜。此五者，知胜之道也。

故曰：知彼知己，百战不殆；不知彼而知己，一胜一负；不知彼，不知己，每战必殆。

【和合解说】

《谋攻篇》阐述了谋划战略的两个重要原则："全"和"知"。孙子强调，通过"知彼知己""必以全争于天下"，做到"不战而屈人之兵"。其五个方面的"知胜之道"：知可以战与不可以战者胜；识众寡之用者胜；上下同欲者胜；以虞待不虞者胜；将能而君不御者胜。这构成了一个绝佳的战略评估框架模型。

第四节　军形篇

【曹操题注】军之形也。我动彼应，两敌相察情也。

【和合题注】取胜之道，实力为本。修道保法，胜败之正。

孙子曰：昔之善战者，先为不可胜，以待敌之可胜。不可胜在己，可胜在敌。故善战者，能为不可胜，不能使敌之必可胜。故曰：胜可知，而不可为。

不可胜者，守也；可胜者，攻也。守则不足，攻则有余。善守者，藏于九地之下，善攻者，动于九天之上，故能自保而全胜也。

见胜不过众人之所知，非善之善者也；战胜而天下曰善，非善之善者也。故举秋毫不为多力，见日月不为明目，闻雷霆不为聪耳。古之所谓善战者，胜于易胜者也。故善战者之胜也，无智名，无勇功，故其战胜不忒（tè，差错），不忒者，其所措必胜，胜已败者也。故善战者，立于不败之地，而不失敌之败也。是故胜兵先胜而后求战，败兵先战而后求胜。善用兵者，修道而保法，故能为胜败之政（正，引申为主宰）。〔曹操曰：善用兵者，先修治为不可胜之道，保法度不失敌之败乱也。〕

兵法：一曰度，二曰量，三曰数，四曰称，五曰胜。〔曹操曰：胜败之政，用兵之法，当以此五事称量，知敌之情。〕地生度，度生量，量生数，数生称，称生胜。故胜兵若以镒称铢，败兵若以铢称镒。胜者之战民也，若决积水于千仞之溪者，形也。

【和合解说】

《军形篇》阐述了战争的攻守问题，不足则守，有余则攻，守则要“藏于九地之下”非常隐蔽，攻则要“动于九天之上”势不可挡。提出胜负可以预先判断，但不可强求：“胜可知，而不可为。”强调了通过“修道保法”，以“度、量、数、称、胜”五事称量，“先为不可胜”而“立于不败之地”，进而“不失敌之败”而“能自保而全胜”。

第五节　兵势篇

【曹操题注】用兵任势也。

【和合题注】择人而任势，出奇而制胜。

孙子曰：凡治众如治寡，分数是也（李贽注：“分，谓偏裨卒伍之分；数，谓十百千万之数各有统制，而大将总其纲领。”）；斗众如斗寡，形名是也〔曹操曰：旌旗曰形，金鼓曰名。〕；三军之众，可使必受敌而无败者，奇正是也；兵之所加，如以碫（duàn，磨刀石）投卵者，虚实是也。

凡战者，以正合，以奇胜。故善出奇者，无穷如天地，不竭如江海。终而复始，日月是也。死而更生，四时是也。声不过五，五声之变，不可胜听也；色不过五，五色之变，不可胜观也；味不过五，五味之变，不可胜尝也；战势不过奇正，奇正之变，不可胜穷也。奇正相生，如循环之无端，孰能穷之哉！

激水之疾，至于漂石者，势也；鸷鸟之疾，至于毁折者，节也（节，时机、关节点）。故善战者，其势险，其节短。势如彍（guō，拉满弦）弩，节如发机。纷纷纭纭，斗乱而不可乱；浑浑沌沌，形圆而不可败。乱生于治，怯生于勇，弱生于强。治乱，数也；勇怯，势也；强弱，形也。

故善动敌者，形之，敌必从之；予之，敌必取之。以利动之，以卒待之。故善战者，求之于势，不责于人，故能择人而任势。任势者，其战人也，如转木石。木石之性，安则静，危则动，方则止，圆则行。

故善战人之势，如转圆石于千仞之山者，势也。

【和合解说】

《兵势篇》阐述了四组用兵的辩证关系——“分数、形名、奇正、虚实”以及三组作战的辩证关系——“治乱、勇怯、强弱”，并强调了“势、节”的用兵作战策略。提出要“不责于人”，而是要“出奇制胜、任势制胜”的重要性。

第六节　虚实篇

【曹操题注】能虚实彼己也。

【和合题注】因敌变化，避实击虚。

孙子曰：凡先处战地而待敌者佚，后处战地而趋战者劳，故善战者，致人而不致于人。能使敌人自至者，利之也；能使敌人不得至者，害之也，故敌佚能劳之，饱能饥之，安能动之。出其所不趋，趋其所不意。

行千里而不劳者，行于无人之地也；攻而必取者，攻其所不守也；守而必固者，守其所不攻也。故善攻者，敌不知其所守；善守者，敌不知其所攻。微乎微乎，至于无形。神乎神乎，至于无声，故能为敌之司命。进而不可御者，冲其虚也；退而不可追者，速而不可及也。故我欲战，敌虽高垒深沟，不得不与我战者，攻其所必救也；我不欲战，画地而守之，敌不得与我战者，乖（guāi，背离）其所之也。

故形人而我无形，则我专而敌分。我专为一，敌分为十，是以十攻其一也，则我众而敌寡；能以众击寡者，则吾之所与战者，约矣。吾所与战之地不可知，不可知，则敌所备者多；敌所备者多，则吾所与战者，寡矣。

故备前则后寡，备后则前寡，备左则右寡，备右则左寡，无所不备，则无所不寡。寡者，备人者也；众者，使人备己者也。

故知战之地，知战之日，则可千里而会战。不知战地，不知战日，则左不能救右，右不能救左，前不能救后，后不能救前，而况远者数十里，近者数里乎？

以吾度之，越人之兵虽多，亦奚（xī，文言疑问代词，相当于“胡”“何”）益于胜败哉？故曰：胜可为也。敌虽众，可使无斗。故策之而知得失之计，作之而知动静之理，形之而知死生之地，角之而知有余不足之处。故形兵之极，至于无形。无形，则深间不能窥，智者不能谋。因形而措胜于众，众不能知；人皆知我所以胜之形，而莫知吾所以制胜之形。故其战胜不复，而应形于无穷。

夫兵形象水，水之形，避高而趋下，兵之形，避实而击虚。水因地而制流，兵因敌而制胜。故兵无常势，水无常形，能因敌变化而取胜者，谓之神。

故五行无常胜，四时无常位，日有短长，月有死生。

【和合解说】

《虚实篇》阐述了用兵要运用“利”“害”调遣敌人，通过“出其所不趋，趋其所不意”，故“能为敌之司命”“致人而不致于人”，使敌“不知其所守”“不知其所攻”，从而在战争的局部造成“我众敌寡”的态势，避实而击虚，因敌而制胜，掌握战略主动权。

第七节　军争篇

【曹操题注】两军争胜。

【和合题注】两军对垒，利迂患直。

孙子曰：凡用兵之法，将受命于君，合军聚众，交和而舍，莫难于军争。军争（争取获胜的军事条件）之难者，以迂为直，以患为利。

故迂其途，而诱之以利，后人发，先人至，此知迂直之计者也。军争为利，军争为危。举军而争利则不及，委军而争利则辎重捐。是故卷甲而趋，日夜不处，倍道兼行，百里而争利，则擒三将军，劲者先，疲者后，其法十一而至；五十里而争利，则蹶上将军，其法半至；三十里而争利，则三分之二至。是故军无辎重则亡，无粮食则亡，无委积则亡。故不知诸侯之谋者，不能豫交；不知山林、险阻、沮泽之形者，不能行军；不用乡导者，不能得地利。故兵以诈立，以利动，以分和为变者也。故其疾如风，其徐如林，侵掠如火，不动如山，难知如阴，动如雷震。掠乡分众，廓地分利，悬权而动。先知迂直之计者胜，此军争之法也。

《军政》曰："言不相闻，故为之金鼓；视不相见，故为之旌旗。"夫金鼓旌旗者，所以一人之耳目也。人既专一，则勇者不得独进，怯者不得独退，此用众之法也。故夜战多金鼓，昼战多旌旗，所以变人之耳目也。

三军可夺气，将军可夺心。是故朝气锐，昼气惰，暮气归。善用兵者，避其锐气，击其惰归，此治气者也。以治待乱，以静待哗，此治心者也。以近待远，以佚（通"逸"）待劳，以饱待饥，此治力者也。无邀正正之旗，无击堂堂之阵，此治变者也。

故用兵之法，高陵勿向，背丘勿逆，佯北勿从，锐卒勿攻，饵兵勿食，归师勿遏，围师遗阙，穷寇勿迫，此用兵之法也。

【和合解说】

《军争篇》阐述了两军对垒必须把握的基本战略战术：以迂为直，以患为利，要变不利条件为有利条件。探索了在战争中取得制胜条件的基本方法。这是对奇正、虚实原则的进一步引申和说明。通过分析迂直利弊，指出行军作战要有充足的储备：无辎重则亡，无粮食则亡，无委积则亡。归纳"迂直之计"的三条基本原则：不了解敌国的计谋，不能与之交战；不了解地形险阻，不可以轻易行军；没有当地的向导，不应深入敌后。提出行军作战的具体要求：其徐如林，侵掠如火，不动如山，难知如阴，动如雷震。强调用众之法在于步调一致：勇者不得独进，怯者不得独退。用兵作战必须善于：治气、治心、治力、治变。用兵进攻必须遵守的“用兵八戒”：高陵勿向，背丘勿逆，佯北勿从，锐卒勿攻，饵兵勿食，归师勿遏，围师遗阙，穷寇勿迫。

第八节　九变篇

【曹操题注】变其正，得其所用有九也。

【和合题注】通于九变；杂于利害；危于五过。

孙子曰：凡用兵之法，将受命于君，合军聚众。圮（pǐ，倒塌）地无舍，衢地交合，绝地无留，围地则谋，死地则战。涂（通“途”）有所不由，军有所不击，城有所不攻，地有所不争。君命有所不受。故将通于九变之地利者，知用兵矣；将不通于九变之利者，虽知地形，不能得地之利者矣。治兵不知九变之术，虽知五利，不能得人之用矣。

是故智者之虑，必杂于利害。〔曹操曰：在利思害，在害思利，当难行权也。〕杂于利，而务可信也；杂于害，而患可解也。是故屈诸侯者以害，役诸侯者以业，趋诸侯者以利。故用兵之法，无恃其不来，恃吾有以待也；无恃其不攻，恃吾有所不可攻也。

故将有五危：必死，可杀也；必生，可虏也；忿速，可侮也；廉洁，可辱也；爱民，可烦也。凡此五者，将之过也，用兵之灾也。覆军杀将必以五危，不可不察也。

【和合解说】

《九变篇》在《军争篇》的基础上进一步论述了在两军作战过程中，指挥官要根据地形环境和敌情变化，临机处置，变通用兵。提出用兵打仗，必须利害兼顾、准备充分，避免祸患。指出两军对阵，指挥官鲜明偏激的个性容易被对手利用，必须引起警觉。

第九节 行军篇

【曹操题注】择便利而行也。

【和合题注】地助兵利、军严令行。

孙子曰：凡处军相敌：绝山依谷，视生处高，战隆无登，此处山之军也。绝水必远水；客绝水而来，勿迎之于水内，令半济而击之，利；欲战者，无附于水而迎客；视生处高，无迎水流，此处水上之军也。绝斥泽，惟亟去无留；若交军于斥泽之中，必依水草而背众树，此处斥泽之军也。平陆处易，而右背高，前死后生，此处平陆之军也。凡此四军之利，黄帝之所以胜四帝也。

凡军好高而恶下，贵阳而贱阴，养生而处实，军无百疾，是谓必胜。丘陵堤防，必处其阳，而右背之。此兵之利，地之助也。

上雨，水沫至，欲涉者，待其定也。

凡地有绝涧、天井、天牢、天罗、天陷、天隙，必亟去之，勿近也。吾远之，敌近之；吾迎之，敌背之。

军行有险阻、潢井、葭苇（jiā wěi，芦苇）、山林、蘙荟（yì huì，丛密的杂草）者，必谨覆索之，此伏奸之所处也。

敌近而静者，恃其险也；远而挑战者，欲人之进也；其所居易者，利也。

众树动者，来也；众草多障者，疑也；鸟起者，伏也；兽骇者，覆也；尘高而锐者，车来也；卑而广者，徒来也；散而条达者，樵采也；少而往来者，营军也。

辞卑而益备者，进也；辞强而进驱者，退也；轻车先出居其侧者，陈也；无约而请和者，谋也；奔走而陈兵车者，期也；半进半退者，

诱也。

杖而立者，饥也；汲而先饮者，渴也；见利而不进者，劳也；鸟集者，虚也；夜呼者，恐也；军扰者，将不重也；旌旗动者，乱也；吏怒者，倦也；粟马肉食，军无悬缻（fǒu，通“缶”），不返其舍者，穷寇也；谆谆翕翕（谆谆，语也。翕翕，聚也），徐与人言者，失众也；数赏者，窘也；数罚者，困也；先暴而后畏其众者，不精之至也；来委谢者，欲休息也。兵怒而相迎，久而不合，又不相去，必谨察之。

兵非益多也，惟无武进，足以并力、料敌、取人而已。夫惟无虑而易敌者，必擒于人。

卒未亲附而罚之，则不服，不服则难用也。卒已亲附而罚不行，则不可用也。故令之以文，齐之以武，是谓必取。令素行以教其民，则民服；令不素行以教其民，则民不服。令素行者，与众相得也。

【和合解说】

《行军篇》专门论述用兵作战中有关行军的问题。主要讲述了有关如何安营扎寨、观察利用地形、侦查判断敌情等问题。进而指出军纪严明、赏罚分明的重要性，提出“令之以文，齐之以武”治军方略。

第十节　地形篇

【曹操题注】欲战，审地形以立胜也。

【和合题注】地道败道，将必察之。

孙子曰：地形有通者，有挂者，有支者，有隘者，有险者，有远者。我可以往，彼可以来，曰通；通形者，先居高阳，利粮道，以战则利。可以往，难以返，曰挂；挂形者，敌无备，出而胜之；敌若有备，出而不胜，难以返，不利。我出而不利，彼出而不利，曰支；支

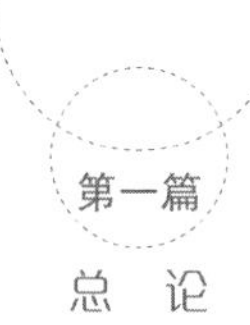

形者，敌虽利我，我无出也；引而去之，令敌半出而击之，利。隘形者，我先居之，必盈之以待敌；若敌先居之，盈而勿从，不盈而从之。险形者，我先居之，必居高阳以待敌；若敌先居之，引而去之，勿从也。远形者，势均，难以挑战，战而不利。凡此六者，地之道也；将之至任，不可不察也。

故兵有走者，有弛者，有陷者，有崩者，有乱者，有北者。凡此六者，非天之灾，将之过也。夫势均，以一击十，曰走；卒强吏弱，曰弛，吏强卒弱，曰陷；大吏怒而不服，遇敌怼而自战，将不知其能，曰崩；将弱不严，教道不明，吏卒无常，陈兵纵横，曰乱；将不能料敌，以少合众，以弱击强，兵无选锋，曰北。凡此六者，败之道也；将之至任，不可不察也。

夫地形者，兵之助也。料敌制胜，计险厄远近，上将之道也。知此而用战者必胜，不知此而用战者必败。

故战道必胜，主曰无战，必战可也；战道不胜，主曰必战，无战可也。故进不求名，退不避罪，唯民是保，而利合于主，国之宝也。

视卒如婴儿，故可与之赴深溪；视卒如爱子，故可与之俱死。厚而不能使，爱而不能令，乱而不能治，譬若骄子，不可用也。

知吾卒之可以击，而不知敌之不可击，胜之半也；知敌之可击，而不知吾卒之不可以击，胜之半也；知敌之可击，知吾卒之可以击，而不知地形之不可以战，胜之半也。故知兵者，动而不迷，举而不穷。故曰：知彼知己，胜乃不殆；知天知地，胜乃不穷。

【和合解说】

《地形篇》主要论述指挥官利用不同的地形采用不同的战术克敌制胜的问题。指出为将者在战场上要按战争规律指挥作战，“进不求名，退不避罪，唯民是保”。指出爱兵不是溺爱放纵，而是要“能使、能令、能治”。指出知察敌我情况、知晓天时地利是制胜之道：“知彼知己，胜乃不殆；知天知地，胜乃不穷。”

第十一节　九地篇

【曹操题注】欲战之地有九。

【和合题注】九地之变，屈伸之利，人情之理，不可不察。

孙子曰：用兵之法，有散地，有轻地，有争地，有交地，有衢地，有重地，有圮地，有围地，有死地。诸侯自战其地，为散地。入人之地不深者，为轻地。我得则利，彼得亦利者，为争地。我可以往，彼可以来者，为交地。诸侯之地三属，先至而得天下之众者，为衢地。入人之地深，背城邑多者，为重地。行山林、险阻、沮泽，凡难行之道者，为圮地。所由入者隘，所从归者迂，彼寡可以击吾之众者，为围地。疾战则存，不疾战则亡者，为死地。是故散地则无战，轻地则无止，争地则无攻，交地则无绝，衢地则合交，重地则掠，圮地则行，围地则谋，死地则战。

所谓古之善用兵者，能使敌人前后不相及，众寡不相恃，贵贱不相救，上下不相收，卒离而不集，兵合而不齐。合于利而动，不合于利而止。敢问："敌众整而将来，待之若何？"曰："先夺其所爱，则听矣。"

兵之情主速，乘人之不及，由不虞之道，攻其所不戒也。

凡为客之道：深入则专，主人不克；掠于饶野，三军足食；谨养而勿劳，并气积力，运兵计谋，为不可测。投之无所往，死且不北，死焉不得，士人尽力。兵士甚陷则不惧，无所往则固。深入则拘〔曹操曰：拘，专也〕，不得已则斗。是故其兵不修而戒，不求而得，不约而亲，不令而信，禁祥（吉凶的预兆）去疑，至死无所之。吾士无余财，非恶货也；无余命，非恶寿也。令发之日，士卒坐者涕沾襟，偃（yǎn，仰面）卧者涕交颐（yí，面颊）。投之无所往者，诸、刿之勇也。

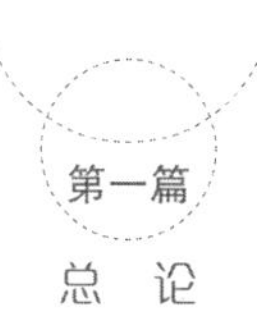

故善用兵者，譬如率然；率然者，常山之蛇也。击其首则尾至，击其尾则首至，击其中则首尾俱至。敢问："兵可使如率然乎？"曰："可。"夫吴人与越人相恶也，当其同舟而济，遇风，其相救也如左右手。是故方马埋轮，未足恃也；〔曹操曰：方马，缚马也。埋轮，恃不动也。此言专难不如权巧。故曰：虽方马埋轮，不足恃也。〕齐勇若一，政之道也；刚柔皆得，地之理也。故善用兵者，携手若使一人，不得已也。

将军之事：静以幽，正以治。能愚士卒之耳目，使之无知。易其事，革其谋，使人无识；易其居，迂其途，使人不得虑。帅与之期，如登高而去其梯；帅与之深入诸侯之地，而发其机，焚舟破釜，若驱群羊，驱而往，驱而来，莫知所之。聚三军之众，投之于险，此谓将军之事也。九地之变，屈伸之利，人情之理，不可不察。

凡为客之道：深则专，浅则散。去国越境而师者，绝地也；四达者，衢地也；入深者，重地也；入浅者，轻地也；背固前隘者，围地也；无所往者，死地也。

是故散地，吾将一其志；轻地，吾将使之属；争地，吾将趋其后；交地，吾将谨其守；衢地，吾将固其结；重地，吾将继其食；圮地，吾将进其涂；围地，吾将塞其阙；死地，吾将示之以不活。

故兵之情，围则御，不得已则斗，过则从。是故不知诸侯之谋者，不能预交；不知山林、险阻、沮泽之形者，不能行军；不用乡导者，不能得地利。四五者，不知一，非霸王之兵也。夫霸王之兵，伐大国，则其众不得聚；威加于敌，则其交不得合。是故不争天下之交，不养天下之权，信己之私，威加于敌，故其城可拔，其国可隳（huī，毁坏；崩毁）。施无法之赏，悬无政之令，犯三军之众，若使一人。犯之以事，勿告以言；犯之以利，勿告以害。

投之亡地然后存，陷之死地然后生。夫众陷于害，然后能为胜败。

故为兵之事，在于顺详（古同"佯"，假装）敌之意，并敌一向，千里杀将，此谓巧能成事者也。

是故政举之日，夷关折符，无通其使；厉于廊庙之上，以诛其事。

敌人开阖，必亟入之。先其所爱，微与之期。践墨（墨绳，引申为规矩、法度）随敌，以决战事。是故始如处女，敌人开户，后如脱兔，敌不及拒。

【和合解说】

《九地篇》主要论述指挥官利用不同的地域采用不同的策略克敌制胜的问题。指出士兵的心理情绪和战斗意志会受到主客观条件的影响，指挥官要通过主观的军纪约束和严格训练，以及客观的地理条件和地域环境，使士兵“无知、无识、不得虑”，发挥士兵的主观能动性，以克敌制胜，去争取胜利。

第十二节　火攻篇

【曹操题注】以火攻，当择时日也。

【和合题注】火攻择时，非利不动。

孙子曰：凡火攻有五：一曰火人，二曰火积，三曰火辎，四曰火库，五曰火队。行火必有因，烟火必素具。发火有时，起火有日。时者，天之燥也；日者，月在箕、壁、翼、轸也。凡此四宿者，风起之日也。

凡火攻，必因五火之变而应之。火发于内，则早应之于外。火发兵静者，待而勿攻，极其火力，可从而从之，不可从而止。火可发于外，无待于内，以时发之。火发上风，无攻下风。昼风久，夜风止。凡军必知有五火之变，以数守之。

故以火佐攻者明，以水佐攻者强。水可以绝，不可以夺。夫战胜攻取，而不修其功者凶，命曰费留。故曰：明主虑之，良将修之。非利不动，非得不用，非危不战。主不可以怒而兴师，将不可以愠而致战；合于利而动，不合于利而止。怒可以复喜，愠可以复悦；亡国不可以复存，死者不可以复生。故明君慎之，良将警之，此安国全军之道也。

【和合解说】

《火攻篇》主要论述火攻，涵盖火攻的对象、作用、条件、方法及注意事项等相关问题。指出“非利不动，非得不用，非危不战”战略原则，提出“主不可以怒而兴师，将不可以愠而致战”的慎战思想，主张“合于利而动，不合于利而止”战术策略。

第十三节　用间篇

【曹操题注】战者必用间谍，以知敌之情实也。

【和合题注】用间反间，胜之主也。

孙子曰：凡兴师十万，出征千里，百姓之费，公家之奉，日费千金；内外骚动，怠于道路，不得操事者，七十万家。相守数年，以争一日之胜，而爱爵禄百金，不知敌之情者，不仁之至也，非人之将也，非主之佐也，非胜之主也。故明君贤将，所以动而胜人，成功出于众者，先知也。先知者，不可取于鬼神，不可象于事，不可验于度，必取于人，知敌之情者也。

故用间有五：有因间，有内间，有反间，有死间，有生间。五间俱起，莫知其道，是谓神纪（神妙的纲纪），人君之宝也。因间者，因其乡人而用之。内间者，因其官人而用之。反间者，因其敌间而用之。死间者，为诳事于外，令吾间知之，而传于敌间也。生间者，反报也。

故三军之事，莫亲于间，赏莫厚于间，事莫密于间。非圣智不能用间，非仁义不能使间，非微妙不能得间之实。微哉！微哉！无所不用间也。间事未发，而先闻者，间与所告者皆死。

凡军之所欲击，城之所欲攻，人之所欲杀，必先知其守将，左右，谒者，门者，舍人之姓名，令吾间必索知之。

必索敌人之间来间我者，因而利之，导而舍之，故反间可得而用也。因是而知之，故乡间、内间可得而使也；因是而知之，故死间为诳事，可使告敌。因是而知之，故生间可使如期。五间之事，主必知之，知之必在于反间，故反间不可不厚也。

昔殷之兴也，伊挚在夏；周之兴也，吕牙在殷。故惟明君贤将，能以上智为间者，必成大功。此兵之要，三军之所恃而动也。

【和合解说】

《用间篇》专题论述运用间谍的问题，涵盖使用间谍的意义和作用，间谍的种类和使用方法，对待间谍的态度和政策，强调“反间”的重要性，明确提出“三军之事，莫亲于间，赏莫厚于间，事莫密于间”，总结出“明君贤将，能以上智为间者，必成大功”的历史规律。

第十四节　本章小结

《孙子兵法》诞生于春秋时代，其后不断有人注释、解读、翻译，距今已有2500余年历史。13篇《孙子兵法》短短6000余字，蕴含了极其丰富的内容、极为深邃的智慧，构成了一个比较系统、完整的兵法体系，具有相当的战略科学价值。《孙子兵法》是人类社会现存最早的军事著作，被誉为兵学圣典、兵书之首。

通观《孙子兵法》全文，孙子认为战争的指挥者一定要大处着眼、审时度势、权衡利弊、统揽全局，强调用兵作战前的周密筹划和充分准备对战争胜负的决定性作用，并十分精到地提出了战略实施变化多端、变中

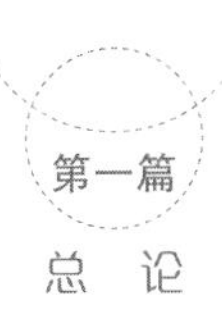

求胜的具体方式方法，其重复强调最多的三个字眼是：知、先、善。其中“知”字出现 79 次之多，“先”字 23 次，“善”字 33 次。并精妙绝伦地强调了一个“全”的概念。

“知”是知道、晓得、明了，也是知识、学问、学识。用兵打仗、谋划战略，要不断学习知识、学问、学识，你比别人学得更快、更多，你越有战略竞争优势；用兵打仗、谋划战略，要上知天文、下知地理，要知己知彼、知利知害、知进知退、知迂知直、知实知虚、知变知诈、知正知奇等，你知道、晓得、明了的越多，你越有战略主动优势。

“先”与“后”相对，孙子所说的“先”，强调先知先觉、先见之明、先备后战、先发制人。孙子辩证地指出“胜者先胜而后求战”和“败者先战而后求胜”的不同结果，孙子认为只有充分作好战前准备，“先为不可胜，以待敌之可胜”，将自己立于不败之地，才能先发制人，让对手措手不及、防不胜防，进而在气势和局面上取得战略优势，最后取得胜利。

“善”，孙子把良好的、高明的、容易的方法，称之为善。善战、善守、善攻，善用兵、善出奇、善动敌、善其后，都是高妙的境界。“善”是孙子所认可、肯定、赞许、提倡、推崇的。《孙子兵法》给出的最“善”的战略选择是：不战而屈人之兵；最“善”的战略原则是：致人而不致于人。

“全”，是指全局、全面、全部，也指完全、保全、齐全。孙子用一个“全”字概括了谋划战略要面面俱到、不留死角的最高境界。用兵作战就是要以最小的损耗换取最大的利益，而不是仅仅取得胜利就万事大吉了。战略谋划、用兵作战，要争取不战而胜，才能成为最大赢家。

《孙子兵法》不仅是历代军事家用于指导战争实践的必读之书，它的基本原则早已经渗透到商业竞争、企业管理、体育竞赛、外交谈判、人际关系、生活理财等多个领域。本书提倡读者通过“细细品味”的阅读方式学习《孙子兵法》，达到“默思静修、得道顿悟”的珍贵境界，希望大家读得越慢，收获越多。

和合战略

第二篇

和合战略之模型

战略管理是企业的头等大事，不可以不慎重。

本书推荐的是和合战略，也是本书作者首创的创新战略。要求在“古为今用、洋为中用、他为我用”融合基础上，传承和改进、包容和扬弃，进行创新发展。

和合战略的研究、策划、准备、评估、执行、应用，读通一本经典是关键。在此基础上再涉猎其余，与其他经典和合、与其他知识和合，就能融会贯通、一通百通。如果泛泛而读，囫囵吞枣，什么书都看，什么都不精，反而不得要领，无法和合，最终一无所得、一事无成。本书所要引用的“古”和“洋”，都是被公认的经典。

在知识爆炸的信息时代，大部分的知识和信息都是以快餐的方式被生产和消费，但唯有经典是值得像美食一样被细细品味的。

精彩而珍贵的经典，总是超越它们源起的时代和地域的限制，能够启迪智慧、开发慧根，经得起时间和空间的考验，成为不同时代、不同国度、不同行业、不同年龄的人们都能够共同分享的精神美食。

阅读战略经典，可以从《孙子兵法》开始。春秋时期孙子的《孙子兵法》共有 13 篇，是中国最早对战略进行全局筹划的著作。

笔者在领悟《孙子兵法》基础上，遵照和合思想理念，建立了战略策划、战略研究、战略评估、战略准备四个模型。

| 第五章 |

战略策划模型

和合战略的策划模型，是从《孙子兵法·始计篇》悟出来的。在《孙子兵法·始计篇》中，孙子提出了战争要“经之以五事”：道、天、地、将、法。

这“五事”给我们提供了一个战略策划的模型。

道者，令民与上同意也，故可以与之死，可以与之生，而不畏危。

天者，阴阳、寒暑、时制也。

地者，远近、险易、广狭、死生也。

将者，智、信、仁、勇、严也。

法者，曲制、官道、主用也。

原典温习

孙子曰：兵者，国之大事，死生之地，存亡之道，不可不察也。(《孙子兵法·始计篇》)

故经之以五事，校之以计而索其情：一曰道，二曰天，三曰地，四曰将，五曰法。道者，令民与上同意也，故可以与之死，可以与之生，而不畏危。天者，阴阳、寒暑、时制也。地者，远近、险易、广狭、死生也。将者，智、信、仁、勇、严也。法者，曲制、官道、主用也。凡此五者，将莫不闻，知之者胜，不知者不胜。(《孙子兵法·始计篇》)

夫未战而庙算胜者，得算多也；未战而庙算不胜者，得算少也。多算胜，少算不胜，而况于无算乎！吾以此观之，胜负见矣。(《孙子兵法·始

计篇》)

古之所谓善战者，胜于易胜者也。(《孙子兵法·军形篇》)

故知兵之将，民之司命。国家安危之主也。(《孙子兵法·作战篇》)

是故百战百胜，非善之善者也；不战而屈人之兵，善之善者也。(《孙子兵法·谋攻篇》)

故上兵伐谋，其次伐交，其次伐兵，其下攻城。(《孙子兵法·谋攻篇》)

是故胜兵先胜而后求战，败兵先战而后求胜。善用兵者，修道而保法，故能为胜败之政。(《孙子兵法·军形篇》)

原典解读

战争是关系着人民的生死、关系到国家的存亡的大事，必须缜密考察，认真研究，不可轻率用兵。《孙子兵法》的首篇《始计篇》，开宗明义提出了重战慎战的思想。《始计篇》是全书的思想总纲，它高屋建瓴地论述了如何筹划和指导战争的基本原则和方法。在《始计篇》中，孙子不仅提出了战争要“经之以五事”，同时强调战略实施时要因势利导，重视灵活运用的“诡道”和预先策划的“庙算”。

孙子所说的“经之以五事”：道、天、地、将、法。从多个角度，分类阐述了战争策划所要考虑的方方面面，也给我们提供了一个战略策划的基本框架模型。在本章中，笔者会结合贯穿其整部《孙子兵法》的思想内容以及其他名著经典，分四节来讨论战略策划模型。

第一节　修道凝聚人心

通观《孙子兵法》，孙子特别强调国家发动战争必须要考虑到这场战争是否是正义的，是否得人心。在孙子看来，君主贤明有道是战争胜利最根本的保障。

“道者，令民与上同意也，故可以与之死，可以与之生，而不畏危。”

(《孙子兵法·始计篇》)一代枭雄曹操把此句中“危”注解为“危者，危疑也”。孙子主张：“善用兵者，修道而保法，故能为胜败之政。”(《孙子兵法·军形篇》)修明政治的“道”是决定国家战争胜负的首要条件。修道在国家层面就是修明政治。修明政治就是要让民众不怀疑君主发动战争的正义性，做到“上下同欲”，让民众心甘情愿、不怕危险、生死相随。

解读《孙子兵法》，可以看出孙子对君主、将相提出这样的思想：对待战争，要有对国家、对人民负责的高度认识，要有战略意识和全局观念，态度要非常严肃，非常认真，非常慎重。这对谋划战争和指导战争都具有重要意义。事实上，只有正义的战争，才能使全国上下一致，生死同心，才能同仇敌忾，同凶恶的敌人进行决死的斗争，取得战争的胜利。

俗话说：人心齐、泰山移。规划并实施一个战略，有许多事情要做、有许多路程要走，还要经历许多时间跨度。若不能凝聚人心，不能得到大家的认可和帮助，不能够与大家团结一致、齐心协力，不能使大家心往一处想、劲往一处使，要想取得成功，那就是痴人说梦。领导者之所以成为领导者，是因为有人愿意追随你，受你领导。如果，没有人愿意追随你，即使你坐上了领导的位置，也会被认作“德不配位”，为大家所抛弃。

因此作为领导者，修道凝聚人心是非常关键的，这关系到是否有人愿意追随你。那么，作为领导者应该怎样修道呢？这是一个智者见智仁者见仁的问题，也是一个需要具体问题具体分析的问题。

每个人的成长经历不一样，每个人追随的人也不一样，每个人所处的时代环境也不一样，所以不能一概而论。但纵览历史，成功的领导者，都有其被当时的人们所认可的品质修养以及素质能力。诚实守信、言行一致是领导者被普遍认同的道德修养；宽以待人、注重慎独是领导者被普遍认同的思想品质；总揽全局、顺应形势是领导者被普遍认同的决策能力；勇于负责、知人善任是领导者被普遍认同的协调能力；有备无患、处变不惊是领导者被普遍认同的应急能力。所有的这一切都是领导者的修道修养所必需的。这样的领导者才能凝聚人心。

在春秋后期，吴越相争，越王勾践兵败后并没有死拚，而是以屈求生给吴王夫差当奴仆，极尽屈辱而从不反抗，终于被释放回国。越王勾践回国后首先做的就是修道凝聚人心。勾践在自己的屋里挂了一只苦胆，每顿饭都要尝尝苦味，提醒自己：不能忘了在吴国的苦难和耻辱经历！他身着粗布，顿顿粝食，跟百姓一起耕田播种。勾践夫人带领妇女养蚕织布，发展生产。勾践夫妻与百姓同甘共苦，实行一系列“去民之所恶，补民之不足”的政策，使越国百姓亲近他的感情，如同亲近父母一般，激励了全国上下齐心努力，奋发图强，以求早日雪耻。勾践还重用文种和范蠡，通过一系列发展生产与提升军队战斗力的措施来使越国富国强兵，最后终于伐吴复仇成功。越王勾践复仇成功的例子，是修道凝聚人心重要性的极好佐证。

※ 古为今用·古今和合 ※

笔者认为，修明政治就是使人民具有相当满意的政治生活、经济生活和与之相适应的社会伦理道德；人民愿意为维护这种政治局面去作战、去奋斗、去努力。孙子讲“道”，要求君将与民众、士兵“上下同欲”，管理上仁爱信义、“与众相得”，做到“不修而戒，不求而得，不约而亲，不令而信”(《孙子兵法·九地篇》)。

《资治通鉴》里司马光讲了“商鞅承诺徙木者赏十金”而取信于民的故事。而后，司马光做了非常重要的评价：

> “臣光曰：夫信者，人君之大宝也。国保于民，民保于信；非信无以使民，非民无以守国。是故古之王者不欺四海，霸者不欺四邻，善为国者不欺其民，善为家者不欺其亲。不善者反之，欺其邻国，欺其百姓，甚者欺其兄弟，欺其父子。上不信下，下不信上，上下离心，以至于败。所利不能药其所伤，所获不能补其所亡，岂不哀哉！昔齐桓公不背曹沫之盟，晋文公不贪伐原之利，魏文侯不弃虞人之期，秦孝公不废徙木之赏。此四君者道非粹白，而商君尤称刻薄，又处战攻之世，天下趋于诈力，犹且不敢忘信以畜其民，况为四海治平之政者哉！”(《资治通鉴》第二卷)

司马光的讲评表达了这样意见：信誉，是君主至高无上的法宝。国家靠人民来保卫，人民靠信誉来保护；不讲信誉无法使人民服从，没有人民便无法维持国家。所以古代成就王道者不欺骗天下，建立霸业者不欺骗四方邻国，善于治国者不欺骗人民，善于治家者不欺骗亲人。只有蠢人才反其道而行之，欺骗邻国，欺骗百姓，甚至欺骗兄弟、父子。上不信下，下不信上，上下离心，以致一败涂地。靠欺骗所占的一点儿便宜救不了致命之伤，所得到的远远少于失去的，这岂不令人痛心！当年齐桓公不违背曹沫以胁迫手段订立的盟约，晋文公不贪图攻打原地而遵守信用，魏文侯不背弃与山野之人打猎的约会，秦孝公不收回对移动木杆之人的重赏，这四位君主的治国之道尚称不上完美，而公孙鞅可以说是过于刻薄了，但他们处于你攻我夺的战国乱世，天下尔虞我诈、斗智斗勇之时，尚且不敢忘记树立信誉以收服人民之心，又何况今日治理天下的当政者呢！对于企业主或企业的最高管理层，也是同样道理。

战略规划、战略管理是企业最高管理层的本职工作。企业主，在谋划和制定战略时起决定作用；在实施战略时，起保障作用；在组织、引导员工时起激励作用。企业最高管理层是企业战略的核心。具有科学的战略思想、善于战略思维，是一个领导者必须具备的素质。作为企业主，要“取信于民”“收服民心”“凝聚人心”，也要“修道”，尤其在战略这个问题上，要形成一种积极的企业文化氛围，要让你的员工真诚地相信你的战略策划是在为员工创造和美、和乐、和善、和顺、和谐的工作环境，你的战略策划是合理、合情、合法、合拍、合时的正确纲领，这样才能让员工心甘情愿地放弃眼前利益，充分发挥员工的积极性、主动性、创造性，毫不犹豫、毫不怀疑地在你的带领下，去实现战略目标。否则，如果大家不相信你，“良禽择木而栖”，好的员工就会主动离开你，留下来的是没用的或没地方去的员工，企业再要生存和发展，是非常困难的，会形成恶性循环。

※ 他为我用·五力和合 ※

人只有诚实守信、言行一致，才会赢得别人的尊重和信任。诚实守信、言行一致是中华民族的传统美德。言而有信，不仅是个人修道、个人形象的要求，也是安身立命、成就事业的关键。领导者要“凝聚人心”必须“言必行，行必果”。没有人愿意追随“说一套、做一套”的领导者。

李嘉诚悟道

李嘉诚当年创建长江塑胶厂，运用了从意大利偷师学艺回来的塑料花生产技术，一时间生意火爆。由于产品供不应求，出现了降低产品质量来应付订单的情况。结果许多客户对低质量的产品要求退货，银行追债，客户追款，塑胶厂顿时陷入困境，濒临破产。

这天，母亲庄碧琴把李嘉诚叫过来：“儿啊，给妈妈泡一道功夫茶。”

李嘉诚用地道的凤凰茶给妈妈泡上一道潮州功夫茶。

庄碧琴吩咐李嘉诚坐下来，品了几口茶后，问：“你认识老家开元寺法号叫元寂的那个住持吗？”

未等李嘉诚回答，庄碧琴继续说道：“元寂年事已高，希望找个合适的接班人。候选人是他的两个徒弟，一个法号一寂，另一个法号二寂。”李嘉诚静静地听着母亲说，并不插话，只是给母亲斟满一杯功夫茶。

庄碧琴呷了一口功夫茶，又接着说：“元寂把这两个徒弟都叫到跟前，说：‘我现在给你们俩每人一袋稻谷，明年秋天以谷为答卷，谁收获的谷子多，谁就是我的接班人。’第二年秋天到了，一寂挑来满满的一担谷子，二寂则两手空空。元寂却当众宣布二寂担当接班人。”

李嘉诚打断母亲的话问道：“不是说好谁收获的谷子多，就选谁当接班人吗？”

庄碧琴笑了笑，说：“是的。一寂听了，不服气地说：‘分明我收获了一担谷子，二寂颗粒无收，怎么能够让他担任住持啊！’元寂微微一笑，高声地对众人说：‘我给一寂和二寂的谷子，都是用滚水煮熟的。显然，二寂是诚实的，理应由他来当住持。’于是，众人悦服。”

庄碧琴忽然话锋一转，“经商如同做人，诚信当头，则无危而不克了。”李嘉诚听罢母亲的话，深有感悟。不久，李嘉诚用诚信打动了银行、供货商和员工，形势因此好转，危机成就了商机。李嘉诚从此在商界站稳了脚跟。

※ 古为今用·古今和合 ※

齐桓公春秋称霸的故事

战国春秋时期，齐桓公获取政权之后，齐国国力日益强盛。齐国能够在齐桓公时得到强势发展，一方面是由于齐国是东方的一个大国，有优越的地理和丰富的资源，地处海之滨，拥有鱼盐之利；另一方面还得益于齐桓公知人善任，采用管仲的谋略，成功改革并顺应当时的政治形势，打起“尊王攘夷”的旗号。

齐国称霸天下，齐桓公依靠的不仅是武力，特别是在成为霸主后，更主要依靠的是布信义于天下，能够做到言行一致。《史记·刺客列传》曾有记载曹沬劫持齐桓公的故事：

> 曹沬者，鲁人也，以勇力事鲁庄公。庄公好力。曹沬为鲁将，与齐战，三败北。鲁庄公惧，乃献遂邑之地以和。犹复以为将。
>
> 齐桓公许与鲁会于柯而盟。桓公于庄公既盟于坛上，曹沬执匕首劫齐桓公，桓公左右莫敢动，而问曰：“子将何欲？”曹沬曰：“齐强鲁弱，而大国侵鲁亦以甚矣。今鲁城坏即压齐境，君其图之。”桓公乃许尽归鲁之侵地。既以言，曹沬投其匕首，下坛，北面就群臣之位，颜色不变，辞令如故。桓公怒，欲倍其约。管仲曰：“不可。夫贪小利以自快，弃信于诸侯，失天下之援，不如与之。”于是桓公乃遂割鲁侵地。曹沬三战所亡地尽复于鲁。

这篇故事翻译成现代汉语说的是：

曹沫是鲁国人，因为英勇而为鲁庄公所欣赏，选被做鲁国的将军。曹沫跟齐国作战，打了三次都败了。鲁庄公害怕了，就献遂邑这个地方给齐国来求和。但鲁庄公还是让曹沫做将军。

齐桓公答应跟鲁庄公在柯地相会并结盟。齐桓公和鲁庄公在坛上结盟以后，曹沫手里拿着匕首挟持齐桓公，齐桓公左右的侍从没有一个敢动，齐桓公于是问曹沫说：“你想要做什么？”曹沫说：“齐国强大而鲁国弱小，可是你们强大的齐国侵略鲁国也已经太过分了。现在鲁国都城的城墙倒下来就会压到齐国的边境。您还是好好考虑一下该怎么做吧。”齐桓公于是答应全部归还鲁国被侵占的国土。齐桓公说完以后，曹沫扔下匕首，走下坛，面朝北方坐在群臣的位置，脸色没有改变，说话跟原来一样若无其事。齐桓公很生气，想违背约定。管仲说：“不能这样做。如果为了贪图小利来使自己痛快，就会在诸侯间失去信义，最终失去天下的援助，不如把土地给他们。”于是齐桓公就把所侵占的鲁国土地归还鲁国。曹沫三次战败所失去的土地也全部回到鲁国手中。

在这个故事中，齐桓公尊重管仲的意见，压制住被劫持的怒火，信守承诺归还了所侵占的鲁国土地。当时诸侯听说后，都认为齐桓公言而有信，能遵守盟约，纷纷归附齐国，愿意追随齐桓公，最终使齐桓公成为春秋第一盟主。此后，齐桓公更是以诚信为本，不以武力威胁他国。盟国燕国被攻打，齐桓公言行一致立即率兵救燕。事后，燕国君燕庄公非常感激，热情送齐桓公进了齐国界内。齐桓公说：“非天子，诸侯相送不出境，吾不可以无理于燕。”于是，割让燕庄公所到之地给燕国。当时诸侯听说后，对齐桓公更加敬佩，纷纷赞扬齐桓公救人于危急并能遵守礼仪、言行一致，这进一步巩固了齐国的霸主地位。

※ 古为今用·古今和合 ※

领导者的修道是全方位的，我国古典文化有“国学十二道”之说，修道者应学习、领悟、体悟、参悟、谨记之。

这国学十二道包括：

1. 孔子——为人之道

做人要善良，勿以善小而不为，勿以恶小而为之。做人要本分，富贵不能淫，贫贱不能移。做人要诚实，诚信乃做人之本也。做人要自重，严于律己宽以待人。做人要知足，知足者常乐也！善良、本分、诚实、自重、知足就是孔子倡导的为人之道，修道者也要努力体悟之。

2. 老子——处事之道

大其心，容天下之物；虚其心，受天下之善；平其心，论天下之事；潜其心，观天下之理。宽容、谦退、安详、寡欲是老子倡导的处事之道。修道者应："勿言无益身心之语；勿为无益身心之事；勿近无益身心之人；勿入无益身心之境；勿展无益身心之书。"

3. 庄子——养性之道

身安，不如心安；屋宽，不如心宽。以自然之道，养自然之身；以喜悦之身，养喜悦之神。庄子的养性之道，倡导"平和心，喜乐心，慈悲心"。修道者应该明白：做人，人品为先，才能为次；做事，明理为先，勤奋为次。

4. 孟子——君臣之道

君臣的地位决定了君处于强势，臣处于弱势，其关系由处于强势地位君所主导。君务讲礼，臣则讲忠。孟子所倡导的君臣之道是："君礼于臣、臣忠于君。"君礼于臣，臣必忠；臣忠于君而君不礼，其忠必退。修道者应谨记之。

5. 荀子——学习之道

荀子的学习之道，重点可概括为："专、积、师、锲、假"五个方面。专："学之道，贵以专"。积："不积跬步，无以至千里；不积小流，无以成江海。”师：“得贤师而事之，则所闻者尧、舜、禹、汤之道也。”锲，就是要持之以恒，“学不可以已”，“锲而舍之，朽木不折；锲而不舍，金石可镂。”假：就是要假借外力，“君子生非异也，善假于物也”。修道者须学习之。

6. 孙子——韬略之道

孙子的韬略之道在于一个“智”字。而智的展开，孙子的韬略强调了四个字：“知、先、善、全”。具体在本书会有重点讲述，此不赘述。修道者要在“细细品味”的基础上参悟之。

7. 管子——教练之道

管子教导鲍叔牙按齐僖公之令辅佐公子小白，后公子小白成为齐桓公；他教导的用人原则是：“德义未明于朝者，则不可加于尊位；功力未见于国者，则不可授以重禄；临事不信于民者，则不可使任大官。”在齐桓公执政期间，教导政治、外交、军事、经济策略，打出了“尊王攘夷”的旗帜，以诸侯长的身份，挟天子以伐不敬，齐国得以称霸。教练要如一面镜子，反映出被教练者的真实现状和局限，同时引发对方看到更多的可能性，给对方一个重新选择的机会。这是一种树立信念、拓展视野的能力和习惯的培养。教练因成就他人而成功！

8. 韩非子——统驭之道

韩非子是法家集大成者，法家思想最著名的就是提出了势、法、术。韩非子的统驭之道，即统治国家、维护权势、驾驭群臣之法。韩非子强调帝王要独掌军政大权，要规范人们的思想和行为，驾御群臣、掌握政权、推行法令并时刻警觉、辅之以权威和手段健全法制防止犯上作乱，维护君主权势地位。

9. 鬼谷子——权谋之道

鬼谷子被誉为千古奇人，长于持身养性，精于心理揣摩，深明刚柔之

势，通晓纵横捭阖之术，独具通天彻地之智！鬼谷子的权谋，谋的是人事及其关系，包括人与人的关系、人与事的关系、事与事的关系。权谋，就是用谋略使自己处于这些关系的主导地位。谋人，鬼谷子提出“达人心之理”，先要知人，要研究人的心理性格、思维方式和行为习惯。谋事，就要知道事之因果，“观阴阳开阖以命物，知存亡之门户”，“筹策万类之终始”，“见变化之朕”，事前看到事情的端倪和预兆，这样就能够有计划，有方向的去做事。

10. 大学——修身之道

《大学》主要概括总结了先秦儒家道德修养理论，以及关于道德修养的基本原则和方法，对儒家政治哲学也有系统的论述，对做人、处事、治国等有深刻的启迪性。其提出的“三纲领”(明明德、亲民、止于至善)和“八条目”(格物、致知、诚意、正心、修身、齐家、治国、平天下)，强调修己是治人的前提，修己的目的是为了治国平天下，说明治国平天下和个人道德修养的一致性。修身过程实质上是一个格物、致知、诚意、正心过程。格物就是探究弄清事物的发展之道；致知就是获取知识；诚意就是赤诚、真诚、忠诚之心对待一切事物；正心，就是使自己的心正，是自己成为 个道德高尚，修为高深的人。因此，修身的过程，就是探究事物发展规律的过程，就是学习知识的过程，就是真诚地对待一切的过程，就是严格要求自己，完善自己，把自己变成一个道德高尚的人的过程。

11. 易经——天地之道

《易经》是阐述关于变化之书，长期被用作“卜筮”。后人多学习其哲理，因而成为一部博大精深的辩证法哲学书。《易经》涵盖万有，纲纪群伦，是中国传统文化的杰出代表;《易经》广大精微，包罗万象，亦是中华文明的源头活水。其内容涉及哲学、政治、生活、文学、艺术、科学等诸多领域，是群经之首，儒家、道家共同的经典。《易经》是建立在阴阳二元论基础上对事物运行规律加以论证和描述的书籍，其对于天地万物性状进行“天干地支五行论”归类，甚至可以对事物的未来发展做出较为准确的预测。“卜筮”就是对未来事态的发展进行预测，而《易经》便是总结这些预测的规律理论的书。

12. 禅宗——死生之道

人生短暂与宇宙永恒的矛盾最能激发人内在心灵的不安与痛苦。了脱生死大事是禅宗的最基本目的。禅宗以“无生”思想来泯灭生死界定，超越生死的时间界限。禅宗吸取中国道家的“自然”观念来诠释人的生命自然状态、人的自性。禅宗认为修禅成佛，就是见性成佛，就是向自己心性去体认，识得自性便成佛道，便是实现了超越。禅宗强调佛就在心中，涅槃就是生命过程之中，理想就是现实生活之中。这样，禅宗就把彼岸世界转移到现实世界，把对未来生命的追求转换为内心反求。由此禅宗反对舍弃现实感性生活扭曲自性去寻求超验，而是强调“佛法在世间，不离世间觉”(《坛经》)，要求在日常生活中发现超越意义，实现理想精神境界。

※ 古为今用·古今和合 ※

领导者的修道当然也包括在礼仪修养、行为举止、仪态仪表、说话方式、表情态度等。

在《左传·襄公三十一年》中就谈论到了做国君和大臣的“威仪”：

君有君之威仪，其臣畏而爱之，则而象之，故能有其国家，令闻长世，臣有臣之威仪，其下畏而爱之，故能守其官职，保族宜家，顺是以下，皆如是，是以上下能相固也。

这段话说的是：国君有国君的威仪，他的臣子敬畏而爱戴他，把他作为准则而仿效他，所以能保有他的国家，有好名声，传于子孙后代。臣子有臣子的威仪，他的下面害怕而爱护他，所以能保住他的官职，保护家族，使家庭和睦。按照这个次序以下都像这样，因此上下（的关系）能够互相巩固。

在《左传·襄公三十一年》中，还赞扬了周文王的仪态：

君子在位可畏，施舍可爱，进退可度，周旋可则，容止可观，作事可法，德行可象，声气可乐，动作有文，言语有章，以临其下，谓之有威仪也。

这段话的意思是：君子在官位上可使人怕他，施舍可使人爱他，进退可以作为法度，应付得体、容貌举止可以值得观赏，做事情可以让人学习，德行可以作为仿效，声音气度可以使人高兴，举动有修养，说话有条理，用这些来对待下面的人，这就叫作有威仪。

作为领导者，也应传承中华民族“礼仪之邦”的文明素养，自觉成为弘扬优良文化传统、文明礼仪规范的模范。这样的领导者才会被国人、世人所认可。

当然，领导者的修道，也还包括而不仅限于本书所涉及的方方面面，比如良好的饮食习惯和适当的锻炼运动，不但能够保持你的身心健康，也会使你精力充沛、充满快乐自信。这些对于领导决策都会有帮助。

※ 洋为中用 · 中外和合 ※

笔者认为，“凝聚人心”并不能简单地靠“取悦于民”。对待自觉性比较差的个别人，一味地创造良好的环境、氛围，一味无原则地帮助、忍让是无济于事的。偶尔进行适当的威慑，会及时制止这些人消极怠慢的心态，激发出这些人自身的潜力。其实，即使是自觉性强的群众，也有自满、懈怠、消沉的时候，适当的批评和惩罚能够帮助他们认清自我，激发新的斗志。

拿破仑与落水士兵的故事

一天，拿破仑正率领着他的军队穿越一片森林，忽然从队伍的前方传来一阵骚乱，在不远处的湖边有紧急的呼救声。他立刻策马赶到了那里，发现原来是一名士兵不慎落入了水中，正随着不断流动的水

流向湖的深处漂去，情况十分危急。

拿破仑向其他士兵询问那个落水的人是否会游泳，他们纷纷回答说：“原本是会一点儿的，可因为情况太危险，他已经忘了最基本的动作要领了。”

“请问陛下，我们现在应该怎么办呢？”一个士兵惴惴不安地请示。

“别慌！”拿破仑马上从侍卫手里拿过一只步枪，并向落水士兵大声吆喝：“你还往湖中心游吗？还不快向岸边游来！”话音刚落，他平端枪身，朝那人的前方连开两枪。

落水者刚听到拿破仑的命令，“叭！叭！”两声枪响后，只见身前高高地溅起两朵水花。他在惊恐中急忙调转方向，“扑通扑通”地朝拿破仑所站的湖边游来。不一会儿，这位士兵便挣扎到了岸边。

落水的士兵得救了，他浑身湿漉漉的，像一只“落汤鸡”。他转过身子，发现持枪站在那几个士兵旁边的竟是拿破仑，吓得魂飞魄散，胆战心惊地问道：“陛下，我不小心掉进湖里，快要淹死了，您为什么还要枪毙我？”

拿破仑哈哈大笑：“傻瓜，不吓你一下，你还有勇气游上岸吗？那样你才会真的淹死呢！”

落水的士兵连忙拜谢：“陛下，幸亏您救了我。”士兵们拍拍脑袋，也恍然大悟，朝拿破仑投去敬佩的目光。原来，拿破仑是用死来逼出士兵的求生意识，进而游回岸边，达到了救人的目的。

※ 洋为中用·中外和合 ※

西方管理学大师彼得·德鲁克认为，管理的本质是管人，管人的本质是管人心。彼德·德鲁克说，管理实际上不是管别人，而是管自己。笔者对此深有同感，企业主管人心，首先要自己修道修心，把自己的人心管好。企业主作为战略规划、战略管理的领导者，需要的是公心、恒心、耐心、细心、小心、操心，杜绝私心、贪心、妒心、偏心、疑心、粗心，只有把自己的人心管好了，获得大家的认可，这样才能“凝聚人心”，大家才会服从管理。

当然，修道修心的目的不仅仅在于管好自己管好别人，提升自己的能力、素质、品质、学识、修养等等，同样都非常重要。我们强调企业主修道的一个很重要的方面，就是可以避免听取下属的馊主意。

下属在出主意的时候，往往会站在自己的角度看问题，这就是人们常说的“屁股决定脑袋”。首先研发出数码相机技术的柯达公司，在胶卷事业部门的反对下，封存了数码技术，给自己留下了隐患，失去了良机。事实表明，有些馊主意可能是会带来致命伤害的。

【认识大师】

彼得·费迪南德·德鲁克（Peter Ferdinand Drucker，1909年11月19日—2005年11月11日），1909年生于维也纳，1937年移居美国，终身以教书、著书和咨询为业。德鲁克一生共著书39本，在《哈佛商业评论》发表文章30余篇，被誉为“现代管理学之父”。他文风清晰练达，对许多问题提出了自己的精辟见解，杰克·韦尔奇、比尔·盖茨等人都深受其思想的影响。德鲁克一生笔耕不辍，年逾九旬还创作了《德鲁克日志》，无怪乎《纽约时报》赞誉他为“当代最具启发性的思想家”。2005年11月11日，德鲁克在加利福尼亚州家中逝世，享年95岁。

第二节　占据天时地利

孙子强调在战争时，要顺应天时、占据地利。

“天者，阴阳、寒暑、时制也。地者，远近、险易、广狭、死生也”（《孙子兵法·始计篇》）。古代战争受气候条件和地理环境的影响很大，顺应天时、占据地利是战争获胜的重要前提，必须考虑“阴阳、寒暑、时

制”的不同天气条件，同时也要考虑“远近、险易、广狭、死生”的地理环境，做好充分准备，获得天时地利的帮助。

“天”，指气候环境，也可进一步解读为战略时机条件。“地”，指地理位置，也可进一步解读为战略地位、战略定位。做到哪里算哪里的无计划管理，往往会导致方向性、全局性、整体性的大错误。“凡事预则立不预则废”，立足于企业现有所处的地位和时机，预先统筹策划战略定位和精心做好战略条件准备都是非常重要的。

战争受天时地利影响固然很大，孙子在《行军篇》中，着重强调要根据山地、河流、沼泽、平原等不同条件，采取不同的作战方案。在《地形篇》中着重论述了利用不同的地形采用不同的战术克敌制胜的问题。在《九地篇》中着重论述了利用不同的地域采用不同的战术克敌制胜的问题。

其实在许多传统行业和现代产业，也深受天时地利的影响。一般在投资项目的可行性研究时，项目决策、分析与评估，都要考虑地理位置、自然气候条件、地形地貌、工程地质和水文地质条件、交通条件、公共设施条件等这些与天时地利有关的因素。

企业主在战略策划时，必须全面考察和考虑相关因素，否则会导致不必要的损失。如果你投资建设的项目建设在可能发生地震危害的区域、泥石流多发区域、不良地质现象发育且对场地稳定性有直接或间接危害的区域、地基土性质严重不良或地下有采空区的区域、洪水或地下水对建筑物有严重不良影响的区域，那么，可想而知，灾难性的后果一定会等着你。如果你投资创办企业的区域，是有严重辐射或反射性物质存在的区域、是有大量有害或刺激性气体存在的区域、是有传染病或地方病流行的区域，那么可想而知，你的企业很难招聘到合适的员工。

你投资的项目是在海边、湖边、江边、河边、溪边，还是在平原、高原、山区、草原？不同的环境，会有不同的天时地利，会有不同的土地资源、生物资源、矿产资源、能源、水资源、海洋资源和人力资源等，也会有不同的原材料及燃料供应、动力供应、交通运输、通信、建筑材料、施工能力等外部建设条件。

天时地利包括：地理、气象、水文、地质、经济、社会发展、交通运输等，对于企业来说，当然还离不开市场。是否有就近的丰富可靠的产品销售市场、原料供应市场，是否有充足的电源、水源、便利的交通运输条件，是否有利于生产协作和上下游加工一体化，是否有利于原料资源的合理利用，是否有可依托的基础设施和方便的生活服务设施等，都是企业主投资项目需要考虑的问题，同时也要想到投资项目的工程建设和生产运营会不会对公众利益造成损害。

※ 古为今用·古今和合 ※

天时、地利、人和

我们常常听到人们用“天时、地利、人和”之说来总结成功之道。

“天时、地利、人和”之说，见于《孟子·公孙丑下》：

> “孟子曰：天时不如地利，地利不如人和。三里之城，七里之郭，环而攻之而不胜；夫环而攻之，必有得天时者矣；然而不胜者，是天时不如地利也。城非不高也，池非不深也，兵革非不坚利也，米粟非不多也；委而去之，是地利不如人和也。
>
> 故曰：域民不以封疆之界。固国不以山溪之险，威天下不以兵革之利；得道者多助，失道者寡助；寡助之至，亲戚畔之；多助之至，天下顺之。以天下之所顺，攻亲戚之所畔。故君子有不战，战必胜矣。”

翻译成现代汉语，就是：

孟子说：有利于作战的天气、时令，比不上有利于作战的地形，有利于作战的地理形势，比不上作战中士兵的人心所向、上下团结。

方圆三里的内城，方圆七里的外城，围着攻打它却不能取胜。包围并攻打它，一定得到了适宜作战的时令、气候；但是却没有取胜，这正是说明有利的时令、气候比不上有利的地理形势。

城墙不是不高，护城河不是不深，武器装备不是不坚固锋利，粮食不是不充足，但是守城者却弃城而逃，这是因为对作战有利的地理形势比不上作战中的人心所向、上下团结。

因此说：使人民定居下来而不迁到别地去，不能靠划定的疆域的界限，巩固国防不能靠山河的险要，威慑天下不能靠武器装备的强大。施行仁政的人，帮助支持他的人多，不施行仁政的人，帮助支持他的人少。帮助他的人少到了极点，亲戚都会背叛他。帮助他的人多到了极点，天下人都会归顺于他。凭借天下人都归顺（的条件），攻打内外亲戚都背叛（的人），所以君子有不战之时，如果进行战争，就一定会胜利。

“天时、地利、人和”也见于《荀子·王霸篇》：“农夫朴力而寡能，则上不失天时，下不失地利，中得人和而百事不废。”荀子所指的“天时”指适合的时令、气候，“地利”指有利的地形，“人和”是指齐心协力。

“天时、地利、人和”也因为古典小说《三国演义》而广为人知，书中强调，曹操得天时、孙权得地利、刘备得人和，实际上，稍作分析即可看出，魏蜀吴三方，如果曹操仅得天时，孙权仅得地利，刘备仅得人和，三者都是难以三分天下得其一的。魏蜀吴三方其实都是兼具天时、地利、人和，只不过每一方都各有侧重。

曹操的地利表现在他占据的是当时经济发达、人口众多、交通方便的北方地区；同时，曹操手下的一大批谋士和将领也对他忠心耿耿，各尽其才。而且能够“挟天子以令诸侯”。这些因素决定了魏国在三足鼎立的战略格局中处于最强的优势地位。曹操的这种战略优势，即便是历经赤壁之败也没有动摇过。

刘备与孙权也并非不得天时。乱世出英雄，如果他们不是在镇压黄巾军起义和讨伐董卓的过程中建立了自己的军队，就不可能形成独霸一方的势力。只不过他们得天时比曹操稍晚了一些，在战略发展时机上始终处于劣势地位，不得不依靠地利、人和与曹操相抗衡。其实，在东汉末年天下大乱时，较早地得到“天时地利”的各路诸侯不仅有曹操，更早的还有袁绍、袁术、刘表等，但是除了曹操之外，其他人或者人和不够，或者地利不足，只能相继灭亡。

刘备其在“人和”方面自不必说。若论“地利”，刘备所占据的蜀国，易守难攻，“蜀道难难于上青天”所讲的就是蜀国的特殊地利条件。特别是在兼有荆州后，在“地利”方面，更是进有进路、退有退路。

孙权，占据长江天险，拥有军事防守上的地利。在“人和”方面，18岁的孙权从兄长手中接过权杖，慧眼识才、大胆用才，启用一批年轻将领。尽管在赤壁之战前，内部分裂成主战、主和两派，但他巧妙地借用诸葛亮舌战群儒，最终促成了东吴内部团结一心。在他手里，不但保留了先辈的江山，而且大力扩张疆土，成为一方霸主。

魏蜀吴三国凭借“天时、地利、人和”各具特色的综合实力，形成了三足鼎立的竞争局面。然而到了三国后期，吴蜀两国最终还是失败了，他们败在刘备、孙权去世后失去了“人和”。

三国时期，是英雄辈出、群雄逐鹿、争霸天下的时期。中国有句古话，叫“逆势者亡，顺势者昌”。正所谓“英雄待时而动”。就是说，英雄要看清“天时地利”及形势走向，利用“天时地利”正确地把握大局，顺势而为之。三国英雄们之所以能够登上历史的舞台，是因为他们修道的积累使他们能够做到了常人做不到的事，他们不甘安于现状，有长远的目标和理性的大脑，有敏锐的洞察和清醒的意识。因此，他们改变了常人改变不了的社会形势，改变了历史。真正的英雄不会完全被形势所左右，与那些只会感叹“生不逢时”的人不同，他们不但会认清形势，把握机会，更要会引导形势和改造形势。当他们发现形势不利的时候，不会坐困愁城，而是奋起想方设法摆脱困境。当他们发现事业误入歧途时，会果断地采取行动，拨乱反正，把事业带上正确的道路。时势造英雄，但能够造时势的英雄更是大英雄。

“天时、地利”也是企业取得成功的关键因素。成功的企业主，都是擅长利用天时地利，成功地完成了创业阶段的原始积累，同时也能很好地把握机遇顺势发展并利用环境差异发展。但在市场竞争的环境下，“天时、地利”往往不能被一家企业所独享和垄断，“人和”则成为保持竞争力的关键因素。

第三节　重视人才作用

孙子非常重视将领的选拔和任用，孙子说：“将者国之辅也。”(《孙子兵法·谋攻篇》）在孙子看来将帅是决定战争胜负的关键性因素。“智、信、仁、勇、严”是孙子对将领的最基本要求，也被称为“将帅五德”，是将领不可或缺的条件和标准。“智”是智慧，要求能善于筹谋；“信”是诚信，要求能诚信立威；“仁”是仁爱，要求能以德服人；“勇”是勇猛，要求能勇敢果断；“严”是严明，要求能赏罚分明。

同时，孙子也指出：“故将有五危：必死，可杀也；必生，可虏也；忿速，可侮也；廉洁，可辱也；爱民，可烦也。凡此五者，将之过也，用兵之灾也。覆军杀将必以五危，不可不察也。”（《孙子兵法·九变篇》）孙子针对将帅的人性弱点、人格缺陷、思维漏洞，提出将帅领兵打仗不能死心眼，而要随机应变、灵活多变，否则就会“覆军杀将”，遭遇灭顶之灾。

※ 古为今用·古今和合 ※

“智、信、仁、勇、严”是将帅的素质能力要求，也是现代企业管理者的素质要求。将领能够主导战争的成败。同理，要想治理好企业首先要选择好领导者、管理者。领导者、管理者承担着决策、组织、指挥、协调的使命。企业主应审视领导班子的数量配备、职务分工、排列顺序，一般情况下同时还要分析评估领导者、管理者的知识结构、专业结构、年龄结构、气质结构、智能结构等问题。

讲到领导者、管理者，就要讲一下人才的问题。笔者认为，引进人才不如制造人才，制造人才不如发现人才，发现人才不如激发人才。“请将不如激将”，使人才的聪明才智得到激发利用，为团队目标奉献力量，这是企业主必须时刻注意去做的大事。一个想成功的企业主必须具备能够发现人才的眼光，一个不能识别人才的企业主是无法带领他的团队取得成功的。在一个团队中，必须同时有上才、中才与下才。没有上才的团队是没有灵魂的。没有中才的团队是没有技术含量的。没有下才的团队是没有力量的，形同虚设。下才的可贵在于使团队滚雪成球，越滚越大。中才的可贵在于上传下达，完成任务。上才的可贵在于把握方向，带领整个团队奔向胜利与希望。

毛泽东也曾说过："政治路线确定之后，干部就是决定的因素"。企业想要取得成功，就要重视人才的作用。也许我们很难找到一个完美的个人，但需要用和合思想理念打造一个完美的团队。完美的团队，以领军型的人物为龙头，以复合型的人才为骨干，以专业型的人才为主体，以实践型的人才为支撑，共同组成一支优势互补、合作互助的充满活力、富有效率的团队。西游记中唐僧师徒四人，就组成了一个缺一不可的成功团队，这个团队有四种人：德者、能者、智者、劳者。德者领导团队、指引目标，能者攻关克难、优秀敬业，智者出谋划策、调节气氛，劳者执行有力、吃苦耐劳。

下面举曾国藩与人才的故事，进一步解读。

广收、慎用、勤教、严绳——曾国藩用人之道

曾国藩重视人才，对于发现、造就人才的方法，他概括为八个字。他说："得人不外四事，曰：广收、慎用、勤教、严绳。"

"广收"，指广泛访求、网罗人才。这是廷揽人才之道。每到一地，曾国藩即广为寻访，甚至张榜廷揽当地人才，如在江西、皖南、直隶等地都曾这样做。他的幕僚中如王必达、程鸿诏、陈艾等都是通过这种方法求得的。薛福成就是在看到告示后，上《万言书》，并进入幕府，成为曾国藩进行洋务的得力助手。

"慎用"，就是知人善用。曾国藩说："办事不外用人。用人必先知人。""收之欲其广，用之欲其慎。""慎用"包括两方面的意思。一方面是用其所长，尽其所能。蔡锷对此评价较高，他说："曾（国藩）谓人才以陶冶而成，胡（林翼）亦说人才由用人者之分量而出。可知用人。"

薛福成说曾国藩"凡于兵事、饷事、吏事、文事有一长者，无不优加奖励，量才录用。"为了做到人尽其才，使用得当，曾国藩对各方推荐来幕府的人员及州府以上主要官员都亲自进行考察，并拟出考语。这就是"勤教"，指经常考察。

"严绳"指严厉惩罚，如李鸿章为曾国藩手下时就常被严罚，当时

不服，后来才知感谢，不罚不足以成大器也。

曾国藩收拾出来的人才有——

谋略人才：郭嵩焘、左宗棠、陈士杰、李鸿章、李鸿裔、钱应溥、薛福成等。

作战人才：水上有彭五麟、杨载福等；陆上有李元度、唐训方、李榕、吴迪修、黄润昌等。

军需人才：李瀚章、甘晋、郭嵩焘、李兴锐等。

文书人才：许振祎、罗萱、程鸿沼、柯椒、向师棣、孙衣言、黎庶昌等。

吏治人才：李宗羡、洪汝奎、赵烈文、何豫、倪文蔚、方宗诚、萧世本等。

文教人才：吴敏树、莫友芝、陈鼐、俞樾、戴望、吴汝纶、张裕钊、唐仁寿、刘琬澎、刘寿曾等。

制造人才：李善兰、徐寿、华衡芳、冯俊光、陈兰彬、容闳等。

“用才”的前提是“降才”。你不事先降伏他，他不会臣服于你，更不要说为你带来利益了。曾国藩“勤教”“严绳”两手都抓得好，因此能网罗一大批人才为他服务。

※ 古为今用·古今和合 ※

苻坚大帝的故事

学者文人对苻坚的历史评价普遍较高，也都对他最终未能统一全国而惋惜。著名作家柏杨因其代表作《中国人史纲》《丑陋的中国人》而被大家所熟知，他认为：“在中国数千年历史上，有资格称得上大帝的不过五人，他们是秦始皇、汉武帝、前秦王苻坚、唐太宗李世民和康熙。”

笔者认为，苻坚的成与败，关键都是因为用人。可以说，苻坚在淝水之战前，屡战屡胜，大业有成，就是因为用对了人；而其在淝水之战后，一败再败，遗恨千古，那是因为看错了人。

苻坚年轻时就潜心研习经史典籍，素怀经世济民之志，个人修道可谓有成。在除暴安良继大统之后，苻坚深知得人乃兴国之本，曾令各地官员保举孝悌、廉直、文学、政事方面的人才。属实的赐赏，不实的降罪。只要是人才，则不问来路，若无才干，即便宗室中人，照样弃用。通过这一创举，苻坚选拔重用了一批包括汉族贤能在内的有真才实学官员。苻坚用对的人中，其代表人物就是那个"扪虱论天下"的山东寒士王猛。北京大学教授、历史学家范文澜（1893—1969）曾说过："苻坚在皇帝群中是个优秀的皇帝。他最亲信的辅佐王猛，在将相群中也是第一流的将相。"王猛早先曾拒绝东晋的做官邀请，在苻坚的感召下，跻身前秦朝堂，辅佐苻坚修内政、平四夷，不过十几年的时间，就成功地统一了北方，与东晋形成南北对峙的局面。从历史记载和评价来看，苻坚前期的事业之所以顺风顺水，与王猛掌舵有很大关系。王猛的加盟，尽管也曾受到过族人的抵制和中伤，但苻坚心知王猛是个足智多谋的贤臣良相，将他与伊尹、子产相提并论，力排众议，信任有加，竭诚维护王猛的权威。

苻坚在王猛的辅佐下，拿下长江以北的半壁江山，前秦就与东晋隔江而治了。但苻坚的前秦，是个四分五裂的烂摊子。关中多民族杂居，早先都是独立或半独立的部落王国。兵力虽多，但成分比较复杂，鲜卑慕容、羌族姚苌等数十人，原本都是敌国政要，投奔前秦不过是权且寄身，内心本就不服，每每窥测时机，以图东山再起。苻坚不听王猛劝告，德化为先、怀柔至上，对降将不问、不察、不防，只要有能力统统拜为大将。让臣子们对叛逆习以为常，作恶也怀侥幸心理，即使被擒也不担心获罪致死。这样，大本营就松散，根据地不牢固，一旦风云有变就会树倒猢狲散，居心叵测者更是倒戈相向，打下来的江山也就很容易分崩离析。司马光说："夫有功不赏，有罪不诛，

虽尧舜不能为治，况他人乎？”赏罚失度、失衡，用人失察、失防，为苻坚埋下了失败种子。

应该说在当时，前秦的民族大团结的局面尚未形成，政权还很不稳固。吞并东晋、统一全国的时机还不成熟。而东晋鱼米丰实，上下和合，且据长江天堑之险。当王猛病危时，曾就天下大势和前秦政局劝告苻坚，建议他对外宜与东晋睦邻亲善，对内则应逐渐清除隐患，休养生息，以安社稷，万万不可轻率伐晋。苻坚未能谨记王猛的遗教，骄矜自大，急于求成，置众臣反复谏阻于不顾，于公元383年倾力发起意在灭晋的淝水之战，结果却铩羽而归。淝水之战既败，慕容垂率先发难，其族人皆拥兵呼应，一时间乱如潮涌。先前那些部族酋豪、亲信旧臣纷纷反叛自立，北方再度陷入分裂，苻坚最终死于他所信任的姚苌之手。

用人不察，何以知人？知之不深，何以任人？任之不当，怎能善任？察人不明，任人不善，不仅不足以成事，反而还会坏事。对于人才，用得好，可以帮助成事，用不好，也容易坏事。使用人才，知人善任是正着！

※ 洋为中用·中外和合 ※

日本人松下幸之助也曾形象地描绘企业主在企业的不同阶段应扮演的角色。他说：“当员工100人时，我必须站在员工的最前面，身先士卒，发号施令；当员工增至1000人时，我必须站在员工的中间，恳求员工鼎力相助；当员工达到1万人时，我只有站在员工的后面，心存感激即可；如果员工增到5万到10万时，除了心存感激还不够，必须双手合十，以拜佛的虔诚之心来领导他们。”

事业规模小，可以事事亲力为之；事业规模中等，更多的要依赖助手；事业规模庞大，还必须靠一种精神力量来统治。要成就大事业，修

道、法制、人才必不可少！

日本松下电器由最初的 3 人，发展到鼎盛时期的 22 万员工，生产销售基地遍布全球，与荷兰飞利浦、德国西门子，并称为世界三大电器公司。松下幸之助把他事业的成功，归结为人才观的成功。他有一句深得全球企业界推崇的话："造物之前先造人才。"可见企业管理，人的管理、人的培养都很重要。

【认识大师】

松下幸之助（1894 年 11 月 27 日—1989 年 4 月 27 日），出生于日本和歌山县，是横跨明治、大正及昭和三世代的日本企业家，是松下电器、松下政经塾与 PHP 研究所的创办者，在日本被称为"经营之神"。松下退休后，因为事业的杰出表现，获得多项奖项，以及荣誉学位（他并未正式受过高等教育）。他曾连续 40 年是日本缴税金额排名前 100 名的人，到 1989 年以 94 岁高龄因肺炎逝世时，个人财产估计约 5000 亿日元（约合 15 亿美元）。

第四节　合理资源配置

孙子认为战略的第五项策划也是最后一项策划是"法"。"法者，曲制、官道、主用也"。曲，军队编制。制，指挥号令。官道，各级官吏的职责和管理。主，掌管。用，物资费用。法之"曲制、官道、主用"指的是军队的组织编制、将吏的管理及军备物资、军事费用的供应管理等制度设计和建设。

企业管理的战略策划，要达到的最高境界是"无为而治"，而实现"无为而治"的有效途径就是依靠"体制、机制、制度"去管理。孙子提出"曲制、官道、主用"等的制度设计和建设，为我们指明了战略策划管理的重要规律，与现代企业管理的要求不谋而合。

笔者参加过许多企业的中高层会议，有不少企业的这种会议的大部分时间都在扯皮同样的问题：工作谁来做？如何做？大家公说公有理，婆说婆有理，媳妇更是觉得浑身上下都是理。但讲到最后，大部分不能形成决议，需要解决的问题和事情大多不了了之。再开会，情况还是如此。这就会给企业管理造成重复性、区域性、系统性严重问题。其实，制度是企业健康运作的保障，制度的设计和建设，就是要解决这个扯皮问题。制度中要明确的内容主要是：

谁来做？做什么？做多少？做多久？何时做？何地做？

然后是在此基础上建立奖罚激励机制。这些事情在制度中明确了，企业管理也就从“人治”上升到“法治”了，领导者、管理者就从工作扯皮中、从日常事务的重复安排中脱开身来“无为而治”了。

军队根据管理的要求和战争的实际，需要按一定的组织编制进行协调指挥和日常管理，以便于组织进行大小规模的战斗。对于一个企业来说，设几个部门比较合理？每个部门用多少人比较合适？一个领导其直接下属安排几个人比较适宜？决策层、管理层、操作层分几个层次为好？不同的发展阶段应该选择怎样的组织构架？怎样知道企业的组织构架是否合理？什么样的情况下需要调整企业的组织构架？这些问题是一个企业作为战略主体都必须能够回答的问题，否则会引发人力资源浪费并形成内耗。

组织架构（Organizational Structure）是指一个企业整体的组织结构，是根据企业的发展战略决策，在企业管理要求、管理定位、管理模式及业务特征等多因素影响下，在企业内部组织资源、设计流程、开展业务、落实管理的基本框架。企业有了正确的发展方向，选择了适合的经营模式，还需要有切实可行的管理举措来执行这个战略决定。“框架”不好很难建立起高楼大厦，企业的组织“框架”设计不合理同样难以达成战略目标。从执行的角度来看，搭好“框架”是带领队伍、管理员工的基础和前提。

从历史经验来看，企业的组织构架有直线制、直线职能制、事业部制、矩阵式组织和网络化组织五种类型。不同企业以及企业的不同发展阶段，都会需要有适合的组织架构。小企业一般采用直线制，中型企业一般

采用直线职能制，大企业多采用事业部制；一些多元化经营、各个部门之间要求紧密配合、快速反应的企业，实行了矩阵式组织。随着信息技术的发展，网络化扁平组织也越来越普遍，并且在大中小三种类型的企业中均有应用。

资源配置（Resource Allocation）是指对相对稀缺的资源在各种不同用途上加以比较作出的选择。资源是指社会经济活动中人力、物力和财力的总和，是社会经济发展的基本物质条件。在社会经济发展的一定阶段上，相对于人们的需求而言，资源总是表现出相对的稀缺性，从而要求人们对有限的、相对稀缺的资源进行合理配置，以便用最少的资源耗费，生产出最适用的商品和劳务，获取最佳的效益。资源配置合理与否，对一个企业发展的成败有着极其重要的影响。

一般来说，资源如果能够得到相对合理的配置，效率和效益就显著提高，战略主体就能充满活力，否则，效率和效益就明显低下，战略主体的发展就会受到阻碍。

社会资源的配置是通过一定的机制实现的。一般情况下有动力机制、信息机制、决策机制在起作用。动力机制，资源配置的目标是实现最佳效益，在资源配置是通过不同层次的战略主体实现的条件下，实现不同战略主体的利益，就成为它们配置资源的动力，从而形成资源配置的动力机制。信息机制，为了选择合理配置资源的方案，需要及时、全面地获取相关的信息作为依据，而信息的收集、传递、分析和利用是通过一定的渠道和机制实现的，如信息的传递可以是横向的或者是纵向的。决策机制，资源配置的决策权可以是集中的或分散的，集中的权力体系和分散的权力体系，有着不同的权力制约关系，因而形成不同的资源配置决策机制。

资源配置合理，就能节约资源，带来巨大的社会经济效益；资源配置不合理，就会造成社会性资源浪费。随着社会和经济的发展，对资源的需求在增加，而大多数资源是有限的，不能再生。因此，合理配置资源，使资源得到有效使用是经济发展的一项重大任务。合理配置资源，必须做到以下几点：第一，优化配置资源。使全企业资源获得总量与使用总量平衡，资源的生产结构与需求结构一致，全企业资源配置合理。第二，节约使用资源。努力降低消耗，有效使用，对贵重稀缺资源，可按“价值工程”采取替代措施。第三，保证战略重点对资源的需要。根据战略重点对资源的要求，应予以重点支持。

※ 他为我用·五力和合 ※

木桶定律

水桶定律是讲一只水桶能装多少水，这完全取决于它最短的那块木板。我们可以称之为木桶短板定律。

这就是说任何一个组织，可能面临的一个共同问题，即构成组织的各个部分往往是优劣不齐的，而劣势部分往往决定整个组织的水平。水桶定律和酒与污水定律（见本书第六章）不同，后者讨论的是组织中的破坏力量。在木桶定律中，最短的木板却是组织中有用的一个部分，只不过比其他部分差一些，你不能把它们当成烂苹果扔掉。强弱只是相对而言的，无法消除，问题在于你容忍这种弱点到什么程度，如果严重到成为阻碍工作的瓶颈，你就不得不有所动作。

其实，中国自古就有“君子生非异也，善假于物也”（荀子《劝学》）的传统，能够借助于外脑，善于学习借鉴，就可以不要让短板来决定整个组织的水平，假借外力弥补短板的不足。企业更需要充分发挥长板的优势作用，使其成为一种核心竞争力。企业发挥长板优势的办法，我们可以称之为木桶长板定律。

对于企业来说，人力、物力和财力总是有限和相对稀缺的。如何合理、有效地配置人力、物力和财力等资源，通过木桶的长板定律和短板定律的和合，为企业提供了关注焦点和解决方案。

李嘉诚借助外脑

李嘉诚以精于用人之道著称。他用外脑“客卿”与企业内部的“左右手”并重。李嘉诚创立长江实业之后，他的这些客卿在长江实业有的挂职，有的未挂职。李嘉诚的客卿中最有名的是大牌律师李业广和叱咤股市的经纪人杜辉廉。他们都在关键时刻给长江实业立下了汗马功劳。

自1972年长江实业上市以来，李业广就一直担任董事，李嘉诚敬重他的博识和韬略，二人有着多年的友谊，在业务上更是合作默契。在长江实业一系列兼并扩张的计划中，李业广出过很多锦囊妙计。后来李业广一飞冲天，出任香港证券联合交易所主席，成为香港商界风云人物。长江实业得此客卿力助，无异于如虎添翼。

长江实业的另一位著名客卿杜辉廉，被业界称为“李嘉诚的股票经纪”。他是客卿中唯一不支年薪者。早期他来香港创业时，得李嘉诚资助创立了自己的公司。他是长江实业多次股市收购战的高参，特别是在1987年股灾前夕，他为长江实业集团筹资100亿港元，令各大财团艳羡。

李嘉诚曾谈起他的用人之道：“我之所以把公司起名长江，就是基于长江不择细流的道理。假如今日，没有那么多人替我办事，我就算有三头六臂，也没法应付那么多事情。所以成就事业最关键的是有人能够帮助你，乐意跟你工作，这是我的哲学。”

※ 他为我用·五力和合 ※

波特五力分析模型

美国人波特五力分析模型是对新的竞争对手进入、替代品的威胁、买方议价能力、卖方议价能力以及现存竞争者之间的竞争力等五种竞争力量进行分析的一个模型。竞争战略从一定意义上讲是源于企业对决定产业吸引力的竞争规律的深刻理解。任何产业，无论是国内的或国际的，无论生产产品的或提供服务的，竞争规律都将体现在这五种竞争的作用力上，因此，波特五力模型是企业制定竞争战略时经常利用的战略分析工具。

实际上，关于五力分析模型的实践运用一直存在许多争论。目前较为一致的看法是：该模型更多是一种理论思考工具，而非可以实际操作的战略工具。

该模型的理论是建立在以下三个假定基础之上的：

（1）制定战略者可以了解整个行业的信息；

（2）同行业之间只有竞争关系，没有合作关系；

（3）行业的规模是固定的，因此，只有通过夺取对手的份额来占有更大的资源和市场。

因此，要将波特的竞争力模型有效地用于实践操作，以上在现实中并不存在的三项假设就会使操作者要么束手无策，要么头绪万千。

波特的竞争力模型的意义在于，五种竞争力量的抗争中蕴含着三类成功的战略思想，那就是大家熟知的：低成本战略、差异化战略、聚焦化战略。

依据和合思想理念，波特五力模型在实际的应用中，对其基本假定必须有创新认识。在现实中企业之间存在多种合作关系，不一定是你死我活的竞争关系。现实中企业之间往往不是通过吃掉对手而是与对手共同做大行业的蛋糕来获取更大的资源和市场，同时，市场可以通过不断地开发和创新来增大容量。

【认识大师】

迈克尔·波特（Michael E. Porter，1947—）是哈佛商学院的大学教授（大学教授，University Professor，是哈佛大学的最高荣誉，迈克尔·波特

是该校历史上第四位获得此项殊荣的教授）。迈克尔·波特在世界管理思想界可谓是“活着的传奇”，他是当今全球第一战略权威，是商业管理界公认的“竞争战略之父”，在2005年世界管理思想家50强排行榜上，位居第一。

※ 他为我用·五力和合 ※

七人分粥

有七个人曾经住在一起，每天分一大桶粥。要命的是，粥每天都是不够的。

一开始，他们抓阄决定谁来分粥，每天轮一个。于是乎每周下来，他们只有一天是饱的，就是自己分粥的那一天。

后来他们开始推选出一个道德高尚的人出来分粥。强权就会产生腐败，大家开始挖空心思去讨好他，贿赂他，搞得整个小团体乌烟瘴气。

然后大家开始组成三人的分粥委员会及四人的评选委员会，互相攻击扯皮下来，粥吃到嘴里全是凉的。

最后想出来一个方法：轮流分粥，但分粥的人要等其他人都挑完后拿剩下的最后一碗。为了不让自己吃到最少的，每人都尽量分得平均，就算不平，也只能认了。大家快快乐乐，和和气气，日子越过越好。

同样是七个人，不同的分配制度，就会有不同的风气。所以一个单位如果有不好的工作习气，一定是机制问题，一定是没有完全公平公正公开，没有严格的奖勤罚懒。孙子在《兵势篇》就提出“求之于势，不责于人”的观点。如何设计制定一个合适的制度，是每个领导需要考虑的问题。制度建设有符合性、适宜性、有效性要求。

（1）策划和设计制度都需要大智慧，首先要认真学习现行的法律、法规、规章、制度、标准、规范和政策，对专业理论知识和专业基础知识有比较全面的了解。制度设计要符合这些相关要求，这是制度建设的符合性要求。

（2）策划和设计制度要与实际工作相联系。制度要适宜于企业资源配置情况，与公司规模、人力资源、企业文化、历史积累等都有很大的关联性。脱离实际的制度设计是没有可操作性的，这是制度建设的适宜性要求。

（3）评判一项制度是好是坏，主要看执行结果是好是坏。我们可以通过绩效考核，对每一个环节作符合性检查，如果结果是好的，那么说明制度设计和执行都没有问题，如果结果不好，可能是制度设计有问题，也可能执行有问题，要具体情况具体分析，具体对待，这是制度建设的有效性要求。

※ 洋为中用·中外和合 ※

图书馆搬迁

大英图书馆（The British Library，亦译作不列颠图书馆、英国图书馆），是英国的国家图书馆，也是世界上最大的学术图书馆之一。1998年，一座耗资5.11亿英镑的新大英图书馆落户在伦敦市中心北部。

要从旧馆搬到新馆，按常规组织车队搬运，预算费用需要300多万英镑，时间需要一个多月。

一个馆内管理员听说后，就向馆长提出：只要有150万英镑保证可以在规定时间内把全部图书按要求搬运完毕。

馆长答应给这个管理员150万英镑，如有剩余，钱全部给他个人。

第二天，这位管理员打出了这样一个广告：自即日起凡在大不列颠图书馆借阅图书一律免费并不限数量，条件是在规定时间内到新馆归还。

广告打出后，读者借阅踊跃，在规定时间内，旧馆内 90% 以上的图书就移到了新馆，剩下的图书用车搬完，整个费用还没用去 50 万英镑！这样 100 多万英镑的钱就进入了这个管理员的口袋。

这个故事告诉我们，不同的做事方式，成本和效果都是不一样的。在事情做之前，要先弄清楚做事的目的、要求以及做事的传统方式。如果能够发挥主动性和创造性，突破传统思维，策划多方案进行分析比较选择，也许会有意想不到的效果。

这个故事同时也告诉我们，我们完成一项任务或工作，不仅要能够利用现有的、有形的、能够用钱购买到的资源，也要善于利用外部的、无形的资源，特别是那些不需要钱购买的资源的有效利用，往往会有意想不到的助益。

※ 古为今用·古今和合 ※

胜于易胜

田忌赛马的故事，大家都听说过，这个故事已被编入小学语文课本。

据《史记》记载，战国时期齐国大将田忌与齐国王族赛马，比赛规则是将马分为上、中、下三等比三局，田忌总是输。

田忌的宾客孙膑看了比赛经过，发现同等马之间尽管有些差异，但总体实力差别不大，但不同等次马匹之间差异就比较明显。于是给田忌出了个主意：“今以君之下驷与彼上驷，取君上驷与彼中驷，取君中驷与彼下驷。”意思是说用田忌下等马对付他们的上等马，拿田忌上等马对付他们的中等马，拿田忌中等马对付他们的下等马。结果，齐威王和齐国众公子都输了。

本来各等次的马匹，都是齐威王先挑，按上对上、下对下的方法

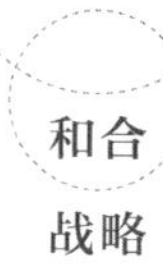

比，是没有赢面的。孙膑利用规则，做了一个简单的出场次序的变化，却颠覆了比赛结果。这个故事，告诉我们的就是不要只会硬拼实力而要懂得靠智谋取胜的道理。

从这个故事，笔者希望能够进一步讲明白一个道理，就是战略策划的重要性。“古之所谓善战者，胜于易胜者也”（《孙子兵法·军形篇》），战略策划，要达到预期目标，就要“胜于易胜”，要用战略来打造竞争优势。

第五节　本章小结

和合战略的策划模型，是从《孙子兵法·始计篇》悟出来的。在《始计篇》中，孙子提出了战争要“经之以五事”：道、天、地、将、法。这“五事”给我们提供了一个战略策划的模型。

和合战略策划模型，可以归结为四条：一是修道凝聚人心；二是占据天时地利；三是重视人才作用；四是合理配置资源。

修道凝聚人心，这是战略策划的前提和准备，也是战略策划至关重要的内容。企业主在谋划和制定战略时起决定作用；在实施战略时，起保障作用；在组织、引导员工时起激励作用。企业主通过修道，“管住自己的人心”，修炼领导艺术，提高管理能力和认识水平，这会帮助企业主在战略策划时发挥领导作用，做出更有益的选择。企业主通过修道，培育企业文化，获得员工的认可，凝聚员工的人心，让员工心甘情愿地放弃眼前利益，充分发挥员工的积极性、主动性、创造性，毫不犹豫、毫不怀疑地在企业主的带领下，去为实现战略目标而努力。

占据天时地利，这是战略策划的条件和要求，也是战略准备、战略实施阶段不可或缺的内容。企业主在战略策划时，要立足于当前企业所处的地位，全面考察天时地利等时机条件因素，正确定位自身发展战略。预先

统筹策划战略定位和精心做好战略条件准备都是非常重要的。

重视人才作用，这是战略策划的决定因素，也是战略对策的关键内容。企业主在战略策划时，必须审视领导班子的数量配备、职务分工、排列顺序，一般情况下同时还要分析评估领导者、管理者的知识结构、专业结构、年龄结构、气质结构、智能结构等问题。也许我们找不到完美的个人，但在战略策划时，要致力于建设完美的团队。

合理配置资源，这是战略策划的关键内容，与战略五个基本要素都息息相关。对于任何企业来说，资源总是有限的，合理配置资源就成为战略策划的重中之重。通过波特五力模型，我们知道了作用于发展主体的五种力量；通过木桶定律，我们了解长板与短板的差异。善于借助外力、外脑，能够帮助发展主体获得更多机会。制度是企业健康运作的保障，企业的资源要用制度来管理。制度的设计有符合性、适宜性、有效性的要求。

战略策划模型四条内容，与战略方针、战略目标、战略重点、战略阶段、战略对策都紧密相关。战略策划有了模型，就有了基本的策划框架，就可以帮助企业主根据企业实际确定战略要素的策划内容，在有效复制的同时进行查漏补缺，在取长补短的同时进行自我完善。

不同的企业主会有不同的修道、不同的资源、不同的条件。通过不同的选择和扬弃、不同的创新和发展，企业发扬优长而克服短劣，用和合思想理念在一定的规则和秩序下积累实力、超越自我，这将帮助不同的企业获得有差异的战略策划。

| 第六章 |

战略研究模型

和合战略的研究模型，也是从《孙子兵法·始计篇》悟出来的。在《孙子兵法·始计篇》中，孙子提出了战争要“校之以计而索其情”：

主孰有道？
将孰有能？
天地孰得？
法令孰行？
兵众孰强？
士卒孰练？
赏罚孰明？

这“七计”给我们提供了一个战略研究的模型。

原典温习

故校之以计而索其情，曰：主孰有道？将孰有能？天地孰得？法令孰行？兵众孰强？士卒孰练？赏罚孰明？吾以此知胜负矣。（《孙子兵法·始计篇》）

原典解读

“校之以计而索其情，曰：主孰有道？将孰有能？天地孰得？法令孰行？兵众孰强？士卒孰练？赏罚孰明？吾以此知胜负矣”(《孙子兵法·始计篇》)。本句中的“校”用作动词，读作“较”，是比较、较量、计较的意思。“索”：探索。

孙子通过对作战双方上述七种情况的比较，来取得对战争情势的认识：哪一方君主政治清明？哪一方将帅更有才能？哪一方据有天时地利？哪一方法令可以得到贯彻执行？哪一方武器装备精良？哪一方士卒训练有素？哪一方赏罚严明？根据这些方面，就可判断战争的结果是谁胜谁负了。

孙子所讲的七“计”，是有内在联系的，既有相互关联，又有独立意义。主有道、将有能、天地得、法令行这四种情况，是战略研究、比较的重点和要点，与本篇第一章所述的“五事”紧密相关；兵众强、士卒练和赏罚明这后三种情况是战略实施中要做好的准备和取得的效果。孙子做这样论述，说明后三个问题虽然从属于前面四个问题，但在战争中又有其非常重要的意义，不单独进行比较，可能会忽略一些重要的要素和环节。

第一节　主孰有道

“有道”，是与“无道”对立的。对于古代君主来说，其“有道”的要求就是政治清明、仁心爱民。自古以来，得道多助、失道寡助。南怀瑾先生在《孟子旁通》中说：“在历史上，有不少刻薄寡恩的政治领导人，都不得善终。所以古代的人，如尧、舜、禹、汤、文王、武王、周公、孔子，乃至于齐桓公、晋文公这些人，他们在思想上、功业上，所以能够大大地超越别人，使他人望尘莫及，并没有什么其他特别的本领，他们不过善于推广他们的仁心，也就是孔子所说的那种推己及人的恕道。譬如你想吃好的，穿好的，也让别人吃好的，穿好的。从心理建设、建立恕道开始，行仁政就是这样去做的”。人们也把尧、舜、禹、汤等人称为有道之君。

※ 古为今用·古今和合 ※

对于战略领导者来说，“有道”被赋予更具体的内容。

现代企业的战略领导者，有四大责任是别人无法替代的，这四大责任是：一是学法守法，二是统筹全局，三是选人用人，四是资源配置。这四项责任，即使有人能够代替战略领导者去完成一些具体的工作，也必须由战略领导者对关键内容最终做出选择或判断。战略领导者要对政治的、经济的、社会的、技术的大环境有个预判。往往“众人皆醉我独醒”的优秀领导者，能够“一叶落知天下秋”，为自己的团队制定正确的方针和目标，从而获得领先的战略机遇。这就要求“有道”的战略领导者必须做到总览全局、统筹兼顾、高瞻远瞩、深谋远虑，不以局部利益为重点，要站得高、看得远，能够指引前进方向。

毛泽东是一位思想深邃、目光远大、具有雄才大略的思想家、政治家、战略家，他善于运用战略思维观察事件、研究问题，制定引导党和人民走向胜利的战略策略。

抗战后期，驻延安美军观察团负责人谢伟思曾经这样说：“我曾问过很多中国共产党的朋友们，毛主席为什么能战胜他的许多敌人，成为众所公认的领袖，他们的答案都是一致的，归根到底，他高瞻远瞩。”

那么，对企业主的比较研究该如何进行呢？笔者以为，对企业主的比较可以用和合思想理念从以下六个方面进行：

1. 能否高瞻远瞩、胸怀全局？

有没有大局意识，是衡量一名战略领导者的重要标志。胸怀全局，自觉在大局下思考，善于在大局下谋划；高瞻远瞩，不断提高战略工作的系统性、预见性和创造性，是战略领导必备的素质。如果片面强调眼前利益，坐井观天、一叶障目，其决策就很可能贻害大局，损害战略主体的根本利益。古今中外，凡成大事者，无不善于把握大势，都能高瞻远瞩谋划。能否把握大势，考验的是战略领导者的战略思维、战略远见和战略定力。敏锐分析和把握、研判事物发展变化的趋势，才能做到因势而谋、应势而动、顺势而为。如果背势而行、逆势而动或者急躁盲动，不仅不得要领、劳民伤财，也难成大事，甚至办出荒唐事。

2. 能否凝聚人心、建立共识?

战略领导者需要协调好企业与社会各界、企业与自然环境、企业内部人际之间的关系。对协调好与社会各界关系来说，是求得社会各界理解和支持、营造和谐工作氛围的基础和条件。对协调好自然环境关系来说，是要求得与自然和谐相处。对协调企业内部人际关系来说，是为求得形成团队的凝聚力、战斗力、执行力，减少内耗。被社会各界和企业员工广泛接受和认可的企业使命、愿景、价值观，是凝聚人心、建立共识的精神源泉。战略领导者必须接受制定有效愿景和使命宣言的挑战，并让企业内部更多的员工参与这项工作，以形成共同的价值观。这将有助于形成人心思进、人心思齐、人心思干的良好氛围。企业的使命、愿景不清晰，或者说过于含糊和宽泛，会直接影响企业员工的积极性、创造性、自觉性。

3. 能否知人善任、赏罚分明?

从领导者的职责和领导活动客观规律来看，知人善任、赏罚分明是战略领导者的一项基本职责，用人正确与否，是能否实现领导战略意图和目标的关键。人才已经成为现代社会竞争的焦点。不同类型的人才有不同的特点和能力倾向，适应不同的领域和岗位，表现出不同的价值和作用。只有知人善任，才能用好人才。知人善任不仅要察其言，还要观其行；既要借鉴历史，也要考察现实；能够看到长处，也能发现短处。古人说过："为政之本在于任贤。"而只有赏罚分明，贤人才会被所用。特别是对于一些关键人才事关企业的核心竞争力，用人上出了偏差，必将直接导致错过发展机遇期。

4. 能否重德守法、身正令行?

《论语》说："其身正，不令而行；其身不正，虽令不从。"战略领导者

要做到身正，就要做到遵纪守法与崇德尚礼相辅相成，在日常工作和社会生活中，发扬传统美德、强化规则意识、倡导契约精神，既重视发挥法律法规的规范约束作用，又重视发挥道德力量的教化感召作用，使守法重德成为企业员工的工作方式和生活方式。法治持之有依、惩之有据，德治践之有信、行之有义，都是约束人们行为的“规则之治”。褒奖和支持美德善德行为，禁止和惩罚不道德行为，只有讲道德、尊道德、守道德成为企业员工的行为自觉和生活风尚，整个企业才能形成一种向上、向善的力量。

5. 能否促进学习、训练团队?

社会竞争的结果，会使善于学习的个体脱颖而出。企业的竞争，归根结底是比谁学得更快，谁学得更好。战略领导者一项重要任务是促进员工学习、训练企业团队。古代，《孙子兵法》强调训练部队的重要性，已一再被人类的战争史所证明；现代，美国麻省理工学院教授彼得·圣吉博士提出创建学习型团队组织理论，也被当今社会广泛接受。在企业内推行学习文化，战略领导者通过促进员工终身学习、全员学习、全过程学习理念，引领全体员工自我超越，有利于营建共赢的学习文化，形成共同愿景，达成既定目标。通过训练员工，能让员工正确地做事和做正确的事，这是企业提高效率和效益的重要途径。

6. 能否有效配置、管理资源?

资源是企业发展的基本物质条件，资源的稀缺性决定了任何一个企业都必须通过一定的方式把有限的资源合理分配到企业的各个领域中去，企业必须在各种不同用途上加以比较作出资源配置的选择，并在企业的不同用途之间分配。在企业发展的一定阶段上，相对于需求而言，资源总是表现出稀缺性，从而要求企业对有限的、相对稀缺的资源进行合理配置，以便用最少的资源耗费，生产出最适用的产品，获取最佳的效益。资源配置合理与否，对一个企业发展的成败有着极其重要的影响。战略领导者对其资源配置起到决定作用，必须从战略的全盘考虑，科学地管理资源，落实资源的有效、合理配置。

第二节　将孰有能

战略领导者的重要工作之一就是要正确选择和合理配置合适的人去做合适的事。汉高祖刘邦曾经这样说过："夫运筹帷幄之中，决胜千里之外，吾不如子房；填国家，抚百姓，给饷馈，不绝粮道，吾不如萧何；连百万之众，战必胜，攻必取，吾不如韩信。三者皆人杰，吾能用之，此吾所以取天下者也。项羽有一范增而不能用，此所以为我所擒也。"由此可以看出，刘邦不仅招揽人才，而且对每一个人的才能都非常了解，知道他们各自适合干什么，并且依照他们各自不同的才能，安排合适的工作。这种根据个人的能力、唯才是用的用人观念，使他战胜了强大的项羽。

毛泽东也说过，领导者的责任就是出好主意、用好干部。

※ 古为今用·古今和合 ※

企业管理根据企业不同的发展规模和阶段，可以分为三种类型层次，每种类型都有其侧重点。第一种类型是人管人，第二种类型是制度管人，第三种类型是文化管人。

人管人是在企业成立之初，人员不多，规模较小时，企业主以身作则，亲自管理员工。相对来说，这种管理层次较低。

当企业规模发展了，人员变多了，人管人就管不好了，就需要制度管理，把企业主以身作则的标准编为制度，通过制度和依靠助手去管理工作、管理人。

企业发展到后来相对成熟时，企业主不一定参与制度建设了，而是靠文化去管理企业。而这个企业文化恰恰是企业主修道的成果，是他在企业发展过程中悟道、带领员工一起修道积累和沉淀的文化果实。

大家可以想一想，用和合思想理念温习领悟一下，这在《孙子兵法》

首篇的“道、将、法”三事中许多内容早就讲到了啊。可以这么说，《孙子兵法》只要换成现代使用字眼，就马上可以成为现代企业管理的教科书。

我们应该看到，在企业不同的发展阶段，战略的内容是不同的，所以，企业的战略策划，要根据企业发展的不同阶段“具体问题具体分析”，要充分“多算”、精心“庙算”。

现代社会，知识越来越广、分工越来越细，要找个全才也就越来越困难。宽宏大量、海纳百川才是领导者应该具备的气度。领导者的气度首先表现在选用人才上，选用人才要秉持博采众长的原则。人无完人，每个人身上都会有缺点，若是我们吹毛求疵，只怕永远也不可能选到适合的人才。但即使没有完美的个人，我们也一再强调要用和合思想理念建设一个完美的集体领导团队。

完美集体领导团队有以下五方面的结构特征：

1. 合理的知识结构

知识结构是指一个人经过专门学习培训后所拥有的知识体系的构成情况与结合方式。合理的知识结构，就是具备满足实际需要的优化的知识体系。也就是要求既有专业的知识深度，又有一定的知识广度。将自己所学到的各类知识，科学地组合起来建立起合理的知识结构，培养科学的思维方式，提高自己适应所从事岗位要求的能力，是个人担任现代社会职业岗位的必要条件。但个人的能力和知识总是有限的，我们提倡一专多能、持续学习提高，也难以应付所有的工作。因此，对社会组织和企业来说，在组成团队时，就要考虑成员团队的知识结构是否科学合理，能否各有所长，可否形成互补？这也是社会组织和企业成长的基础。

2. 配套的专业结构

企业里，有人做经营管理、有人操专业技术、有人管财务经济、有人干后勤保障等，这些都需要不同类别的专业人才。合理的专业结构要求企业团队根据自身的愿景和使命，具备各种配套的专业人才。由于企业的目标和任务不同，人才的能力和专业不同，其专业结构的组合也就不同。

在一个企业内部，根据具体的需要，会划分为不同的层次，比如决策层、管理层、操作层等。在不同层次上的人才群体，也有不同的配套专业的要求。比如大多数岗位，都需要有一定的技术、经营、管理的知识，但在不同层次上会有不同的侧重面。配套的专业结构，要适应具体的企业模式，不仅需要考虑专业齐全配套，还需要考虑有一个合理的专业比例、等级层次。

3. 梯次的年龄结构

年龄结构是指企业内各年龄组人员在全体员工中的比重，又称人口年龄构成。根据反映人口年龄结构的一定指标，可将人口区分为 3 种不同的人口年龄结构类型，即年轻型、成年型和老年型。人口年龄分组还经常与性别分组结合使用。年龄结构对企业今后的发展将产生一定的作用。不同年龄层次的人员，有着不同认知方式，有其不同的特点和优势。一般来说，老年层次人才久经考验、深谋远虑；中年层次人才成熟稳健、勇于开拓；年轻层次人才充满活力、奋发向上。不同类型的企业要根据自身行业特点和企业实际情况，选择合适年龄层次、年龄梯次、年龄构成的领导班子。领导班子中，既要注意选拔相当数量的中青年，避免同步老化，还要重视和发挥老龄人的作用，形成领导班子年龄梯形配备，充分发挥不同年龄层次领导班子成员的优势互补的作用。

4. 协调的气质结构

气质是人的一种相对稳定的个体心理特征，也即俗语所说的性格、脾气和秉性。由于先天遗传和后天实践的影响，人们的气质各不相同。有的坚强，有的软弱；有的理智，有的情绪化；有的外向，有的内向；有的顺从，有的独立。个体间的气质不同，使每个人表现出独特的个性心理特征。团队协调的气质结构，是反映具有不同类型气质的成员的协调组合。完善的气质结构，有助于优化团队的整体效能，而气质不协调，往往导致领导班子不团结，容易产生内耗，削弱整体战斗力。因此，在团队成员选配上，既要考虑到人员构成上的多样性，又要考虑到气质上的兼容性，形

成互补、相容的气质结构。设想团队内的成员都是情绪型的，易于冲动，或都是独立型的，固执己见，就难于形成合力。当然，作为团队的每一名成员还必须有宽容合作、严于律己、宽以待人的品格。只有这样才能和睦相处，形成整体合力，共同承担起团队重任。

5. 较高的智能结构

个体的智能结构反映的是其智能的功能和特征。不同的人其智能结构是有差异的。有的人思维敏捷，善于出谋划策；有的人头脑冷静，善于随机应变；有的人待人热情，善于公关交际；有的人兢兢业业，善于处理实务；有的人敢打敢拼，善于冲锋陷阵；有的人学有所成，善于专业工作。有的人会做不一定会管，有的人会管却不一定做得好。一个完美的团队的智能结构，既要有多谋的，还要有善断的；既要有处理实务的，还要有从事协调、指挥、管理工作的；既要有大胆开拓、勇于创新的，还要有遵守规则、勤劳务实的等等。总之，在团队班子中，要统筹考虑其成员的智能特点和智能优势。根据团队的目标和不同岗位的需要，培养全局观念，扬长避短，选配相应智能的成员组成优化的团队。

第三节　天地孰得

“天地孰得”要研究和比较的是谁能够占据天时地利。天和地都是客观环境，难以被主观意志所左右，不会随主观意志任意改变，只有了解它、顺应它，才能很好地利用它。

我国自古就有“识时务者为俊杰，昧先几者非明哲”格言流传。前一句的意思是，能认清时代形势或潮流的，方可为英雄豪杰。后一句中，昧：不明白。几：细微的变化。取“明者远见于未萌”之意。意思是，对于事情将要发生之前的兆头要有所察觉，不然就算不上明智。

正因为成功人士能看透世事发展的趋势，而又能谋划出顺应世事发展的万全之策，所以才能占据天时地利，获得成功。

※ 古为今用 · 古今和合 ※

企业的外部环境是错综复杂的，有机会，也有挑战。总体上看，事物都是发展变化的，企业的外部环境也会发展变化，具有不确定性。为了成功地处理不确定性因素，企业必须了解外部的各种因素。外部环境可分为总体环境、行业环境、竞争环境。外部环境对企业的战略具有决定性影响。

企业战略能否成功，很大程度上取决于企业所策划的战略基本要素与企业的战略外部环境是否匹配。如果基本要素与外部环境相匹配，并且战略被有效实施，企业就能够获得成功。

企业是否能够占据天时地利，可以用和合思想理念从以下三个方面进行比较研究：

1. 面对总体环境中的“政治、经济、社会、技术”等方面，企业的内部管理和文化与其是否相匹配？

就总体环境而言，主要是指企业在组织经营活动中，总是会受到来自外界环境的政治因素、经济因素、社会因素、技术因素的影响。政治因素是指政治力量及受政治力量所影响的政策、法规等因素。经济因素是指现实的经济状况及其未来的走势对企业的影响因素。社会因素是指社会上各种事物，包括历史传承、文化教育、社会制度、价值观念、人际交往、风俗习惯等对企业的影响因素。它们的存在和作用是强有力的，影响着人们态度的形成和改变。技术因素不仅仅包括那些引起革命性变化的发明，还包括与企业生产有关的新技术、新工艺、新材料的出现和发展趋势以及应用前景。技术因素是管理者用来设计、生产、销售产品和服务的技术发生变革后的结果。技术变革的总体速度呈加速状态。随着微处理技术以及其他计算机软件技术的进步，技术因素大量增加。

企业内部管理和文化建设，必须了解和研究总体环境中的政治、经济、社会、技术等因素，顺应这些因素来进行内部企业管理和企业文化建设。这样，对内部而言，容易凝聚人心、便于实施管理；对外部而言，更能适应环境、更好地提供符合社会需求的产品和服务。

2. 面对行业环境中的“新的竞争对手进入、替代品的威胁、买方议价能力、卖方议价能力以及现有竞争者之间”的竞争，企业的竞争策略与其是否匹配？

就企业的行业环境而言，20 世纪 80 年代，哈佛大学教授迈克尔·波特在其名著《竞争战略》中，提出了一种结构化的竞争能力分析方法。他认为企业在一个行业中竞争，存在潜在的进入者、替代品的威胁、客户讨价还价的能力、供应商讨价还价的能力以及现有竞争对手之间的抗衡等五种基本的竞争力量。这五种基本竞争力量中，供应商和购买者讨价还价可视为来自“纵向”的竞争，其他三种力量可视为“横向”的竞争。这五种竞争力量构成了企业的行业环境。

企业在不同的行业竞争结构中，其竞争的激烈程度和力量的对比状态极大不同，企业的竞争策略也就有所区别。产品和服务的差异化、聚焦度、价本比（产品和服务的价格与成本的比率）都会影响到企业竞争的成败。这就需要企业策划、选择合适的竞争策略，并要考虑到未来的可能变化，培育自身的核心竞争力。

3. 面对竞争环境的机遇和威胁，企业内部资源和能力与其能否匹配？

就企业的竞争环境而言，总是机遇和威胁同在。着眼于外部环境的变化及对企业的可能影响，外部环境的同一变化对拥有不同资源和能力的企业带来的机会和挑战可能是完全不同的。同样的政策支持、货币宽松、原料充足，对不同的企业形成竞争优势的机会是不同的。当原料紧张、通货紧缩、政策抵制时，对有准备、有积累的企业来说，就能争取行业领先地位，从而获得竞争优势。

企业内部的资源和能力总是有局限性的，可能有相对的优势，也必有相对的不足之处。企业不能无限制地集聚资源、培育能力。在一个竞争环境中，基于企业自身的实际情况，对比竞争对手的实力，分析企业外部环境变化影响可能给企业带来的机遇和威胁，进而制定最优的集聚资源、培育能力选项，是企业战略规划的核心内容。

【和合推荐】

《战略管理：竞争与全球化（概念）（原书第9版）》涵盖了当前全球性事件与战略趋势的影响，涵盖“开篇案例”“战略聚焦”和“战略行动”等内容，对战略管理概念和工具作翔实而全面的探讨。作者：（美国）迈克尔·A. 希特（Michael A.Hitt）、R. 杜安·爱尔兰（R. Duane Ireland）、罗伯特·E. 霍斯基森（Robert E. Hoskisson）。译者：吕巍。迈克尔·A. 希特，一位著名教授，他在得克萨斯大学任 JoscB Foster 讲席教授。希特在科罗拉多大学获得博士学位。他已有 260 多部作品出版，包括 26 部合著或合编的专著。

第四节　法令孰行

军队的制度纪律对战争的胜负起到非常重要的作用。民族英雄岳飞在南宋军界初露头角之际，给人印象最深的，尚不是他的战功，而是他从严治军、严肃纪律。南宋建炎四年（1130 年），岳飞独立成军，岳家军雏形初现。在这之后，岳飞所部一直以“纪律严明，秋毫无犯”而著称于世（参见《金佗续编》卷 1 宋高宗手诏）。岳飞的部众原先大多是“四方亡命、乐纵、嗜杀之徒”（《金佗稡编》卷 9《遗事》）。正是靠严明纪律，岳家军从乌合之众炼成威武之师，成为南宋第一强兵，使敌兵对手哀叹“撼山易，撼岳家军难”。

※ 古为今用·古今和合 ※

企业涉及各种各样的法律关系，归结起来可以分为：民事、行政、刑事等三种法律关系。企业不遵守现行的法律规范以及外部其他强制性要求，必定会受到法律的制裁。

守法是对企业自身最有效的保护。企业的采购、生产、销售、经营、管理以及处理内外关系的行为都必须纳入法制轨道，这是企业安全、有序发展的可靠保证。企业必须重合同、守信用，处理好民事法律关系；企业也必须依法设立、依法纳税、依法排污，接受行政、行业管理部门的管理，处理好行政法律关系。自然人会犯罪，单位也会犯罪。我国刑法就规定了单位犯罪的情况。刑罚是个高压线，必须谨慎防范避免触及。个人和单位都应该十分谨慎地严格依法办事，尤其不能触犯刑法。总之，违约，违法者承担责任；守约，守法者受到法律的保护。公司需要进行依法经营管理，才能更加规范，更有效益，也更有利于对自身权益的保护。企业在日常的运作当中，必须严格遵守国家法律，使企业事务始终在法制的轨道上运行，才能做到既有效率又确保财产安全，法律为企业的运行提供了一个有力的保障。

“法令孰行”，对于现代企业来说，一方面要遵守现行的法律规范以及外部其他强制性要求；另一方面还要建立健全完善的规章制度来管理好企业的内部资源和要素。

分清权责、建立制度是一个领导者上台后首先要做的事情。无论你是什么领导，大还是小，都难以照看所有的事情。只有把事情进行细化，将每一件事都落实到个人，由个人去负责，建立完善的制度，才能把工作做好。分清权责等于是放权，把权力从自己的手中划出去的同时把责任也划了出去，这样既能减轻自己的压力，又可以让手下的人明白自己不是一个独断专行的人。在严密制度的控制下，自己可以轻松地完成领导任务，手下的人也可以感受到权力的滋味。

企业也要设计治理机制来确保管理的有效性，以便确保战略的贯彻，从而获得战略成效。治理机制对企业的成功至关重要，需要一个循环改进、持续完善的过程（比如应用 PDCA 循环）。

企业是否有效执行“法令”，可以用和合思想理念从以下几个方面进行比较研究：

1. 企业是否及时识别了适用的法律法规，建立并不断完善适用法律法规清单？

要不犯法，前提条件是应该懂法，否则，你不知道什么是违法，难免不违反法律。懂法，也不是要求企业什么法律问题都要去搞清楚，而是要求企业的法务人员或者法律顾问搞清楚适用的、相关的法律法规，并根据现行的法律法规修订和完善的动态情况，保持识别的有效状态，建立并不断完善适用法律法规清单。这样做的目的，不仅可以帮助企业理清法务问题，还可以方便企业员工学法、知法和守法。

2. 企业是否对现行法律法规进行了符合性的判定？

知道了法律法规，并不意味着企业的所作所为就已经都能够符合法律法规的要求，还需要企业法务人员或者法律顾问对适用的法律法规的遵守情况作出是否符合法律法规所规定要求的“符合性”判定。通过这种“符合性”判定的慎重的仪式，既能有效防止由于疏忽而遗漏重要的事项，也能进一步加深企业员工对法律法规的了解，培育员工守法的意识。

3. 企业是否按要求建立了完善的制度体系？

没有制度或者有制度不完善，对于一个具备一定规模的企业来说，都会造成这样那样的困境，严重的会导致重复性、系统性、区域性的损害。如果这种重复性、系统性、区域性的损害长期积累而得不到改善，有可能会导致致命的灾难性结果。重复性的问题是由于制度没作出有效规定造成的；系统性问题是由于制度系统性的缺陷造成的；区域性的问题是由于制度对某些部门或管理要素的真空管理造成的。一个完善的制度体系，必须通过持续改进，不断检验其有效性、可行性、符合性和适宜性。

4. 企业的制度体系是否能够满足其有效实施战略的要求?

企业制度的建设要与企业规划实施的战略相匹配。由于不同的企业有不同的战略和不同的情况，因此也就有不同的制度设计。对于一个企业来说，也就不存在最好的制度设计这种说法。但企业一定要持续改进制度设计，寻求最适宜的制度。一个企业战略要得到有效实施，在制度设计中明确谁来做、做什么、何时何地做、做多少、做多久以及做的结果如何考核、如何奖惩，是一项非常重要的工作。只有制度设计得好，并在实施过程中持续改进，才能够达到实施战略的预期目标。

5. 企业的制度是否能够得到有效执行，做到令行禁止?

企业制度设计得再好，如果得不到有效的实施，也是起不到作用的。制度的生命力在于执行，而制度执行的关键在于检查。制度颁发了，各项工作的责任人有没有按照制度的要求在进行落实，制度是否有效、是否可行，都要通过检查来发现和确认。事实上，在企业制度设计时，对具体的工作，就要规定有人做、有人管，做得很不好、管得很不好，还要有人查，这样才能保证工作得到落实，避免出现遗漏和差错。

6. 企业的制度是否根据执行情况以及内外部的发展变化及时更新改进?

企业制度通过有效性检查，会发现：有些制度实施后对战略进程是有效的，有些却可能不是那么有效或者无效。不是那么有效或者无效，究其原因，主要有两种情况，一种就是制度规定了，但做的人、管的人没有按照制度去执行落实，这就需要通过对当事人进行相关的教育、处理，防止同类事故再次出现。另一种是制度设计有问题，那么就需要修订更新改进制度了。当然，当内外部的情况发生变化时，有些制度的规定可能会与这种变化脱节，这也需要更新改进制度，以使制度能够满足这种变化所带来的问题。

7. 企业制度是否根据企业的成长不断创新发展，适应新形势的需要?

一个企业要经历初创期、成长期、成熟期，在不同的发展阶段上，企

业会有不同的战略重点和战略目标。企业的制度建设也要根据企业的成长不断创新发展，以适应不同发展阶段的需求。企业的制度是需要实现动态管理的，有的时候，划改、调页、换版是常态。当今世界，新技术、新材料、新工艺、新规定层出不穷，企业的所有制度规定也就要有责任人来对这些新的变化进行控制，以使企业能够赶上社会发展的步伐。

第五节　兵众孰强

《孙子兵法》所谓的“兵众孰强”，比较的是武器装备哪一方更强，进一步可以引申为战争资源的比较。

“兵众孰强”的比较使我们明白一个小国无法与一个大国从国力规模上分庭抗礼。国力就是国家获取和控制资源（资本、人力、物力及其他资源）的能力所体现的国家实力。一个国家能够打多大的战争、多久的战争，取决于这个国家获取和控制战争资源的能力。

美国成为一战、二战的最大获利者和最终胜利者，这与其资本主义逐利的本性和其获取和控制资源的能力是分不开的。美国在战争背景下积极从事融资、生产、运输、贸易等超大规模的商业活动，这使美国笑到最后。而两次大战，又让多少帝王千金散尽、王冠落地，不禁让人唏嘘。

※ 古为今用·古今和合 ※

企业的资源是构成企业战略优势的基础。经济学把为了创造物质财富而投入于生产活动中的一切要素通称为资源，包括人力资源、物力资源、财力资源、信息资源、时间资源等。资源分可为有形和无形两种。有形资源一般是指可见的、能量化的资产，包括实物资源、财务资源、技术资源、组织资源等。相对于有形资源，我们可以把人力资源、品牌资源、能力资源等称作无形资源。无形资源需要靠历史的积累和能力的创新来获

取，因而不易被战略竞争对手所模仿和购买，这是一种更有价值，尤其珍贵的战略资源。企业凭借无形资源更能够获得战略竞争优势。

研究比较企业的战略资源，不仅要比较其有形的资源，更要比较其无形的资源，比较可以用和合思想理念从以下几个方面展开：

1. 比较企业装备、资产实力，谁更强？

企业的装备和资产是企业生存和发展、组织生产经营活动的物质技术基础，是企业生产力的重要组成部分和基本要素，也是决定企业生产经营效能的重要因素之一。所有企业都必须有一定量的装备和资产，如厂房车间、机器设备、办公器材等，否则不能进行正常工作与生产。企业装备和资产实力的强弱，直接关系到企业的生产效率和经济效益，直接关系到企业的生存状态和发展后劲，企业在生产经营过程中，必须注重企业装备和资产实力的积累。

2. 比较企业人力资源谁更强？是否能够组建完美的团队？其团队成员的创新能力是否更强？

人力资源是一切资源中最宝贵的资源，是第一资源。人力资源包括数量和质量两个方面。人力资源的最基本方面，包括体力和智力，从现实应用的状态，包括体质、智力、知识、技能四个方面。人力资源与其他资源一样也具有特质性、可用性、有限性。考察人力资源的强弱，不仅要考察其个体的特性，还要考察其与企业的匹配及个体之间的协调关系，更要考察其团队创新的氛围以及成员创新的能力。事实上，就人力资源而言，我们难以找到完美的个体，但组建完美的团队应该成为企业的目标。就人力资源的质量而言，个体的质量，更要注重其立足于现有基础的创新能力，对企业而言，这种能力是更加宝贵的。

3. 比较哪家企业的口碑、声誉更好？品牌的知名度、认可度、美誉度、首选度，谁更强？

品牌知名度和消费者互动度是组织或品牌口碑的基础；口碑是以品牌

知名度和消费者互动度为前提的，真正反映品牌或组织在消费者心目中的价值水平。品牌知名度和消费者互动度可以通过宣传等手段快速提升，是口碑评价的基础，而口碑则需要通过长期的品牌经营方能树立起来。好的声誉对一个公司，尤其是跨国公司来说是一笔可观的无形资产。然而随着日益扩大的公司规模以及不断增加的竞争压力，很多公司的声誉岌岌可危，有必要引起高度重视。

4. 比较哪家企业的融资能力、技术能力、组织能力、管理能力、采购能力、营销能力，谁更强？

企业能力泛指企业在日常经营管理活动中满足企业生存、成长和发展的系统方法和综合过程表现水平。企业的成长需要企业能力的支撑，有什么样的企业能力，就有什么样的企业未来，企业能力决定了企业成长的速度、方式和界限。一个企业只有具备了一定的企业能力，才能得以生存。为了适应外界环境的不断变化，企业能力需要有一个不断动态变化的过程，而这个动态变化的过程，促使了企业不断地动态成长。

5. 比较企业拥有的专利、版权、商标、资质和商业机密，谁更强？

企业在市场竞争中，基于自身的资源与市场环境约束，往往需要构建有效的针对竞争对手的"竞争门槛"或者说"竞争壁垒"，以达到维护自身在市场中的优势地位。而专利、版权、商标、资质和商业机密等，是"门槛"和"壁垒"的重要关键因素，可为企业开展有效的扩张性营销活动提供良好的营销基础。同时也有利于向竞争对手发出强烈的市场竞争警告。

【认识大师】

戴夫·乌尔里克（Dave Ulrich），美国密歇根州立大学商学院教授，全球知名人力资源管理咨询专家。被誉为人力资源管理的开创者，他最早提出了"人力资源"（Human Resource，HR）的概念。他致力于研究如何使组织通过人力资源建立快速发展、学习、协作、责任、智能和领导力等方面的能力，并在此领域享有盛誉。他还在评估策略与人力资源实践和能力的数据库方面作出了突出贡献。在戴夫·乌尔里克提出“人力资源”的概念之前，人力资源的管理被叫作“人事管理”(Human Management)。乌尔里克认为，现在唯一剩下的有竞争力的武器就是组织，因为那些传统的竞争要素，如成本、技术、分销、制造以及产品特性，或早或晚都能被复制，它们无法保证你就是赢家。

第六节　士卒孰练

“士卒孰练”，则使小国的精锐之师有可能战胜大国的乌合之众。秦汉时期，彭城之战，项羽以 3 万兵力对秦兵 56 万，歼敌 20 万；隋唐时期，虎牢之战，李世民 3500 兵对敌 10 余万，歼灭窦建德全军；近现代中国革命史上毛泽东、朱德、周恩来领导的 4 次反“围剿”战等都是训练有素的小部队打败大部队的经典案例。

兵不在多，在于精。诚哉斯言！精兵都是练出来的，一个人的基因再好，如果不加以训练和开发，大部分情况下也是不能形成超出常人的本领的，特殊情况也许有，没有全面的调查也就不敢以偏概全。

※ 古为今用·古今和合 ※

根据联合国教科文组织的统计，人类有史以来，数千年积累的科学知识占 10%，而近 30 年来积累的占 90%。

英国技术预测专家詹姆斯·马丁测算出人类知识在 19 世纪是每 50 年增加一倍，20 世纪前中期每 10 年增加一倍，20 世纪 70 年代每 5 年增加一倍，80 年代后大约每 3 年增加一倍。

据统计，一个人所掌握知识的半衰期，18 世纪为 80 ～ 90 年，19 世纪为 30 年，20 世纪 60 年代之前为 15 年，80 年代以后缩短为 5 年。我们目前掌握的知识，半衰期已缩短为 3 年。

根据互联网上搜索到的资料，在全球500强企业中，50%以上是学习型企业，美国排名前25家企业，80%是学习型企业，全世界排名前10家企业，100%是学习型企业。

中国共产党在十六大提出的全民学习、终身学习、创建学习型组织的理念已经促进了许多企业的发展。

一个企业恒久的竞争力在于它比竞争对手学得更快、更好。目前和今后很长一段时间内，企业对员工的训练，重点在于促进其学习。

在这个问题上，我们要对企业用和合思想理念进行如下的比较研究：

1. 企业是否了解到学习和培训的重要性？

正所谓“工欲善其事，必先利其器”。抓好员工学习与培训是增强企业竞争力的有效途径，随着知识和技术的更新速度加快，企业需要不断创新和引进新技术和新理念，这就要不断地对员工进行培训，促进员工的学习。通过学习和培训，可以增强员工对企业决策的理解和执行能力，使员工掌握企业的管理理念和先进的管理方法，不断提高自身素质，不断提高企业的市场竞争力。通过培训和组织学习，可以增强员工对组织的认同感，增强员工与员工、员工与管理人员之间的凝聚力及团队精神。

2. 企业是否能够识别员工的培训和学习需求以及其满足这些需求的能力？

缺什么补什么，用什么学什么，干什么练什么。企业通过培训向员工灌输企业的价值观，培养员工的行为规范、学习习惯，促进员工能够自觉地遵守各种规章制度，从而形成良好、融洽的工作氛围，增强工作满意度和成就感，通过不断学习和创新来提高效率。培训和学习，既要在企业内部开展，也要结合企业实际，利用外部资源作为企业能力的补充。这种能力，需要企业加以识别。

3. 企业是否有效开展培训交流、组织学习？

企业的学习和培训既要有针对性，也要结合企业实际情况，在注重实

际工作的前提下，体现出系统性和远瞻性。员工培训不仅仅是为了满足目前的需要，更要考虑将来的长远发展。要根据企业现状及目标，系统制定各部门、岗位的培训计划。要根据不同部门、不同层次、不同岗位制定具体多样的技能培训，在培训的内容上体现不同的深度。要建立持续的、经常性的培训机制。

4. 企业进行培训和学习的成效是否得到考核验证?

企业的培训需要有验证其有效性的方法。考试成绩、实际业绩、具体表现等都是鉴别其有效性的可行方式。员工技术、能力水准有没有提升，专业知识、专业能力有没有达标，岗位条件、工作要求有没有适应，都需要得到考核验证。有的企业把培训作为一种有效投资，那么，我们就需要鉴别投资的回报。

第七节 赏罚孰明

军队赏罚分明才能打胜仗。岳飞带兵打仗，注重赏罚分明。《金佗续编》卷30《郢州忠烈行祠记》称赞岳飞："小善必赏，小过必罚，待数千万人如待一人。"在作战中，凡将士立功，必受赏，凡有过的必受罚。岳飞待千万人如待一人：公正无私，恩威相济。

《金佗续编》卷27《黄元振编岳飞事迹》记载："公奏战功必以实，未尝徇私而寄名虚奏。公之子宣赞云勇冠三军，攻随州，手持双锥，首先登城，公乃奏其功。与妄将私匿窜名战士之中以冒官爵者异哉！此士之所以乐于用命，而服其至公也。"

岳家军能打仗，与其统帅注重赏罚分明是有直接关系的。

※ 古为今用·古今和合 ※

有这么一个故事，说的是一个部落首领为了测试部落青壮年们的胆识，带着大家上了一个山头，山头上有一棵大树，他要求大家攀住大树上的长树藤，荡到对面山头上去，两座山之间隔着的是一条深不见底的山涧。结果是：部落首领要求下，大约只有少数几个人立即自动自发地荡了过去；在部落首领带头下，又有约五分之一的人跟着荡了过去；部落首领承诺有金币奖赏，至少有60%的人随后就荡了过去；剩下的是不愿冒风险，也不稀罕奖赏。突然间一头狮子从后面追来，这些人惊慌失措，激发了本能，争先恐后地荡了过去。

这个故事说明了这样一个道理：一个组织中只有极少数人会有自动自发的工作激情，这些人是为了实现自我价值而工作的；部分人是需要在领导带头下才能积极工作；而绝大多数人是需要在物质刺激（正激励）下才会努力工作；少数人是需要在恐吓（负激励）下才愿做好工作。因此，在管理一个企业时，正负激励都有存在的必要。正激励是奖励，负奖励是处罚，“赏罚严明”，是集聚正能量的必然要求。赏罚严明，才能让大家做正确的事、正确地做事。否则，如果做与不做一个样，做对做错一个样，做好做坏一个样，做多做少一个样，必然无法达到预期的目标。没有规矩不能成方圆，赏罚严明是战略实施的重要环节。

研究比较企业是否“赏罚严明”可以用和合思想理念从以下几个方面进行：

1. 企业是否已经明确职能分配和岗位职责？

职责不明、分工不清，就会很自然地出现部门与部门之间以及岗位之间的扯皮、推诿现象，更甚至会出现“谁都管、谁都不管”和“谁都干、谁都不干”的怪现象，出了问题更是没有人会来承担责任，致使管理上出现了“真空带”，这是企业内部造成和出现区域性、系统性、重复性问题

的最主要的原因。更有甚者，老实本分的越干越多还容易出差错，调皮捣蛋的越干越少还要指手画脚，在企业里一定会形成坏风气。要想提高企业的管理绩效，就必须先把“定岗、定责、定考评”的工作做在前面。科学规划、明确分工、职责到人，是企业管理的基础。

2. 企业是否有系统配套的奖惩制度？

企业系统配套的奖惩制度不仅是公司科学化、规范化、制度化管理的基础和重要手段，同时也是预防和解决劳动争议与合作纠纷的重要依据。由于国家法律法规对企业管理的有关事项一般缺乏详尽的规定，而企业依法制定（经过职工代表大会审议通过）的规章制度在管理中可以具有类似于法律的效力，可以作为人民法院审理有关争议案件的依据。因而企业合法完善的规章制度，有利于保护企业的正常运行和发展。建立系统配套的奖惩制度，是鼓励先进、惩治落后的根本保障，也是激发员工工作积极性、增强公司凝聚力、全面强化竞争力的根本保证。

3. 企业是否对策划、过程、结果进行测量和分析？

策划、过程和结果，是三个重要的阶段，必须建立量化可考核的机制。策划不到位，会导致系统性、区域性、重复性问题的出现。对策划阶段的测量和分析，要结合结果来评价，当出现负面结果时，需要对策划进行评估，要确定是否是由于策划不到位引起的负面结果。过程是将输入转化为输出的一组活动，输入是实施过程的基础、前提和条件，输出是完成过程的结果，输入和输出之间是增值转换的关系，过程的目的就是为了增值，不增值的过程没有意义。为了实现输入和输出之间的增值转换，就要进行必要的测量和分析，避免非预期结果的产生。

4. 企业测量、分析的成果是否按制度落实了奖惩？

马戏团里的海豚每完成一个动作，就会获得一份自己喜欢的食物。这是驯兽员训练动物的诀窍所在。人也一样，如果员工完成某个目标而受到奖励，他在今后就会更加努力地重复这种行为。这种做法叫行为强化。对测量、分析的成果不落实奖惩，意味着好的行为得不到强化，而坏的行为被放任就有可能被延续和重复。这就会导致优秀员工、核心员工的不满或离职。在平时的管理中，特别是奖励要及时，员工表现出色，要及时表扬，及时给予各种方式的嘉奖肯定；突出表现的要及时进行特别奖励。不能等到优秀员工提出辞职的时候，为了留住员工才谈加薪、晋升的事情。奖励要公开，要大张旗鼓地表彰先进，让大家学习，因为榜样的力量是无穷的。

现代管理理论和实践都指出，在员工激励中，正面的激励远大于负面的激励。越是素质较高的人员，淘汰激励对其产生的负面作用就越大。如果用双因素理论来说明这一问题可能更易让人理解。淘汰激励一般采用了单一考核指标，给员工造成工作不安定感，同时也很难让员工有总结经验教训的机会。同时还会使员工与上级主管之间的关系紧张，同事间关系复杂，员工很难有一个长期工作的打算。

第八节　本章小结

和合战略的研究模型，也是从《孙子兵法·始计篇》悟出来的。在《孙子兵法·始计篇》中，孙子提出了战争要“校之以计而索其情”：主孰有道？将孰有能？天地孰得？法令孰行？兵众孰强？士卒孰练？赏罚孰明？这“七计”给我们提供了一个战略研究的模型。

和合战略研究模型，可以归结为相同的七个方面，通过这七个方面的对比分析进行战略的研究。在战略策划阶段，一般我们需要策划两个及以上的战略方案。在战略研究阶段，就要对策划的战略方案进行对比分析。

主孰有道？比较的是企业主能否高瞻远瞩、胸怀全局？能否凝聚人心、建立共识？能否知人善任、赏罚分明？能否重德守法、令行禁止？能否促进学习、训练团队？能否有效配置、管理资源？

将孰有能？比较的是这些问题：管理团队的知识结构是否合理？能否

持续学习提高？管理团队的专业结构是否齐全配套？能否适应企业模式需要？管理团队的年龄结构是否有梯次？管理团队的气质结构是否协调？气质性格是否互补？能否形成整体合力？管理团队的智能结构是否有较高的层次？是否具有全局观念，善于应用知识？

天地孰得？比较的是这些问题：面对总体环境中的“政治、经济、社会、技术”等方面，企业的内部管理和文化与其是否相匹配？面对行业环境中的“新的竞争对手进入、替代品的威胁、买方议价能力、卖方议价能力以及现存竞争者之间”，企业的竞争策略与其是否匹配？面对竞争环境的机遇和威胁，企业内部资源和能力与其能否匹配？

法令孰行？比较的是：企业是否及时识别了适用的法律法规，建立并不断完善适用法律法规清单？企业是否对现行法律法规进行了符合性的判定？企业是否按强制要求建立了完善的制度体系？企业的制度体系是否能够满足其有效实施战略的要求？企业的制度是否能够得到有效执行，做到令行禁止？企业的制度是否根据执行情况以及内外部的发展变化及时更新改进？企业的制度是否根据企业的成长不断创新发展，适应新形势的需要？

兵众孰强？比较企业装备、资产实力，谁更强？比较企业人力资源谁更强？是否能够组建完美的团队？其团队成员的创新能力是否更强？比较哪家企业的口碑、声誉更好？品牌的知名度、认可度、美誉度、首选度，谁更强？比较哪家企业的融资能力、技术能力、组织能力、管理能力、采购能力、营销能力，谁更强？比较企业拥有的专利、版权、商标、资质和商业机密，谁更强？

士卒孰练？比较的是企业是否了解到学习和培训的重要性？是否能够识别员工的培训和学习需求以及其满足这些需求的能力？是否有效开展培训交流、组织学习？企业进行培训和学习的成效是否得到考核验证？

赏罚孰明？比较的是企业是否已经明确职能分配和岗位职责？是否有系统配套的奖惩制度？企业是否对策划、过程、结果进行测量和分析？企业测量、分析的成果是否按制度落实了奖惩？

主有道，对形成与战略主体的愿景、使命、宗旨相适应的方针、目标、重点，是至关重要的，这一点常常会被战略领导者所忽略，和合战略，把这一点作为重中之重来倡导。主有道是战略主体正确选择、辩证扬弃的核心灵魂，也是战略主体超越自我、创新发展的和合前提。

附 1

修道之法·和合推荐

著名国学大师王国维提出了做事业、学问的三个境界。他说："古今之成大事业、大学问者，必经过三种之境界：'昨夜西风凋碧树，独上高楼，望尽天涯路'，此第一境也；'衣带渐宽终不悔，为伊消得人憔悴'，此第二境也；'众里寻他千百度，蓦然回首，那人却在灯火阑珊处'，此第三境也。"

其实，这三种境界也是个人修道的三种境界。企业主如何修道，每个成功的企业家都会有自己的高招，本书所推荐的是一种"静修悟道"的方法，分为默思静修、锲而不舍、得道开悟三个层次：

"昨夜西风凋碧树，独上高楼，望尽天涯路"体现的其实是一种"默思静修"的意境。

古人为了修道，有的会归隐村野，有的会皈依佛门，有的会隐居深山，有的会面壁数年，都讲究耐得住寂寞孤独，在夜阑人静、万籁无声中，追求内心的平静安宁。只有内心平静了，才能清晰地思考。

"默思静修"需要静下心来"独上高楼"阅读经典，有些经典要反复看、经常看，不断温故知新。在读通经典的基础上，不仅要学习自己的专业知识，还要研读当代最新前沿研究成果，拓展自己的知识面，做到触类旁通、举一反三。

"默思静修"需要独立地默默思考"望尽天涯路"，不能被名利蒙住了眼。被名利蒙住双眼的人，看不清人生的意义。执着于名利的人，一生都会很累，志向终究会被磨平，也难以达到人生的最高境界。这种人总是会在荣与辱之间经历人生的大喜大悲。得到名利的时候就心情舒畅；失去名

利的时候则寝食难安。诸葛亮说："非淡泊无以明志，非宁静无以致远。"人过于纠缠于名利，他的心就静不下来，想要财运亨通是不切实际的。纵有一时之财，也难有人生快乐，最终还会千金散尽，撒手西去。

"默思静修"并不排除与人交流。企业主要成就大事业更要与高人交流，"常伴贤良品自高"，要借助他们的观念来拓展自己的思维，激发自己的创造力与想象力，使自己的思想无论是在深度还是在广度上都能再有一个很大的提升。曾国藩曾经说："一生之成败，皆关乎朋友之贤否，不可不慎也。"和那些优秀的人成为朋友，我们可以从他们那里吸取上进的动力、汲取知识的营养、学到优秀的品质。在我们需要的时候，这些朋友会给予我们莫大的帮助。"尺有所短，寸有所长"。古来成就大事者不一定就有超世之才，但必然是善纳雅言之人。"智者千虑，必有一失；愚者千虑，必有一得。"一个人的才智再高，总是会有所疏漏，只有集思广益，多听别人的意见才能作出缜密的判断。任何一件事情都有其多面性，我们不一定能很全面地考虑到所有的事情，这就需要我们倾听他人的意见。无论他人的意见是否合适，我们都要耐心地听下去，从更广的视野、更多的角度考虑问题总是有好处的。出身世家、英雄盖世的项羽最终兵败垓下，自刎乌江；而出身寒微、常常示弱的刘邦，却最终成就帝业，开创大汉天下。这其中的奥秘就是刘邦善纳雅言，而项羽刚愎自用。

"默思静修"，也并不一定要隐居和面壁。毛泽东在湖南一师读书时，当时的教学条件比较差，毛泽东抛开这些外界因素，坚持学习。他特意到最喧闹的地方去读书，每天故意让自己坐在闹市口看书。什么是闹市，也就是街上最热闹的地方，譬如说长沙成章街头的菜市场，他每天都坐在那看书，以培养自己看书的静心、恒心，锻炼自己的意志，使自己在学习时心绪不受外界干扰，在任何时间和场所都可以很好地学习。笔者喜欢在杭州的古运河边打太极拳、在西湖的林荫滨堤上漫步，在本书创作过程中，有许多问题都是在习练太极拳后散步或在西湖边、运河边漫步时想清楚的。

"衣带渐宽终不悔，为伊消得人憔悴"表达的是"锲而不舍"的追求。

清朝末年的中兴名臣曾国藩也许算不上天资聪颖的人，但是他并没有因此而灰心丧气，而是更加努力地去读书。有一天，一个小偷到曾国藩家里去偷东西，发现曾国藩在读书。于是小偷就想在房梁上等待曾国藩读完书睡觉之后再偷。但是，曾国藩把一篇文章来来回回读了很多遍都没有背下来。就这样，小偷等了两个时辰。他看到曾国藩还在读那一篇文章，实在忍不住了，就从房梁上跳了下来，当着曾国藩的面把刚才那篇文章从头到尾背了一遍，然后扬长而去。

显然，那个小偷的某些资质有可能比曾国藩要强，但是，那个小偷始终是小偷，一直名不见经传。而曾国藩凭借自己顽强的意志，通过自己的锲而不舍、坚持不懈的努力，终于出人头地，成为晚清时期的重臣之一。

荀子说："骐骥一跃，不能十步；驽马十驾，功在不舍。"长途赛跑靠的不是一时的爆发力，而是长久的耐力。只要我们能够锲而不舍地坚持下去，就一定能够达到希望的终点。长跑运动员不会以百米冲刺的速度来跑全程，做企业需要寿星而不是明星，明星往往会昙花一现，但大多难以持久。因此，锲而不舍很重要。

璞玉没有经过打磨之前只是一块石头，宝剑没有经过淬炼以前只是一块顽铁。没有经历过人生风雨的人，就像生长在温室的花朵，虽然娇艳无瑕，却都经不起风霜。困难虽然会是阻挡成功之路的绊脚石，却也可以成为助推成功的垫脚石。经历过重重苦难考验，仍然能锲而不舍、孜孜不倦努力争取的人，才能磨炼出顽强的意志，才能有勇气面对更大的困难，才能在成功之后，依然保持警惕，不至于让成功来得快，去得也快。

无论一个人的天资有多好，没有锲而不舍的坚持，永远都不可能获得最终的成功。

"众里寻他千百度，蓦然回首，那人却在灯火阑珊处"表现的是"得道开悟"的豁然。

随着学力、阅历的提升，坚持不懈、静心思考、持之以恒、慢慢积累，企业主总会有得道开悟的一天。一般情况下，只要能够坚持20天"静思悟道"，就会小有收获。如果能够长期坚持选择正确的方向，努力积累，一定能够达到连自己都不敢想象的高度。"得道开悟"需要"众里寻他千百度”的毅力，更需要“蓦然回首”的反省和反思。

在自我提升之后，就能静下心来进行自我总结、反思反省，对自己的成败得失进行阶段性和系统性审视，在此基础上不断自我完善。若是不知反省就不可能“得道开悟”。不知反省的人会自满自足，自以为是。这样的人是不可能再有提高的。只有不断反省，才能不断进步。反省实际上就是一个不断学习、持续改进的过程。反省能够使人们意识到自己的不足，从而努力改进、超越自我；反省也能使人们意识到自己不当，从而找到更好的做事方法。总之，在反省的过程中，人才能不断进步和完善。

得道开悟是不可能一蹴而就的，急不来，也就不能在来不及的时候再去临时抱佛脚。道的修炼要追求顿悟，更要有一种慢修的心境。即使是顿悟，也是靠慢慢修炼，而后突然开悟的。

笔者认识的许多企业主，应酬不断、事务不断、电话不断，日理万机、疲于救急、非常辛苦。根本静不下心来看书学习、修炼自我、深谋远虑。大多数情况下，往往捡了芝麻丢了西瓜。笔者在帮助这些企业主的时候，首先就是要求在企业内部明确岗位职责、提升员工素质、重整业务流程，让企业主在日常事务中脱开身来。同时，把自己阅读经典、自我修炼的心得与他们交流，一般在一两年左右时间，基本能够帮助他们脱困，绝大部分企业在日后都有非常好的发展。

浑浑噩噩地度过自己的一生是对上天赐予我们的生命的浪费。人的生命只有一次，既然不能重来，就让自己过得精彩。“静修悟道”的修道方法，追求一种慢慢修炼的心境。生命的长度总是有限的，慢慢修炼会使修道者拥有人生更广的宽度。静的重点是心要静，不要心慌烦躁；慢的重点是心不急，一切顺其自然。与自然和合，用心修道，成就自我。

| 第七章 |

战略评估模型

和合战略的评估模型，是从《孙子兵法·谋攻篇》悟出来的。在《孙子兵法·谋攻篇》中，孙子提出了知道战争能否取胜的评估办法。

故知胜者有五：
知可以战与不可以战者胜；
识众寡之用者胜；
上下同欲者胜；
以虞待不虞者胜；
将能而君不御者胜。
此五者，知胜之道也。

这“五知”给我们提供了一个战略评估的模型。

原典温习

故知胜有五：知可以战与不可以战者胜；识众寡之用者胜；上下同欲者胜；以虞待不虞者胜；将能而君不御者胜。此五者，知胜之道也。(《孙子兵法·谋攻篇》)

故曰：知彼知己，百战不殆；不知彼而知己，一胜一负；不知彼，不知己，每战必殆。(《孙子兵法·谋攻篇》)

原典解读

《谋攻篇》是取得完美胜利、贯穿“全胜”战略策划的重要著作。提出了“不战而屈人之兵”的最佳战略。运用智慧和谋略取胜是本篇的核心。如果一个统兵的将帅只会从军事战术的角度考虑问题，而不懂得从政治的、外交的、战略的角度思考问题，那就不是一个真正的英明的军事统帅。

孙子认为，兵家的战争目的在于以战止战，并非是争强斗狠的黩武行为。“不战而屈人之兵”，孙子既把它作为战略决策的最佳选择，也作为具体战役战术的最佳手段。孙子认为，在战争中，能够使敌人不战而降或者屈服投降，显然比击败战胜敌人要有利得多。因此，孙子提出了“谋攻之法”。孙子提出“谋攻”的前提是“知己知彼”以及对战事的预先“知胜”评估。

第一节　知可以战与不可以战

“知可以战与不可以战者胜”。在打仗之前我们要知道这个仗可不可以打，才能打胜仗。

孙子为了“知可以战与不可以战”，提出了“谋攻”的思想。在任何战争开始之前或进行当中，在任何竞争和对抗开始之前或进行当中，“谋”都是最重要的行动。孙子指出了“伐谋”“伐交”“伐兵”“攻城”的优劣：“故上兵伐谋，其次伐交，其次伐兵，其下攻城。”认为攻城最不可取：“攻城之法，为不得已。修橹轒辒，具器械，三月而后成，距堙，又三月而后已。将不胜其忿而蚁附之，杀士卒三分之一而城不拔者，此攻之灾也。”（《孙子兵法·谋攻篇》）

欲谋之必先知之！不掌握实情之“谋”是没有实际意义的，任何懒惰思想和碰运气的心理，不肯预先充分谋划、精心准备，上来就乱干一气，都可能导致不良的、非预期的后果。所以，孙子提出“谋攻”的前提是

“知己知彼”，这是关于兵家制胜的指导思想，从狭义范畴来理解，“知己知彼”是指对敌我双方情况的掌握；从广义方面理解，“知己知彼”包含的内容相当广泛，不仅有对敌我双方各种客观条件的了解，还有对战争的指导规律和各种作战原则的认识与理解；不仅揭示了对彼己情况的了解与战争胜负的关系，而且也指明了找出作战指导的规律，并按这些规律战胜敌人。

“知己”不仅要知“将”，还要知“君”。对于知“将”，孙子在《谋攻篇》中，提出“夫将者，国之辅也，辅周则国必强，辅隙则国必弱”的观点。对于知“君”，孙子特别提出国君不可做的事情：“故君之所以患于军者三：不知军之不可以进而谓之进，不知军之不可以退而谓之退，是谓縻军。”（《孙子兵法·谋攻篇》）同时提出国君没有自知情况下，牵制干预军队指挥，会导致严重后果：“不知三军之事而同三军之政者，则军士惑矣。不知三军之权而同三军之任，则军士疑矣。三军既惑且疑，则诸侯之难至矣。是谓乱军引胜。”（《孙子兵法·谋攻篇》）

古时候，“知彼”是谋天下者必做的功课，他们必然会审慎地揣度把握各诸侯国的具体情形及其发展趋势。如果不能周密切实地审时度势，权衡利害，就不会知道诸侯国的强弱情况。如果不能周密地揣度形势，便不知道诸侯国隐蔽的情况及变化趋势。因此，“知彼”对战争的胜负同样有着重要作用。

※ 古为今用·古今和合 ※

著名的《隆中对》就是经典的例子。《隆中对》原名《草庐对》，是中国东汉末年诸葛亮与刘备初次会面的谈话内容。

207 年冬至 208 年春，当时驻军新野的刘备在徐庶的建议下，三次到隆中（今南阳卧龙岗或襄阳古隆中）拜访诸葛亮。前两次都没见到诸葛亮，第三次终于得见。诸葛亮被刘备“三顾茅庐”的诚心所感动，也就推心置腹地跟刘备谈了自己的主张：

自董卓以来，豪杰并起，跨州连郡者不可胜数。曹操比于袁绍，则名微而众寡，然操遂能克绍，以弱为强者，非惟天时，抑亦人谋也。今操已拥百万之众，挟天子而令诸侯，此诚不可与争锋。孙权据有江东，已历三世，国险而民附，贤能为之用，此可以为援而不可图也。荆州北据汉、沔，利尽南海，东连吴会，西通巴、蜀，此用武之国，而其主不能守，此殆天所以资将军，将军岂有意乎？益州险塞，沃野千里，天府之土，高祖因之以成帝业。刘璋暗弱，张鲁在北，民殷国富而不知存恤，智能之士思得明君。将军既帝室之胄，信义著于四海，总揽英雄，思贤如渴，若跨有荆、益，保其岩阻，西和诸戎，南抚夷越，外结好孙权，内修政理；天下有变，则命一上将将荆州之军以向宛、洛，将军身率益州之众出于秦川，百姓孰敢不箪食壶浆以迎将军者乎？诚如是，则霸业可成，汉室可兴矣。

《隆中对》中，诸葛亮为刘备分析了天下形势，提出先取荆州为家，再取益州成鼎足之势，继而图取中原的战略构想。

时年27岁的诸葛亮，“高卧隆中”“躬耕陇亩”已有十年。他在见刘备之前，过的并非是与世隔绝的世外桃源生活。在隆中，出身名门氏族、少时就才华横溢、超群出众的诸葛亮认真研读史籍，总结历代兴亡的经验教训；密切注意当时的政治形势，冷静地观察与分析各个政治集团实力的消长和斗争的成败。并且经常与当地及因避战祸而流亡到荆州的名士司马徽、徐庶、石广元、孟公威等人纵论时局变幻，交换政见，畅谈未来。

诸葛亮最佩服春秋时期齐国的名相管仲和战国时期燕国的名将乐毅，并“每自比于管仲、乐毅”，立志要像管仲、乐毅那样，干一番有益于天下统一的事业。为此，诸葛亮高卧隆中，静观天下风云变幻，等待时机，期遇明主，以实现自己的政治理想和宏伟抱负。

“隆中对”之后，诸葛亮出山成为刘备的军师，刘备集团之后的种种攻略皆基于此。

诸葛亮能够作出“隆中对”之谋，并引导刘备集团三分天下，是先知后谋的结果。

※ 古为今用·古今和合 ※

鬼谷子·揣篇

古之善用天下者，必量天下之权而揣诸侯之情。量权不审，不知强弱轻重之称；揣情不审，不知隐匿变化之动静。

何谓量权?

曰：度于大小，谋于众寡。称货财有无之数？料人民多少，饶乏、有余、不足几何？辨地形之险易，孰利孰害？谋虑，孰长孰短？揆群臣之亲疏，孰贤孰不肖？与宾客之智慧，孰少孰多？观天时之祸福，孰吉孰凶？诸侯之亲，孰用孰不用？百姓之心，去就变化，孰安孰危？孰好孰憎？反侧孰辩？能知此者，是谓量权。

揣情者，必以其甚喜之时，往而极其欲也，其有欲也，不能隐其情；必以其甚惧之时，往而极其恶也，其有恶也，不能隐其情：情欲必知其变。感动而不知其变者，乃且错其人勿与语，而更问所亲，知其所安。夫情变于内者，形见于外；故常必以其见者，而知其隐者。此所谓测深揣情。

故计国事者，则当审量权；说人主，则当审揣情。谋虑情欲必出于此。乃可贵、乃可贱、乃可重、乃可轻、乃可利、乃可害、乃可成、乃可败，其数一也。故虽有先王之道、圣智之谋，非揣情，隐匿无所索之。此谋之本也，而说之法也。常有事于人，人莫能先。先事而至，此最难为。故曰“揣情最难守司”。言必时其谋虑，故观蜎飞蠕动，无不有利害，可以生事变。生事看，几之势也。此揣情饰言成文章，而后论之。

鬼谷子·摩篇

摩者，揣之术也。内符者，揣之主也。用之有道，其道必隐。微摩之以其索欲，测而探之，内符必应；其索应也，必有为之。故微而去之，是谓塞窌、匿端、隐貌、逃情，而人不知，故能成其事而无患。

摩之在此，符之在彼，从而用之，事无不可。古之善摩者，如操钩而临深渊，饵而投之，必得鱼焉。故曰：主事日成，而人不知；主兵日胜，而人不畏也。圣人谋之于阴，故曰神；成之于阳，故曰明。所谓主事日成者，积德也，而民安之，不知其所以利；积善也，而民道之，不知其所以然。而天下比之神明也。主兵日胜者，常战于不争不费，而民不知所以服，不知所以畏，而天下比之神明。

其摩者，有以平，有以正；有以喜，有以怒；有以名，有以行；有以廉，有以信；有以利，有以卑。平者，静也。正者，直也。喜者，悦也。怒者，动也。名者，发也。行者，成也。廉者，洁也。信者，期也。利者，求也。卑者，谄也。故圣人所以独用者，众人皆有之；然无成功者，其用之非也。

故谋莫难于周密，说莫难于悉听，事莫难于必成；此三者唯圣人然后能任之。

故谋必欲周密，必择其所与通者说也，故曰：或结而无隙也。夫事成必合于数，故曰：道、数与时相偶者也。说者听，必合于情，故曰：情合者听。故物归类；抱薪趋火，燥者先燃；平地注水，湿者先濡；此物类相应，于事誓犹是也。此言内符之应外摩也如是，故曰：摩之以其类，焉有不相应者？乃摩之以其欲，焉有不听者？故曰：独行之道。夫几者不晚，成而不拘，久而化成。

在掌握情报和收集信息的基础上，了解辨明实情并加以分析利用，鬼谷子的揣摩之术值得借鉴。用和合思想理念，“知彼”就要做好信息收集工作：

在国力方面，地大与小，财多与少，货有与无，人众与寡，兵强与弱，都必须审慎地了解清楚。

在地理方面，山川地貌的险要与平易，哪处于己有利，哪处于己有害，都要研究清楚。

在君臣方面，哪些人贤德，哪些人不正派；哪个足智多谋，哪个是平庸之才，都要考察清楚。

在诸侯方面，谁是可以效力的，谁是不能效力的，都要分辨清楚。

在人心方面，老百姓的心理变化趋向，哪种是平安的，哪种是具有危险的，什么是老百姓喜好的，什么是老百姓厌恶的，都要审察清楚。

在计策方面，哪个是长久之计，哪个是权宜之计，都要判断清楚。

那么，处在知识经济时代的现代企业，怎么样能够“知可以战与不可以战”呢？这同样要求我们在“知己知彼”的基础上有战略预见，用和合思想理念认真对待全局性、整体性、方向性的重大问题，在做事前要充分了解和掌握数据和信息，论证外部环境和现实条件，广泛借鉴请教别人成功的经验，不断总结自己以往的经验教训，为我们做好战略研究奠定良好基础。战略研究、战略策划必须立足自身整体、树立全局观念、把握未来方向，在“知己知彼”的基础上，从大处着眼，在小处着手。

回顾人类发展史，我们知道，当人类虽然有知识，但知识还相当贫乏，贫乏到需要大部分的劳动力从事农业来解决人类的温饱问题的时候，这个时代我们称之为农业经济时代，人们主要靠天吃饭。这个时候的“知己知彼”，重点在于“知天、知地、知人”。

随着科学技术的发展，当人类把大部分的劳动力转向工业来解决人类的衣食住行用等问题时，我们进入了工业经济时代，人们靠技术来谋求生存和发展。这个时候的“知己知彼”，技术成为另一个重点。

种植和养殖技术革命推动人类进入农业经济时代，蒸汽机和电气技术革命推动人类进入工业经济时代。

随着科学技术的进一步发展，当人类又把大部分的劳动力转向以知识为中心的服务产业，也就是只需要少部分的劳动力就足可以生产出人类所需要的工业和农业等物质产品的时候，人类便进入了知识经济时代。知识经济是工业经济高度发达时代的产物。信息技术革命推动人类进入知识经济时代。新的信息革命——数字化、网络化、信息化——为人类信息共享，高效率地产生新的知识，或者说提高知识生产率，提供了坚实的技术条件，并最终推动人类社会进入知识经济时代。

在知识经济时代，数据和信息已成为人类社会最重要的资源。和过去用兵打仗、谋划战略一样，在知识经济时代，“知可以战与不可以战”更加需要不断学习知识、学问、学识，只有比别人学得更快、更多，做到“知己知彼”，你才能做到“知可以战与不可以战”，才会有战略竞争优势；数据和信息，你知道、晓得、明了的越多，你越有战略主动优势。

“知己知彼”是对内整理总结历史数据和经验教训；对外是要面向总体环境、行业环境、竞争环境，了解外部环境基本情况，也要了解国家政策、法律法规、标准规范，还要了解发展趋势。企业做战略研究、战略策划，不立足于自身实际，总结在以往的发展中本身的成功失败、得失利弊；不了解现有对手、潜在对手、准备进入这个行业的对手情况；不知道行业发展趋势，不知道未来世界在政治、经济、社会、技术发展当中一些基本趋势是什么，以及不知道在这个趋势中自身有什么有利条件，有什么不利条件，存在着怎样的机遇和挑战；不掌握供应商和客户的讨价还价能力及自身所处的地位等，那么，就谈不上战略研究、战略策划。

由于战略总是面向未来的，未来存在着不确定性，所以，在面向未来的“知可以战与不可以战”研究思维过程中，鉴于时间维度的特点，预见就是一个特殊的难点，需要有一个基本思路和方法。战略预见是战略思维的基本特征，没有战略预见，战略的研究、战略的策划是没有办法进行的，战略预见有其特殊的重要性。

我们之所以能够作出预见，是因为我们通过对事物发展中某种规律性、确定性的把握。马克思主义哲学告诉我们：世界是物质的，物质是运动的，运动是有规律的，这个规律是可以被我们认识和掌握的。因为事物的运动变化是确定性与不确定性、稳定性与不稳定性的统一，在一般的意义上，战略预见的基本思路是在预见的领域寻求尽可能多的确定性，来找到一些确定点，通过把握这些确定性对有关事态的变化趋势的规律作出预见，这是我们的基本思路。

因为对确定性不同的分类和评价，所以形成了战略预见的不同方法。这些方法，实际上是对确定性进行不同的分类，形成了不同的方法，这些方法有概率方法，也有我们在经济活动的分析中常用的均衡分析法、数学模型分析法等。

由于战略预见是战略思维的重要方面，也是当代战略环境的特别要求，特别是战略预见对危机预防具有特殊意义。所以战略预见，在战略规划、战略谋划、危机预防中都有它的特殊重要性。

在知识经济时代，获取有效的数据和信息，成为战略主体的一大挑战。智能分析利用数据和信息，成为战略主体的重中之重。通过数据和信息的有效获取和智能分析，成为战略主体用和合思想理念进行战略预见并判定“知可以战与不可以战”的前提依据。

企业的战略评估，其基本前提要求是评估其能否“知己知彼”，并在此基础上推导出“可以战与不可以战”。不能“知己知彼”，其战略方针、战略目标、战略重点就会顾此失彼、有失偏颇，也即不能确定完善“战”的方针、目标和重点。战略阶段、战略对策也就失去意义。

※ 洋为中用·中外和合 ※

我们要做到“知己知彼”“知可以战不可以战”，用和合思想理念，要与现代企业管理工具方法相和合。可以借助三个经典的工具方法，分析内外部环境的可以用 SWOT 分析；分析行业环境可以用波特五力模型（见本书第五章）；分析总体环境可以用 PEST 分析。

SWOT 分析

SWOT 分析实际上是对企业内外部条件各方面内容进行综合和概括，进而分析组织的优劣势、面临的机会和威胁的一种方法。

SWOT 分析有四种不同类型的组合：优势—机会（SO）组合、弱点—机会（WO）组合、优势—威胁（ST）组合和弱点—威胁（WT）组合。

优势—机会（SO）战略是一种发展企业内部优势与利用外部机会的战略，是一种理想的战略模式。当企业具有特定方面的优势，而外部环境又为发挥这种优势提供有利机会时，可以采取该战略。

弱点—机会（WO）战略是利用外部机会来弥补内部弱点，使企业改劣势而获取优势的战略。存在外部机会，但由于企业存在一些内部弱点而妨碍其利用机会，可以采取措施先克服这些弱点。通过克服这些弱点，企业可能进一步利用各种外部机会，取得优势，最终赢得竞争优势。

优势—威胁（ST）战略是指企业利用自身优势，回避或减轻外部威胁所造成的影响。

弱点—威胁（WT）战略是一种旨在减少内部弱点，回避外部环境威胁的防御性技术。当企业存在内忧外患时，往往面临生存危机，降低成本也许成为改变劣势的主要措施。当企业成本状况恶化，原材料供应不足，生产能力不够，无法实现规模效益，且设备老化，使企业在成本方面难以有大作为，这时将迫使企业采取目标聚集战略或差异化战略，以回避成本方面的劣势，并回避成本原因带来的威胁。

（好搜百科）

在应用SWOT分析时，要注意的是，在分析清楚内部优势、劣势，外部机会、威胁之后，企业可以根据分析结果，采取其原创的四种不同类型的组合，制定企业战略。但根据和合理念，可以在分析清楚自身的劣势之后，采取有效措施，转变劣势，从而争取战略机会；也可以进一步通过寻找新的资源来创造企业所需要的优势，从而达到过去无法达成的战略目标。

【认识大师】

海因茨·韦里克（Heinz Weihrich），SWOT矩阵的创始人，美国旧金山大学国际管理和行为科学教授。SWOT分析，该方法现在被广泛应用于战略制定领域。韦里克教授在加利福尼亚州大学洛杉矶分校（UCLA）获得博士学位，并荣获秘鲁利马的圣玛丁·珀利斯大学名誉博士学位，同时还曾在美国伯克利大学和哈佛商学院做访问学者。他的研究方向包括管理学、国际企业管理和行为科学。他目前的研究领域包括如何提高企业和国家的全球竞争力。

PEST分析法

PEST是一种企业所处宏观环境的分析模型，分析企业面临的背景状况。是分析战略的外部环境的基本工具。要求从总体上把握宏观环境，并评价这些因素对企业战略策划的影响。这是对基本面分析的常用均衡方法。

所谓PEST，即Political（政治）、Economic（经济）、Social（社会）和Technological（技术）。这些是企业的外部总体环境，一般不受企业掌握，这些因素也被戏称为“Pest（有害物）”。

【认识大师】

“PEST”最初是被称为“ETPS”。在《扫描商业环境》（Scanning the Business Environment）这本书中，作者弗朗西斯·阿圭拉尔（Francis Aguilar）描述“ETPS”这个称呼是他对于四种企业环境因素（经济、科技、政治、社会）的一种记忆法。这本书发行之后，人寿保险协会的阿诺德·布朗（Arnold Brown）还曾将之称为“STEP”。

下表是一个典型的PEST分析的重点内容。（MBA智库百科）

政治（包括法律）	经济	社会（包括文化）	技术
环保制度	经济增长	收入分布	政府研究开支
合同执行法 消费者保护法	利率与货币政策	人口统计、人口增长率与年龄分布	产业技术关注
国际贸易章程与限制	政府开支	劳动力与社会流动性	新型发明与技术发展
税收政策	失业政策	生活方式变革	技术转让率
雇用法律	征税	职业与休闲态度 企业家精神	技术更新速度与生命周期
政府组织 / 态度	汇率	教育	能源利用与成本
竞争规则	通货膨胀率	潮流与风尚	信息技术变革
政治稳定性	商业周期的所处阶段	健康意识、社会福利及安全感	互联网的变革
安全规定	消费者信心	生活条件	移动技术变革

第二节　识众寡之用

“识众寡之用者胜”。懂得兵多兵少不同用法的，能取胜。孙子关于“识众寡之用”“以众击寡”的指挥原则和转化敌我兵力对比态势的指挥艺术，揭示了战争中兵力运用的基本规律。古代兵战适用，现代战争依然适用。

孙子提出了怎样根据兵力多少和强弱来“谋攻”：“故用兵之法，十则围之，五则攻之，倍则分之，敌则能战之，少则能逃之，不若则能避之。故小敌之坚，大敌之擒也。”孙子认为，指挥作战必须根据军力的强弱以及与敌人兵力的对比情况，正确使用。有优势兵力就可以采取进攻战；兵力相当就应该首先设法使敌人兵力分散，而后各个击破；兵力小于敌人应采取防御或避免与敌人交战。组织进攻作战要有绝对优势兵力，做到“以镒称铢”；反对不自量力，“以少击众”“以弱击强”。在用兵作战之时，孙子主张在优势的情况下与敌人交战，要努力利用和造成优势兵力去打击敌人，反对在劣势情况下与敌人硬拼，这是十分正确的。孙子指出，百战百胜，不算是最好的用兵策略，只有在攻战之前，先让敌人的军事能力（包括指挥能力和作战能力）严重短缺，根本无力抵抗，才算是高明中最高明的。很显然，不战而屈人之兵，是战争的最高境界。

※ 古为今用·古今和合 ※

巨鹿之战

巨鹿之战，是秦末大起义中，项羽率领数万楚军（后期各诸侯义军也参战），同秦名将章邯、王离所率四十万秦军主力在巨鹿（今河北平乡县）进行的一场重大决战性战役，也是中国历史上著名的以少胜多的战役之一。项羽破釜沉舟，以大无畏精神在各诸侯军畏缩不进时率先猛攻秦军，带动诸侯义军一起最终全歼王离军，并于数月后迫使另二十万章邯秦军投降。从此项羽确立了在各路义军中的领导地位。经此一战，秦朝主力尽丧，名存实亡。

官渡之战

官渡之战，是东汉末年“三大战役”之一，也是中国历史上著名的以弱胜强的战役之一。东汉献帝建安五年（200年），曹操军与袁绍军相持于官渡（今河南中牟东北），在此展开战略决战。曹操奇袭袁军在乌巢的粮仓（今河南封丘西），继而击溃袁军主力。此战奠定了曹操统一中国北方的基础。

赤壁之战

赤壁之战，是指东汉末年，孙权、刘备联军于建安十三年（208年）在长江赤壁（今湖北省赤壁市西北）一带大破曹操大军，奠定三国鼎立基础的以少胜多，以弱胜强的著名战役。这是中国历史上以少胜多的著名战役之一，也是三国时期“三大战役”中最为著名的一场。它也是中国历史上第一次在长江流域进行的大规模江河作战，标志着中国军事政治中心不再限于黄河流域。孙刘联军最后以火攻大破曹军，曹操北归，孙、刘各自夺去荆州的一部分。

淝水之战

淝水之战，发生于公元383年，是东晋时期北方的统一政权前秦向南方东晋发起的侵略吞并的一系列战役中的决定性战役，前秦出兵伐晋，于淝水（现今安徽省寿县的东南方）交战，最终东晋仅以8万军力大胜80余万前秦军。拥有绝对优势的前秦败给了东晋，国家也因此衰败灭亡，北方各民族纷纷脱离了前秦的统治，分裂为后秦和后燕为主的几个政权。而东晋则趁此北伐，把边界线推进到了黄河，并且此后数十年间东晋再无外族侵略。

萨尔浒战役

萨尔浒战役是1619年（明万历四十七年，后金天命四年）二三月间，在明朝与后金的战争中，努尔哈赤在萨尔浒（今辽宁抚顺东大伙房水库附近），以及萨尔浒附近地区大败明军四路进攻的反击战，是明朝与后金辽东战争中的战略决战。

萨尔浒之战以明朝攻围后金，后金防卫反击的形式发生，在这次战役中，后金军在作战指挥上运用集中兵力、各个击破的方针，5天之内连破三路明军，歼灭明军约5万人，缴获大量军用物资，此战役以明军大败而告终。此战役是明清战争史上一个重要的转折点，是明清兴亡史上一次具有决定性意义的战争，是以少胜多的典型战例。

上述五个战役，是我国历史上经典的以少胜多的战例。

巨鹿之战项羽能胜，胜在破釜沉舟的决心和不畏强敌的勇气，少了这

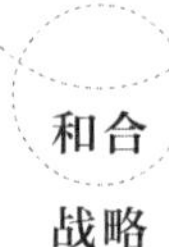

两样，不能获胜。

官渡之战曹操能胜，胜在奇袭粮仓、瓦解敌阵在先，否则，击溃袁军不易。

赤壁之战孙权、刘备联军能胜，胜在坚守长江天险，等待良机得以火烧赤壁并一举击垮曹军，不然，胜负难料。

淝水之战前秦战败，败在苻坚轻敌在先、草木皆兵在后，以致东晋获胜。

萨尔浒之战明军战败，败在兵分多路，不能协调并进，以致被努尔哈赤利用，各个击破。

打仗兵少也能打胜，但一定要搞清楚，在打仗时兵多兵少，打法是不一样的。任何一个国家、地区、部门、组织、单位的资源也总是有限的。有限的资源也同样能使我们获得成功。有限的资源不应该成为我们不完成任务、不取得结果的借口。

在资源有限的情况下，我们更要用和合思想理念认真做好战略策划。在资源有限的情况下，更要求我们做事要用和合思想理念分清轻重缓急，不能眉毛胡子一把抓。更要根据资源多少的实际情况，用和合思想理念来研究策划具体的战略。要学会用十个手指弹钢琴，手指只有十个，但要弹出美妙的音乐，就要经过长期艰苦的专业训练，协调好十个手指。这也就是我们强调要“用专业的心做专业的事”的道理。资源尽管有限，但我们可以不断培养我们的专业能力，用心去做好我们手头的每一份工作，把有限的资源用和合思想理念充分利用起来，采用和合的方法去完成任务取得结果，而不是把精力放在为失败找借口上。

企业战略评估，要评估其能否对资源“识众寡之用”，这是“知己知彼”基础上的理性结果。“识众寡之用”是评估其战略方针、战略目标、战略重点的重要依据，也是战略阶段划分、战略对策制定的前提依据。

第三节　上下同欲

“上下同欲者胜”。全军上下一心的，能取胜。

在打仗时，官兵心不齐，是要打败仗的。毛主席说过：“步调一致才能得胜利”。心不齐，就会有内耗，就不可能步调一致。心往一处想、劲往一处使，才能形成合力，才能不断向我们预期的目标进步。

人心齐，泰山移，团结一致才能得胜利！

※ 洋为中用·中外和合 ※

城堡里受诅咒的小矮人

相传，在古希腊时期的塞浦路斯，一座与世隔绝的城堡里关着受到诅咒的7个小矮人。他们住在一间潮湿的地下室里，找不到任何人帮助，没有粮食，没有水。时间一天一天过去，这7个小矮人越来越绝望。

小矮人中，阿基米德是第一个受到守护神雅典娜托梦的。雅典娜告诉他，在这个城堡里，除了他们住的那间房间外，其他的25个房间里，一个房间里有一些蜂蜜和水，够他们维持一段时间，而在另外的24个房间里有石头、火种和木材，其中有240块玫瑰红的灵石，收集到这240块灵石，并把它们排成一个圈的形状，可怕的咒语就会解除，他们就能逃离厄运，重归自己的家园。

天一亮，阿基米德迫不及待地把这个梦告诉了6个伙伴。其他4个人都不愿意相信，只有爱丽丝和苏格拉底愿意和他一起努力。开始的几天里，爱丽丝想先去找些木材生火，这样既能取暖又能让房间里有些光线。苏格拉底想先去找那个有食物的房间；阿基米德想快点把

240块灵石找齐，好快点让咒语解除，3个人无法统一意见，于是决定各找各的，但几天下来，3个人都没有成果。反而耗得筋疲力尽，更让其他的4个人取笑不已。

但是3个人没有放弃，失败让他们意识到应该团结起来。他们决定，先找火种，再找吃的，最后大家一起找灵石。这是个灵验的方法，3个人很快在左边第二个房间里找到了大量的蜂蜜和水。他们狼吞虎咽了一番，然后带了许多分给特洛伊、安吉拉、亚里士多德和梅里莎。温饱的希望改变了其他4个人的想法。他们后悔自己开始时的愚蠢，并主动要求和阿基米德他们一起寻找灵石，解除那可恨的咒语。

最后，在7个小矮人的共同努力下，他们终于找齐了玫瑰红的灵石，排成了圈，解除了魔咒。

这个故事告诉我们：共同的愿景是团队组建的基础；统一的认识是团队协作的基础；一致的目标是团队成功的基础。有了共同的愿景、统一的认识、一致的目标，才能做到“上下同欲”，这是成功的关键。

※ 古为今用·古今和合 ※

要做到“上下同欲”，其高层领导者是关键，“兵熊熊一个，将熊熊一窝”。高层领导，特别是最高决策者，要通过修道，“令民与上同意也”。高层领导者在组织中起主导作用，应该有目标、有主见、有担当，努力争取获得认同、拥护和支持。这就要求高层领导者要具备战略的眼光，以前瞻性的视野、敏锐的洞察力，确立组织的使命、愿景和价值观。在数据和信息分析的基础上，进行有效的决策，确立组织统一的宗旨及方向。

要做到“上下同欲”，领导者就要有“爱民”思想。“视卒如婴儿，故可与之赴深溪；视卒如爱子，故可与之俱死。”（《孙子兵法·地形篇》），把激发和调动员工的主动性、积极性作为管理活动的中心，树立正确的用人观念，制定灵活的用人制度，创造良好的用人环境，以战略统领管理活动。

要做到“上下同欲”，领导者就要有倡导改革创新的热情、驾驭变化发展的能力和容忍失败过错的胸怀，使员工不怕多做事多出错，通过鼓励员工把个人目标与企业目标相结合，让那些富有活力和朝气、认同公司价值观念和企业文化的优秀员工挑起大梁。努力创造和保持使员工能充分参与实现企业目标的内部环境。

要做到“上下同欲”，应该注意的是，“令民与上同意”不是放弃原则，不是领导者要一味去迎合讨好被领导者的诉求，“厚而不能使，爱而不能令，乱而不能治，譬若骄子，不可用也”，这是要避免的。

要做到“上下同欲”，领导者就要“与众相得”，做到与被领导者同甘共苦、患难与共。所谓“与众相得”，指的是上下之间关系和谐融洽。作为领导，一定要了解部属，充分考虑、尊重部属的利益和诉求，知道他们的所思所想，比如喜欢什么、讨厌什么，有什么困难、有什么烦恼。如果领导者政治黑暗，被领导者就会貌合神离、离心离德，就会造成关系紧张、矛盾尖锐，那么就谈不上“上下同欲”，这个组织必然涣散软弱，战斗力低下，无法完成任务，最终走上失败的末路。

要做到“上下同欲”，就要做到纪律严明、赏罚分明，“令之以文，齐之以武”，确保在思想上统一认识、在行动上步调一致。俗话说：众人拾柴火焰高。要使“火焰高”，必须齐心协力去“众人拾柴”。一个团队，需要制度来规范，纪律来约束。不怕虎生两翼，就怕人起二心。如果在一个纪律涣散、人心浮动、人人自行其是，甚至搞“窝里斗”的组织里，是没有生机与活力可言的，又何谈取胜成功？只有懂得遵守规则、团结协作的人，才能明白制度、纪律对自己、对别人、对整个团队的意义，才会把团结协作当成自己的一份责任，为了共同的目标去争取胜利。

要做到“上下同欲”，企业就要成为学习型组织，通过共同的学习，用和合思想理念实现“上下同欲”的理想状态。同时坚持学习与实践相结合、培养与使用相结合，促进员工在实践中不断增长知识、提升能力。

企业的绩效来源于过程、体现于结果，企业要通过“上下同欲”的过程管理，不断提高效率和效益，追求卓越的结果。“上下同欲”的过程管理，要求企业用和合思想理念通过品牌战略和企业文化建设，让领导层关注领导艺术，让管理层提升管理水平。增强员工的忠诚度、责任心、主动性、荣誉感和凝聚力，使全体员工心往一处想、劲往一处使，努力形成工作合力和提高工作效率。通过企业文化建设，用和合思想理念为公司持续发展提供精神支柱。企业管理工作用和合思想理念在总体上要求：员工用心做事，团队精神强烈；管理专业正规，学习风气浓厚；顾客利益至上，环境反应敏感；运作模式简洁，办事讲求效率。要通过企业文化建设，用和合思想理念达成企业管理的“上下同欲”和持续改进。

用和合思想理念，对于公司员工来说，要提倡公司全员恪守员工信条，群策群力充分参与企业的管理，爱岗敬业长期奉献自己的才智。对自己、对岗位、对工作、对公司、对社会提倡高度的责任感和事业心，发挥主人翁意识，杜绝打工者心态，主动参与各项管理工作的进程。员工要以创业的精神、创业的作风、创业的心态融入公司的事业中，愿为企业发展牺牲眼前利益，努力奉献自己的才干为企业增效益。在工作中要强调精细管理、持续改进，员工要敢于承认错误、勇于批评自己、善于发现不足、不断超越自我，努力提高职业水准和工作水平。

“上下同欲”是团队协作的关键。企业战略评估，要评估其能否做到“上下同欲”。战略方针、战略目标、战略重点的选择、制定和颁布，战略阶段划分、战略对策制定，最高决策者都要通过修道“与众相得”“令民与上同意也”，让大家心往一处想、劲往一处使，这是评估其战略能否成功实施的依据。

第四节　以虞待不虞

“以虞待不虞者胜”。本句中的“虞”就是预料、计算、考虑。在《国语·晋语》中注云“备也”，指准备。可以理解为所考虑的问题已经准备好了。要打胜仗不经过缜密的计算、考虑和策划是做不到的。“以虞待不虞”要求我们在事先要有计划，以有备之师待无备之师，更能帮助我们取胜。

※ 古为今用·古今和合 ※

现代管理也强调工作的计划性，计划是指根据对组织外部环境与内部条件的分析，提出在未来一定时期内要达到的组织目标以及实现目标的方案途径。ISO9000 质量管理体系标准强调策划的重要，科学的管理程序 PDCA 循环也强调计划的重要。事情做到哪就算哪里，要凭“额头亮”“运气好”就取得好结果，那往往是不能如你所愿的。如果计划不周，或根本没计划，是达不到预期目的的，有时会遭遇灾难性的后果。中华人民共和国开国总理周恩来说过：“计划造成的损失是最大的损失”。说的也是这个道理。

管理者的一个根本任务是为下属制定合理的目标，帮助下属找到完成目标的办法，对下属完成的结果进行监控并根据情况作出必要调整。要做到这些，管理者必须培养自己做计划的能力以及根据计划执行情况修正计划的能力。

做完全正确的计划是一件不可能的事情，即使我们认真做了计划，但现实大多数情况下也会告诉我们，我们的计划总会是存在缺陷的。因为只有掌握了全部所有的信息才能把计划做正确。但未来最大的特点恰恰是其不确定性，不完全可控。

即使这样，管理者仍需主动做计划，而不是被动地等待或听天由命。计划的重要性在于它是一个备战和推演未来的过程，为未来可能发生的事情做准备。西方的管理者常说，Plan is nothing，planning is everything（计划什么也不是，计划过程什么都是）。只有我们认真做计划了，我们才会打有准备之仗，我们才会打胜仗。

企业战略评估，就要评估其“计划”的充分性、合理性、逻辑性，计划策划的过程也是企业战略理性准备与推演的过程。战略方针、战略目标、战略重点、战略阶段、战略对策，都需要在“虞”的基础上做好策划准备。

做计划能让我们为未来战略方针、战略目标、战略重点、战略阶段、战略对策的实施做准备；做计划能让我们充分利用手中的资源，及时安排和补充落实战略所需要的资源；做计划能让跨部门的战略合作更容易进行。不做计划，我们无法为战略的分阶段实施做好安排，也无法知道我们达不成目标的原因。

那么，我们如何才能做好计划？笔者建议用和合思想理念做到以下7点：

（1）不要害怕计划错误。计划肯定不是现实，但计划却是实现目标的路线图，有计划永远比没计划好。

（2）从远到近，从粗到细做计划。从计划远期的大目标和所需资源，到计划近期的保证实现目标的所有具体行动。从3年到1年计划，再从1年到1个月。

（3）关注计划的两个关键点：一个是计划的逻辑性，一个是计划中的行动。没有行动的计划是没有意义的计划，没有逻辑的计划是愚蠢的计划。计划的过程就是管理者梳理自己管理逻辑与行动的过程。

（4）离现在越远，改变行动带来的效果体现就越大。所以计划不应该平分年度目标，而是要先紧后松（季节因素的影响除外）。

（5）不断（例如每月，甚至每周）根据具体情况对计划中的行动作出调整，并根据调整对未来预测，再根据预测重新推敲当前行动，这是做计划的本质。正因为计划不可能预料全部情况，计划的过程就是学习和改进的过程，是根据计划实施过程中实际发生的情况持续作调整的过程。

（6）在正常的计划外，还要有创新计划。正常的计划只能带来正常的结果，有时甚至带不来你想要的结果。只有尽早地实验一些创新的做法，才有可能保持目标的实现。

（7）不做计划的奴隶。任何计划都有其局限性，都是根据当前所知的情况作出的最好选择。如果以前计划中的行动被证明没有效果，就勇敢地放弃。如果有新的机会和可能性，千万不要因为不在原来计划中而忽略。

第五节　将能而君不御

“将能而君不御者胜”。孙子认为，将帅有才干而君主不随意干预的，能取胜。“将能而君不御”涉及选将、用将以及领导“御将”的工作方法。领导只有选对了带兵的将领而用不着去驾驭制约将领，才能打胜仗。

企业的战略评估，要评估其“选将用将”及“御将之道”，这是其战略实施的决定因素和成功保证。

※ 古为今用 · 古今和合 ※

领导在整个团队中应主要发挥计划、组织、指挥、协调、控制的作用，使每一个成员都人尽其才，使整个团队的配置最佳化，这才是成功领导者的最大魅力，体现了领导的艺术。一个人的精力是有限的，我们应该相信一个领导无论多强，下属总有地方比你强。领导者在选将时就要用和合思想理念选“能将”，在“用将”时要让结果说话。我们要培育有责任心去追求结果的员工担任各级领导。这样，才能立于不败之地，在机遇与风险的纵横选择中，得到生存与发展。

知人善任是选拔使用人才的最重要的标尺。唐太宗早就提出过用人的法门：“君子用人如器，各取所长。”这句话意思很明确，就是要用人所长。世上的人都不可能是全才，同样也不可能完全没有用处，我们必须善于找到各自的优势，取其长处为己所用。马善长跑而骡子善驮重物，我们不能反过来让马驮重物而让骡子长途奔跑。

“尺有所短，寸有所长”，不能把人才当作是万能的，认为人才什么事情都能做。根据才能的不同，用和合思想理念把人才安排到合适的位置上，让每一个人都发挥出最高水平，这样才能开创良好的局面。那些只知选拔人才，却不知如何使用人才的人，空有一群人才的支持，仍然难以取得成功。

“将能而君不御者胜”也告诉我们，不是什么人都可以用。有人说慢、笨、懒三种人不能用，这是针对层次比较低的“下才”。笔者提出对于“将才”，以下三种人不能用：

（1）“外科医生”式的人：古有行医者，自称擅长外科，为中箭者疗伤，取一大剪，剪去伤者体外部分箭杆，便称完成外科手术。中箭者问：“箭头还在肉内，怎么不取出？”答曰：“那是内科的事，与外科无关！”企业里有些人处理问题，不以解决实际问题为己任，应付了事，却会以各种理由推卸自己应承担的义务与责任。

（2）“补锅匠”式的人：小时候在外婆家看人补铁锅，补锅匠是按铁锅的裂缝长度收钱的，他在补锅前，必定要拼命敲打锅底，还美其名曰要先敲去锅底积灰，实质是要把铁锅的原有裂缝敲长，以便多收钱。企业里也有些人，处理事情时，先把事情闹大，再来解决，以此扩大自己的业绩功劳。

（3）“烂苹果”式的人：华盛顿大学一项研究显示，就像一个烂苹果会把一整筐苹果带坏一样，一两个不良员工就足以败坏整个良好风气；而与之相反的是，少数好员工是无法带好整个风气的。企业里“烂苹果”式的人有一定的能量，在员工中有一定的影响力。这种人利用其影响力发挥其“负能量”，带坏了其他员工。

上述三种人，有一定的才干，也可以说是“能将”，但其所做的事却是有害无益的，会给企业造成巨大伤害，必须在企业内做好鉴别并予以剔除。

※ 古为今用·古今和合 ※

“能将”不能御，就怕“能将”会欺主。作为统帅，就要使“能将”不敢欺、不能欺、不忍欺。不敢欺、不能欺、不忍欺，可谓三种不同的“御将之道”，都实现了“不欺”的预期效果。

《史记·滑稽列传》载褚少孙补记：“子产治郑，民不能欺；子贱治单父，民不忍欺；西门豹治邺，民不敢欺。”唐朝司马贞的《史记索隐》中说，

子产做郑国相国时，做到“仁”且“明”，所以人们不能欺骗他；宓子贱做单父县宰，为政清静无为，自己只是操弦弹琴，三年不下堂而民人大化，人们心里经常惦念着他，所以不忍欺骗他；西门豹做邺县令，以威严猛烈驾驭风俗，所以人们不敢欺骗他。

子产是春秋时期著名的政治家、法学家，孔子极其推崇他，认为他具有极高的德行，称他“古之遗爱也”。子产在郑国“铸刑鼎”，公布成文法，积极推行经济改革措施，其执政可谓事无巨细，亲力亲为，人赞其执政达到“至世之治”，子产执政的实践有法家的变革色彩，指导思想上却又带有明显的儒家倾向，他以超凡的个人能力实现了民“不能欺”；再看宓子贱，他是孔子有名的七十二弟子之一。子贱的施政方案是“躬敦厚，明亲亲，尚笃敬，施至仁，加恳诚，致忠信”，非常重视选用当地的“贤人”，完全是儒家“德治”理论的实践，他以“不忍人之心”，行“不忍人之政”，使得民“不忍欺”，做到“鸣琴而治”；西门豹是战国时魏国著名的法学家，军事家。西门豹到邺地后，经过调查研究，发现基层官吏和巫婆神汉勾结，假借为“河伯娶妻”平息水患，乘机骗取百姓钱财，他选准时机，亲自出席婚礼现场，在上千百姓围观下，以新娘不美需通知河神另娶为由，当着上千民众的面，先后将巫婆等三人扔进河中，西门豹通过非常手段的威严猛烈，大树权威，令“吏民惊恐”，继而顺利地推行兴修水利等工程建设，达到了“不敢欺”的效果。

今天来看“不能欺”凭借的是有效、高明的执政措施、制度；“不忍欺”依靠的是为官者的德性修养和德政方案；“不敢欺”依仗的是刚猛凌厉的作风和非常手段。（摘录自《北京日报》）

其实，要让人不敢欺、不能欺、不忍欺，作为统帅，在任用将领时就要会识人、察人、鉴别人。刘邦、诸葛亮、李世民、曾国藩都成就了一番事业，其成功的原因在于他们作为领导者都致力于用和合思想理念知人善任，用其所长，避其所短，让合适的人来做合适的事。曾国藩为识人、察人，专门写了一部书《冰鉴》。李世民识人用人，为后世留下了“房谋杜断”的成语。诸葛亮用人，在《将苑·知人篇》中，他叙述了知人的难度和用人的眼力，最终提出了七条用人之道，指出对人从“志、变、识、勇、性、廉、信”七方面进行考察。刘邦知人善任，得“汉初三杰”辅佐成天下之主，开创汉王朝四百年基业。刘邦后人刘彻大胆提拔人才，得“麒麟阁十一功臣”，故有昭宣中兴之盛世，成就“汉武大帝”之威名。

诸葛亮用人七道

（1）问之以是非而观其志。即考察一个人的辨别是非能力和志向。

（2）穷之以辞辩而观其变。即提出尖锐的问题诘难他，看他能否随机应变。

（3）咨之以计谋而观其识。即询问他的计谋、策略，看他的见识如何。

（4）告知以祸难而观其勇。即告诉他艰难、祸乱，看他的克服勇气。

（5）醉之以酒而观其性。即以美酒试他的品行。

（6）临之以利而观其廉。即以金钱之利看他是否廉洁。

（7）期之以事而观其信。即托付他办事看他的信用如何。

《冰鉴》

《冰鉴》中全文都对人才的德行很重视，强调人才的操守、志趣，归结起来两个字就是“情操”，一个人的情操很重要，正如曾国藩所说“有节操而没有官气”“条理清晰而不说大话”“不在乎外在的名誉”“将心养的实、养的灵”“有活泼泼之胸襟，有坦荡荡之意境”。这些都是曾国藩总结的为才的“情操”，借用古人的一句话总结就是“不以物喜、不以己悲”，不求闻达于诸侯，只求自己的想法能得到实现。

《冰鉴》中提到的另一个重点就是“为将者的要求”，第一提到要

“五到：身到、心到、眼到、手到、口到”；对于手头上的事要认真负责，这不仅停留在口头上，自己要对细节亲自过问。第二提到要陶冶人才，对于人才不足的地方要及时批判、对于人才的优点要充分利用，既要责备又要告诫，提出了“劳苦忍辱”的口号，并利用师生、朋友、兄弟关系去弥补上下级关系，不要对人才的要求过高，人才都是需要去锻炼的。第三提到要“至诚”，对手下要心底无私、讲道理、明是非，以父兄待子弟之心，强调人与人之间的换位思考。

曾国藩对人的培养，强调心态、情趣，曾国藩在《冰鉴》中提到“韬晦”，人要学会“劳苦忍辱”放轻自己的位置，克服自己身上的“乡气”不要太过于爱表现自己，把心“养的活”“养的实”，成大事者争百年而不争一息，要有一种“涵泳”的心态，而不是一直去享受那种“赛跑”或“登山”的心态。人生不总是“登山”，很多时候人生要学会“涵泳”。

房谋杜断

唐太宗李世民有两个得力的宰相，一个是尚书左仆射房玄龄，一个是尚书右仆射杜如晦。那时，唐朝开国未久，许多规章典法，都是他们两人商量制定的。人们把他们两人并称为“房杜”。据《旧唐书·房玄龄杜如晦传》记载：唐太宗同房玄龄研究国事的时候，房玄龄总是能够提出精辟的意见和具体的办法，但是往往不能作决定。这时候，唐太宗就必须把杜如晦请来。而杜如晦一来，将问题略加分析，就立刻肯定了房玄龄的意见和办法。房、杜二人，就是这样一个善于出计谋，另一个善于作决断，所以叫作房谋杜断，形容他们各具专长而又各有特色。在当时看来，房、杜二人同心辅政，是合作得非常协调的，所以人们称赞他们“笙磬同音，惟房与杜”。李世民根据房玄龄多谋，杜如晦善断，发挥了他们的长处。

※ 洋为中用·中外和合 ※

酒与污水定律

酒与污水定律是指把一匙酒倒进一桶污水，得到的是一桶污水；如果把一匙污水倒进一桶酒，得到的还是一桶污水。

组织系统往往是脆弱的，是建立在相互理解、妥协和容忍的基础上的，很容易被侵害、被毒化。一个正直能干的人进入一个混乱的部门可能会被吞没，而一个无德无才者，特别是"烂苹果"式的人能很快将一个高效的部门变成一盘散沙。

破坏者能力非凡的另一个重要原因在于，破坏总比建设容易。一个能工巧匠花费时日精心制作的陶瓷器，一头驴子一秒钟就能毁坏掉。如果一个组织里有这样的一头驴子，即使拥有再多的能工巧匠，也难以有像样的工作成果。如果你的组织里有这样的一头驴子，你应该马上把它清除掉，如果你无力这样做，就应该把它拴起来。

※ 洋为中用·中外和合 ※

评估一个战略好坏与否？通过学习《孙子兵法》，我们可以领悟到，好的战略是能够"胜于易胜"和"不战而胜"的。企业要胜于易胜、不战而胜，更多靠的是有效的战略。这里举一个美国西南航空公司的例子来说明企业如何不战而胜、胜于易胜取得成功的问题。

西南航空公司

提到美国西南航空公司，那绝对是航空史上的传奇。这个传奇也是做好"谋攻"的绝佳范例。

美国西南航空公司于1971年6月18日由罗林·金与赫伯·凯莱赫创建。在创业之初，规模小、家底薄。在几十年的时间里，无论世间风云如何变化，公司均保持了增长和盈利。其间，多少同行亏损了，倒下了。但美国西南航空公司做到了长盛不衰。2001年“9·11”事件后，几乎所有的美国航空公司陷入了困境，美国西南航空公司则例外。2005年运力过剩和史无前例的燃油价格让美国整个航空公司行业共亏损100亿美元，达美航空和美国西北航空都是同年申请破产法保护，相比之下，美国西南航空公司则连续保持盈利。（百度百科）

总结美国西南航空公司的成功史，绝对得益于其一直遵守的独特战略。这独特的战略其实一点不神秘，而且与孙子兵法思想有异曲同工之妙。

回顾美国西南航空公司的成功，最重要的是进行了聪明的选择。该公司自知家底薄，所以很务实。美国西南航空公司主动放弃了很多机会，公司只做短途飞行。在当时，短途飞行，走的航空公司少，正是那种可以形成优势、掌控局面的好市场！

这么一来，和美国西南航空公司抢蛋糕的就少了，那些大公司也看不上这么小的蛋糕。于是，美国西南航空公司避开了和大公司的被动竞争，为自己争取到了主动。从此，该公司在小市场上当家做了主人，并坚守小蛋糕一定能变大的梦想，做到了主动放弃和主动争取。

美国西南航空公司在“知己知彼”的基础上，认真谋划、精心准备，采取了以下策略：

（1）只用二流机场做自己起落歇脚的地方。这么一来，二流机场不仅价格便宜，而且，因为同行的大公司们光顾的少，自己一来反倒成了座上宾，享受到高规格待遇。像航班次数优先，租场费用便宜……不管怎么说，一切都更低，反映到机票上就便宜了。

（2）只用一个型号的飞机。这么一来，所有东西都简单了。比如，一个型号技能的技师，一个型号的维修备件，一种模式的供应、后勤管理。都是一种，就意味着超级简单。总之，维护成本、管理成本、培训成本相当低。到了机票价格上，也是相当的低。

（3）只选短途飞。这就意味着，飞的航班多，次数多，周转快，同样的时间卖的票更多。一句话，还是成本低，价格低。于是，这三点做下来，谁都知道美国西南航空公司的短途飞很便宜。

（4）只用懂幽默的雇员。美国西南航空公司用人是很有一套的，招聘时有不成文的规定，人人必须会讲笑话，这么一来幽默感就有了保证。你说旅途中的愉悦享受怎么来？就是这么来的。美国西南航空能够在激烈的航空市场竞争中始终保持高昂的士气和领先的竞争地位，这在很大程度上得益于公司组织文化建设所带来的员工凝聚力。正是员工的热情服务，对乘客的关心照料，以及永不停歇的足智多谋帮助了美国西南航空公司成为全球最成功的航空公司之一。公司的员工对任何事情充满了热情，他们真挚地关心公司的客户，也正是这种热情让美国西南航空公司成为美国最令人尊敬的品牌之一。

也许有人问，美国西南航空公司喜欢的未必用户就喜欢！这点别担心，要知道为短途飞行买单的，他们关心的不多，重点是时间短，如果价格再低点、旅途再舒服点，就更好了。而美国西南航空公司都做到了：二流机场、单一机型、多次航班、雇员幽默。总之，一切都是为了低价格、时间短、旅途舒服。

要说做到这些就可以了，但美国西南航空公司并没有停止不前。为了创造更低的价格，该公司采取更多的差异发展的战略。美国西南航空公司主动坚持区别于其他航空公司的做法：

（1）简单配餐而且没有额外服务。美国西南航空公司认为，短途飞总共不超过一小时，所以没必要太复杂的餐饮。这么一来，采购、配料、供应、卫生、冷藏、餐车、专门的乘员全简单了，加起来机票又便宜了许多。算来算去成本大降。再者，吃喝省了，打扫卫生就容易了。省下来的打扫时间，一下子又可多飞好几趟。总之，周转快了，航班多了，同样的时间乘客一多，机票又便宜了。

（2）不提供机票。连机票都没有，不可想象吧！省钱省到这份上还有什么省不出来？所以，又省下了印刷、设备、打印，连登机提前1小时都可以省了。这么一来，服务效率更高，成本更低。

（3）不提供行李托运服务。美国西南航空公司认为短途客没必要大箱小箱地搬家，所以，干脆撤下行李舱，多摆几个座位。西南航空的飞机不用对号入座，不用上飞机找座位，没有公务舱和经济舱的区别。这样登机很快。既省时间，也省了飞机滞留机场的费用。下飞机等行李的时间也比其他公司短。

（4）不设代理卖票点。美国西南航空公司最痛恨中间环节，该公司提倡直销。连登机牌也是塑料做的，用完后收起来下次再用。“抠门”的结果是西南航空公司的机票价格可以同长途汽车的价格相竞争。

于是，在此策略下，美国西南航空公司的价格低得惊人。令人不解的是，同样的航线，西南的价格低，但却赢利；而同行的大公司们，价格高，却要亏损。就这样，凭借强大的价格优势，没多久，就牢牢成为短途飞行的第一霸主。

美国西南航空公司这也不提供，那也不提供，并非所有的用户都乐意接受，他们也会收到投诉。

据统计，开始时，每年，美国西南航空公司都收到数以万计的投诉信。内容无非是：你们西南太不像话！没有餐饮，连口水都不给！不提供行李托运，活累人！没有发票、买票不便……但美国西南航空公司每每见此，总能泰然处之，该公司早备好一份标准化的投诉回函，并由老板签好字。

上面赫然写着：“感谢您光顾西南航空公司，对于您投诉所提的服务，我们暂时不准备提供，而且将来也不准备提供。如果您一定需要得到这些服务，我们建议您乘坐其他航空公司的班机，如果有一天您不再需要这些服务了，我们再次欢迎您乘坐西南航空公司班机。”

从他们的回复中，大家可以明白，美国西南航空公司成功不是偶然，从始至终，该公司都知道自己要主动做什么，满足什么。

当然，不满的还不止这些人。那些看着美国西南航空公司发达的同行大公司们，早就眼红得不行，也都蠢蠢欲动盘算着分一杯羹。

对于这一点，美国西南航空公司心知肚明，据说他们总借每年兄弟们年会之际发表感言，感谢大家这一年来相互支持、相安无事。希望将来继续发扬这种传统。你做你的长途，我做我的短途。但如果将来，有谁要在我的短途地盘上打主意，那我也会毫不客气地在他的长途市场动手，并且保证把价格拉下一半，我还能赚钱！

这样的感言，有威慑恐吓的味道了！我不知道他们是否真的这么说过，也许是有人杜撰。但不管怎么说，美国西南航空公司有资格这么说。《孙子兵法》告诉我们，最好的战略选择是“不战而屈人之兵”，最好的战略原则是“致人而不致于人”。武林高手过招有时不需要动手，形成强烈的力量和状态对比，就能取胜。“不战而屈人之兵”“致人而不致于人”，并不是谁都能做到，至少得有资格、有实力。美国西南航空公司做到了，以至于直到今天，没人敢轻易打美国西南航空的主意。美国西南航空公司也因此在短途市场蝉联霸主宝座，创造了不败的神话！

美国西南航空公司的低票价以高效率和低成本为基础。在低价格的同时还保持优质服务。飞机维护和飞行操作标准超过了美国联邦航空管理局的要求。回顾整个美国西南航空公司的传奇史，不由得令人叹服。在这个过程中，该公司深知自己基础与实力，要满足所有人那是做梦。自己再厉害，也顶多只能满足部分用户的某种需求，这才是真正的细分市场。对于那些眼花缭乱的诱惑、选择，要清楚地知道自己要去哪里，该主动选择什么，主动放弃什么，只有这样，才能占到主动。美国西南航空的安全记录也相当好。这正是市场细分、目标定位之道。

这是聚焦化、差异化、低成本竞争的范例。这也是“不战而屈人之兵”“致人而不致于人”的“全胜”之道啊！同业态下的价格竞争，会导致过度竞争、无序竞争，应予以避免。进入传统竞争行业，要取胜，“谋攻”是很重要的。

第六节　本章小结

和合战略的评估模型，是从《孙子兵法·谋攻篇》悟出来的。在《孙子兵法·谋攻篇》中，孙子提出了知道战争能否取胜的评估办法：“故知胜者有五：知可以战与不可以战者胜；识众寡之用者胜；上下同欲者胜；以虞待不虞者胜；将能而君不御者胜。此五者，知胜之道也。”这“五知”给我们提供了一个战略评估的模型。

如何评估战略好坏与否？通过学习《孙子兵法》，我们可以领悟到，好的战略是能够“胜于易胜”和“不战而胜”的。和合战略评估模型，可以归结为五条：①知可以战与不可以战；②识众寡之用；③上下同欲；④以虞待不虞；⑤将能而君不御。

“知可以战与不可以战”。战略总是面向未来的，未来存在着不确定性。这就要求我们有战略预见，认真对待全局性、整体性、方向性的重大问题，在做事前要充分论证外部环境和现实条件，广泛借鉴请教别人成功的经验，不断总结自己以往的经验教训，为我们做好计划准备奠定基础。战略预见的基本思路是在预见的领域把握确定性，对有关事态的变化趋势的规律作出预见。可以借助三个工具方法：分析内外部环境的可以用SWOT分析，分析行业环境的可以用波特五力模型，分析总体环境的可以用PEST分析。企业的战略评估，其基本前提要求是评估其能否“知己知彼”，并在此基础上推导出“可以战与不可以战”。不能“知己知彼”，其战略方针、战略目标、战略重点就会顾此失彼、有失偏颇，不能确定完善“战”的方针、目标和重点，战略阶段、战略对策也就失去意义。

“识众寡之用”。任何一个组织的资源总是有限的。有限的资源不应该成为我们不完成任务、不取得结果的借口。在资源有限的情况下，要根据资源多少的实际情况，用和合思想理念来研究策划具体的战略。要把有限的资源充分利用起来，采用和合的方法去完成任务取得结果。企业战略评估，要评估其能否对资源“识众寡之用”，这是“知已知彼”基础上的理性结果。“识众寡之用”是评估其战略方针、战略目标、战略重点的重要依据，也是战略阶段划分、战略对策制定的前提依据。

“上下同欲”。心往一处想、劲往一处使，才能形成合力。要做到“上下同欲”，其高层领导者要具备战略的眼光，以前瞻性的视野、敏锐的洞察力，确立组织的使命、愿景和价值观。要做到“上下同欲”，就要提倡公司全员恪守员工信条，群策群力充分参与企业的管理，爱岗敬业长期奉献自己的才智。企业的绩效来源于过程、体现于结果，企业要通过有效的过程管理，不断提高效率和效益，追求卓越的结果。“上下同欲”是团队协作的关键。企业战略评估，要评估其能否做到“上下同欲”。这是评估其战略能否成功实施的依据。

“以虞待不虞”。要打胜仗不经过缜密的计算、考虑和策划是做不到的。现代战略管理也强调工作的计划性。管理者的一个根本任务是为下属制定合理的目标，帮助下属找到完成目标的办法，对下属完成的结果进行监控并根据情况作出必要调整。要做到这些，管理者必须培养自己做计划的能力以及根据计划执行情况修正计划的能力。企业战略评估，就要评估其“计划”的充分性、合理性、逻辑性，计划策划的过程也是企业战略理性准备与推演的过程。战略方针、战略目标、战略重点、战略阶段、战略对策，都需要在“虞”的基础上做好策划准备。做计划能让我们为未来战略方针、战略目标、战略重点、战略阶段、战略对策的实施做准备；做计划能让我们充分利用手中的资源，及时安排和补充落实战略所需要的资源；做计划能让跨部门的战略合作更容易进行。

“将能而君不御”。涉及选将、用将以及领导“御将”的工作方法。领导只有选对了带兵的将领而用不着去驾驭制约将领，才能打胜仗。领导者在选将时就要选“能将”，在“用将”时要让结果说话。我们要培育有责任

心去追求结果的员工担任各级领导。知人善任是选拔使用人才的最重要的标尺。“将能而君不御者胜”也告诉我们，不是什么人都可以用。对于“将才”，以下三种人不能用：“外科医生”式的人、“补锅匠”式的人、“烂苹果”式的人。这三种人，对企业是有害无益的，会给企业造成巨大伤害。企业战略评估，要评估其“选将用将”及“御将之道”，这是其战略实施的决定因素和成功保证。

“知可以战与不可以战，识众寡之用，上下同欲”，帮助发展主体进一步完善其愿景、使命、宗旨，为其确定战略方针、目标、重点提供评估依据。“以虞待不虞”帮助发展主体评估其战略五方面要素，确保各要素得到建立，并与发展主体的战略方向保持一致；“将能而君不御”是战略实施时的重要对策，是企业主最重要的职责之一。

| 第八章 |

战略准备模型

和合战略的准备模型，是从《孙子兵法·军形篇》悟出来的。在《孙子兵法·军形篇》中，孙子提出了要通过锻造实力造成必胜的形势：

地生度，
度生量，
量生数，
数生称，
称生胜。

这“五生”给我们提供了一个战略准备的模型。

原典温习

孙子曰：昔之善战者，先为不可胜，以待敌之可胜。不可胜在己，可胜在敌。故善战者，能为不可胜，不能使敌之必可胜。故曰：胜可知，而不可为。(《孙子兵法·军形篇》)

故善战者，立于不败之地，而不失敌之败也。是故胜兵先胜而后求战，败兵先战而后求胜。(《孙子兵法·军形篇》)

善用兵者，修道而保法，故能为胜败之政。(《孙子兵法·军形篇》)

兵法：一曰度，二曰量，三曰数，四曰称，五曰胜。地生度，度生量，量生数，数生称，称生胜。故胜兵若以镒称铢，败兵若以铢称镒。胜

者之战民也，若决积水于千仞之溪者，形也。(《孙子兵法·军形篇》)

原典解读

《军形篇》是讨论战争的攻守问题的战略著作。孙子着重议论了如何造成守必固、攻必克的策略。全篇内容大致分为三部分：首先提出在战争中实行进攻与防守所必须坚持的基本原则：先为不可胜。其次提出应先认清必胜的形势，然后用兵的原则。最后强调善于用兵的人应重视“修道而保法”，修明政治，严肃法度，同时，通过“五生”锻造实力，以造成我方必胜的形势。《军形篇》，谈的是实力，图的是不败，为的是必胜！

关于“地生度，度生量，量生数，数生称，称生胜”。有很多注解，读者需要搞明白其中的含义：

度，《礼记·明堂位》：“度为丈尺、高卑、广狭也。”贾林曰：“度，土地也”。此言土地幅员。

量，《汉书·律历志》：“量者，龠、合、升、斗、斛也，所以量多少也。”此言物资多少。

数，贾林注曰：“算数也。以数推之，则众寡可知，虚实可见。”王皙曰：“百千也。”此言部队实力的强弱、兵员的多寡。

称，《楚辞·惜誓》“苦称量之不审兮”，王逸注：“称所以知轻重。”杜牧注：“称，校也。”此言衡量双方实力之对比的状况。

胜，指胜负优劣的情实。曹操曰：“胜败之政，用兵之法，当以此五事称量，知敌之情。”

地生度，曹操注：“因地形势而度之”。此句言敌我交战，必先以双方所拥有的土地幅员为基础。

度生量，赵本学注：“既度之，则其地之所容者何阵，或当用广、用长、用圆、用方，奇正当居何处，当分为几阵，皆可知矣，此‘度生量’也。”此言基于双方拥有“地利”状况，可知其物质资源之储备及国力之强弱也。

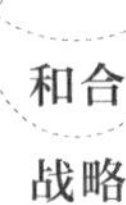

量生数，梅尧臣注："因量以得众寡之数。"此言物质资源状况之计量，可知所拥兵员之众寡。

数生称，王皙注："喻强弱之形势也。"此言由兵员之众寡可知双方兵力强弱之对比。

称生胜，曹操注："称量之数，知其胜负所在。"此言由双方强弱形势之衡量对比，可知其优劣胜负之情状。

"兵法：一曰度，二曰量，三曰数，四曰称，五曰胜。地生度，度生量，量生数，数生称，称生胜。故胜兵若以镒称铢，败兵若以铢称镒。胜者之战民也，若决积水于千仞之溪者，形也。"

孙子这段话，其大意是：

兵法的基本原则有五条：一是"度"，二是"量"，三是"数"，四是"称"，五是"胜"。敌我所处的地域不同，产生了双方土地面积大小不同的"度"；国家土地大小的"度"，决定了资源、粮食多少的"量"；国家资源、粮食状况的"量"，又决定了所能动员和供应军队的"数"；军人多寡的"数"，产生了军队实力强弱对比的"称"；而力量强弱的"称"，最终决定了战争的胜败。所以，胜利的军队，在力量对比上，就像以镒称铢那样，占绝对优势；失败的军队，在力量对比上，就像以铢称镒那样，处于绝对劣势。胜利者指挥军队与敌作战，就像在万丈悬崖决开山涧积水，所向披靡。这是一种军事力量的表现。

这就告诉我们：敌对双方都有土地，有了土地就产生土地面积大小的问题；双方土地面积大小的不同，就产生物产资源多少的问题；双方物产资源多少的不同，就产生能动员和供给兵卒众寡的问题；双方人力众寡的不同，就产生军事力量强弱的对比；双方力量强弱的不同，就产生了胜败。胜利的军队，在力量对比上，就像用巨石碰鸡蛋那样绝对优势，自然轻而易举，必胜无疑；失败的军队，在力量对比上，就像用鸡蛋碰巨石那样，处于绝对劣势自然无能为力，必败无疑。胜利者指挥军队作战，就像在八百丈高处的水库决堤那样，这是一种力量的表现！这说明只要前期战略战术布置得当，胜利就势不可挡，水到渠成。

国家之间的对决，从局部和阶段上看，是战争。但从长远和全局看，归根结底比拼的是实力。以双方所拥有的土地幅员为基础，以物质资源之储备为支撑，以兵员之众寡为表象，可以衡量对比双方的强弱形势、优劣胜负之情状。

联系到中国企业的战略管理，如果我们从更宏观的角度用和合思想理念去思考，似乎可以将“称”理解为“有利的态势”，并推导出这样的逻辑链：自然规律决定自然条件，自然条件决定着一个国家的 PESTEL（政治、经济、社会、技术、环境、法律）等，一个国家的 PESTEL 决定着一个企业的战略方针，一个企业的战略方针决定着这个企业的发展策略，发展策略决定着企业实力，企业实力决定着竞争双方的力量对比，而力量对比决定着竞争胜负的态势。

其实，在对抗比较的双方中，综合国力、军事实力或经济实力都不一定绝对地强。无论是综合国力还是军事实力，或是经济实力，只要在对抗的局部处于有利的态势上，就可以达到自己的目标，取得局部的胜利。

因此，“称胜”战略用和合思想理念似可理解为：在自己所控制的地域内，充分发掘和有效利用各种资源，在与对手竞争的过程中，形成自己在资源和能力上的相对差异化的优势，以达到自己预定的目标并取得胜利。

基于上述理解，笔者认为，在实施“称胜”战略的过程中，主要应该用和合思想理念把握三点：一是在指导思想上选准自己的战略定位；二是在资源准备上发挥自己的区位优势；三是在能力培育上构建核心竞争力。只有在正确的思想指导下，充分利用地域、资源、人文的已有条件，更便于发展主体获得实力、培育实力。

用和合思想理念从另一个角度来阐释，战略准备也可以归结为思想的准备、资源的准备、能力的准备。

第一节 思想准备

思想的准备，就是作为企业主要“修道而保法”，通过悟道得道，提高认识水平，培育企业文化，凝聚员工人心。

企业主提高认识水平的过程，是企业主谋划全局的思考过程，也是企业主与时俱进的学习过程，更是企业主持续不断的知识更新过程。这既需要企业主谋全局谋万事，对国家相关的政治、经济、社会、技术、环境、法律等有一定的了解，也需要企业主组织员工做好对国家相关政策、法规、标准、规范等的收集、学习、培训、贯彻等工作，带领企业员工共同提高认识。同时，通过企业文化的培育，凝聚人心，使大家心往一处想、劲往一处使，齐心协力做好各项工作。

思想准备好了，企业主就能使战略主体把自身条件与时代特征相结合，从而感悟出前进和发展的方向，创新形成其区别于其他竞争对手的愿景、使命和与时俱进的指导思想，从而确定其战略方针。思想准备好了，确定战略目标时会更合理、更科学，会帮助企业主制定可操作、能实施、会达成的战略目标。

思想准备，必须深刻领会和理解“地生度，度生量，量生数，数生称，称生胜”的含义，为此，特引用王洪武对《中平兵典》九法的相关解析，帮助进一步的领会和理解。

※ 古为今用·古今和合 ※

《中平兵典》九法

在张藏本《孙武兵法·六胜》中，有更加详细的提法：“《中平兵典》九法：一曰天，二曰地，三曰人，四曰度，五曰量，六曰夺，七曰数，

八曰称，九曰胜。天生地，地生人，人生度，度生量，量生夺，夺生数，数生称，称生胜。”

从上段文字，我们至少可以得出两条结论：一是，今本《孙子兵法·军形篇》中开篇的“兵法”，应该为《中平兵典》。二是，今本《孙子兵法·军形篇》只提出了“度”“量”“数”“称”“胜”，再加上一个“地”，共六个；而《孙武兵法·六胜》中提出了“天”“地”“人”“度”“量”“夺”“数”“称”“胜”等九个概念，比今本《孙子兵法·军形篇》多了“天”“人”和“夺”三个概念。两个版本论述的概念的数量不同，概念叙述的顺序却是相同的；同时，“天”“地”“人”这三个概念相连，独独一个“夺”字隔在今本《孙子兵法·军形篇》中的“量”“数”这两个概念中间。

今本《孙子兵法》中共有四处提到“夺”字，分别是：

《军争篇》：“三军可夺气，将军可夺心。”

《九地篇》：“先夺其所爱则听矣。”

《火攻篇》：“水可以绝，不可以夺。”

这四个“夺”字的基本含义为“夺取”“动摇”。如果我们依据今本《孙子兵法》中的对“夺”字的这种理解，并且像张藏本《孙武兵法·六胜》那样将“夺”字放置在今本《孙子兵法·军形篇》中的“度”“量”“数”“称”“胜”中的“量”和“数”之间，那么就会出现这样的情况：一方面，要对今本《孙子兵法·军形篇》中的“度”“量”“数”“称”“胜”的概念重新认识；另一方面，用今本《孙子兵法》中出现“夺”字的基本含义，很难将这几个概念解释清楚，因为不可能将“量生夺”解释成“‘物资的数量’产生‘夺取’”，将“夺生数”解释成“‘夺取’产生‘兵力的数量’”。

因此，怎样正确解释“夺”字，成为正确解释“度”“量”“数”“称”“胜”这五个人们熟知的概念的重要环节。

正确解释“夺”字应遵循的四个原则：

（1）要通观张藏本《孙武兵法·六胜》提出的九个概念及其相互关系。张藏本中除了讲述了“天生地，地生人，人生度，度生量，量生夺，夺生数，数生称，称生胜”外，还有一个非常重要的论点就是“故兵出以道，决以天地人，谋以度量夺，变以数称胜”，将这九个概念分成了三组。

（2）张藏本《孙武兵法·六胜》所论述的问题是“战略问题”和“军事哲学”，而非“战术问题”。我们可以发现，今本《孙子兵法》各篇的内容在体例上的混乱现象，其表现之一就是某一篇中既有战略问题，又有战术问题。而张藏本《孙武兵法》各篇的结构远远比今本《孙子兵法》要强，讲战略问题的只讲战略，讲战术问题的只讲战术。

（3）要参考春秋战国时期的其他文献进行比对。

（4）由于古代文字简洁，不像今天的汉语这样有如此多的词汇可供我们使用，因此要用“军事语言”来翻译，而不能用“直接的字面意义”。这一点十分重要，目前许多搞古文字的专家、学者在翻译古代兵书时，由于缺少军事实践经验，军事语言就显得匮乏，造成了许多翻译不准确的地方，这种现象太普遍了。

根据上述原则，现将“天”“地”“人”“度”“量”“夺”“数”“称”“胜”等九个概念做如下释义：

天：天道，即自然规律。古人“仰观俯察”，逐步认识了自然规律，“日月运行，一寒一暑”，“日月不过，四时不忒”，春夏秋冬推移，从无差错，从这些天文现象、气候更迭、天气变化等“天”象中观察到“时”的变化。

地：地道，即自然条件。古人从地形地貌、植被物产、位置环境等“地”貌中发现对自然资源的利用。

人：人道，即人的行为准则。人在天地间，也随天地之道的变化而变化、运动而运动，天、地、人是浑然一体的。古人从人禽的二重化、圣凡的二重化、性情的二重化中明确了“人”的行为准则、道德操守和价值判断。

度：法制，法度。《说文·又部》：“度，法制也。”《字彙·广部》：“度，法也，则也。”《书·太甲中》：“欲败度，纵败礼。”孔颖达疏：“准法谓之度。”从《中平兵典》所言的“天”“地”“人”“量”“夺”的内涵及《孙武兵法》对战争的着重论述的角度来看，这里的“度”应为“国家制度”，进一步从军事战略的角度上讲，此处的“度”应当解释为“国家战略”。

量：法度，准则。《管子·牧民》：“上无量，则民乃妄。”《韩非子·诡使》：“守度奉量之士，欲以忠贤婴上而不得见。”《礼记·月令》：“命工师，令百工，审五库之量。”郑玄注：“量，谓物善恶之旧法。”从《中平兵典》所言的“天”“地”“人”“度”“夺”的内涵及《孙武兵法》对战争的着重论述的角度来看，这里的“量”就应为从属于“度”（国家制度）的“军事制度”，引申为“军事战略”。

夺：争取，竞争。《荀子·王制》：“王夺之人，霸夺之与，强夺之地。夺之人者臣诸侯，夺之与者友诸侯，夺之地者敌诸侯。臣诸侯者王，友诸侯者霸，敌诸侯者危。”从《荀子·王制》“夺人”“夺与”“夺地”的三种形态以及《中平兵典》中“天”“地”“人”“度”“量”的概念及相互关系来看，此处的“夺”不能简单地理解成“夺取”，而应解释为具体的“军事策略”。这对“夺”的解释至关重要。前述《荀子·王制》片段的译文为：“要称王天下的和别国争夺民众，要称霸诸侯的和别国争夺同盟国，只图逞强的和别国争夺土地。和别国争夺民众的可以使诸侯成为自己的臣子，和别国争夺同盟国的可以使诸侯成为自己的朋友，和别国争夺土地的就会使诸侯成为自己的敌人。使诸侯臣服的能称王天下，同诸侯友好的能称霸诸侯，和诸侯为敌的就危险了。”可以说明，“夺”是根据不同的“军事战略”目标而采取的不同的“军事策略”。

数：数目，如人数。《礼纪·王制》：“度，量，数，制。”郑玄注：“数，百、十也。”《汉书·律历志上》：“数者，一、十、百、千、万也。”这里指“军队的数量”，从军事战略的角度上讲和《孙武兵法》中诸多军事思想来看，单一的军队数量并不是取胜的唯一条件，因此，这里的“数”应当解释为军队的数量、质量，军队的实战能力、谋略水平等综合的“军事实力”。

称（chēng）：衡量，揣度。《晏子春秋·问下》：“称财多寡则节用之。”张纯一校注：“称，量也。”《韩非子·人主》：“明主者，推功而爵禄，称能

而官事。”从《中平兵典》所言的“数”“称”“胜”的相互关系来看，这里的“称”应是指进行交战双方的军事力量的对比而判断出优劣，引申为“军力优劣”。

胜：胜利；赢，与“败”相反。《尔雅·释诂上》“胜，克也。”《孟子·梁惠王上》：“邹人与楚人战，则王以为孰胜？”从《中平兵典》所言的“数”“称”“胜”的相互关系来看，这里的“胜”应为在进行对比后的“军力优劣”的态势下，可以判断出谁胜、谁负，即“胜负态势”。

以上对九个概念的解释，一是符合“论述战略的需要”，而非仅从“战术意义”上去理解；二是符合“逻辑”，“大的生小的”“上面的生下面的”等，九个概念之间的递减关系、递降关系明显、明确；三是，可以充分说明“决以天地人，谋以度量夺，变以数称胜”的内涵。

把张藏本《孙武兵法·六胜》前面的内容翻译成白话：“自然规律决定自然条件，自然条件决定人的行为准则，人的行为准则决定着一个国家的战略方针，一个国家的战略方针决定着一个国家的军事战略方针，一个国家的军事战略方针决定着这个国家的军事策略，军事策略决定着军事实力，军事实力决定着交战双方的军力优劣，而军力的优劣决定着战争胜负的态势。这‘九法’之间的相互关系，都是由这种规律来制约着的。所以，一个国家在开展军队建设、进行作战时都必须以这个规律为准绳，用自然规律、自然条件、行为准则来决定战争方针，用国家战略、军事战略、军事策略来谋划战争，用军事实力、军力优劣、胜负态势来指导战争中的权变。”

由以上的分析，可以得出这样的结论：

度：法制，法度。这里的“度”应为“国家制度”，进一步从军事战略的角度上讲，此处的“度”应当解释为“国家战略”。量：法度，准则。这里的“量”就应为从属于“度”（国家制度）的“军事制度”，引申为“军事战略”。数：数目，如人数。这里的“数”应当解释军队的数量、质量、军队的实战能力、谋略水平等综合的“军事实力”。称（chēng）：衡量，揣度。这里的“称”应是指进行交战双方的军事力量的对比而判断出优劣，引申为“军力优劣”。胜：胜利；赢，与“败”相反。这里的“胜”应为在进行对比后的“军力优劣”的态势下，可以判断出谁胜、谁负，即“胜负态势”。

也即：国家战略→军事战略→军事实力→军事优劣→胜负态势。

※ 古为今用·古今和合 ※

曾国藩的读书过程，就是其思想准备过程，也是其能力准备过程。

曾国藩读书

曾国藩，是晚清的“中兴四大名臣”之一。然而，小时候的曾国藩和绝大部分孩子一样，并非天资聪颖，其智力资质堪称平庸，其父曾麟书似乎还比曾国藩更差。曾麟书一生考了17次秀才，一直到43岁，才勉强过关。曾国藩运气要比父亲好一点，曾国藩从14岁参加县试，前后考了7次，到23岁，才以倒数第二名的成绩幸运地考上秀才。

与同时代的俊杰比起来，小他1岁的左宗棠，14岁参加湘阴县试，名列第一。李鸿章也是17岁即中秀才。比曾、左、李稍晚的梁启超更是一个神童，11岁中秀才，16岁中举人。

小偷与曾国藩比背书的故事也流传甚广。但是，就是这样一个智力资质并不超群的人，曾国藩的成就却超过很多聪明人。后人把曾国藩的成就归功于其坚持不懈、锲而不舍的精神。曾国藩这种精神从何而来？恐怕与他老父亲曾麟书的言传身教分不开。尽管封建社会也有为科举而考得白发苍苍的人，比如蒲松龄等，但真正能够坚持的人还是少之又少，很多读书人考了几次不中，就选择了放弃。曾麟书前前后后考了17次，这需要多大的勇气和坚持的精神！也许，曾麟书的这种人生态度也影响了曾国藩。

修养自己并不难，难的是一辈子的坚持。曾国藩的成就可以说得益于曾国藩的勤劳和坚持。曾国藩从一个普通人逆袭成了一代完人、一介君子，与他坚持读书分不开。

曾国藩的一生便是读书的生涯，他有着一套自己独到的读书方法。曾国藩认为，“看读写作”缺一不可。他说：“有生书宜求速，不多阅则太陋；温旧书宜求熟，不背诵则易忘；习字宜有恒，不善则如身之无衣，山之无木；作文宜苦思，不善作则如人之哑不能言，马之跛不能行。四者误一不可。”

曾国藩每日所看之书皆用笔圈点、评注，并将随时闪现在脑海里的心得体会记下。几百万字的《曾国藩全集》中记载了他大量的读书笔记，使后生学子不甚感叹。胡适认为这是“很重要的一种方法”。陈果夫曾对曾国藩的这种方法做过点评，他认为曾国藩算不上天资聪慧，但他的长处在于读书有恒心、有耐心，能够随时做笔记，所以进步很快。曾国藩主张读书以声调为本，也就是读书在高声朗读的过程中，可以深刻体会作者行文的内涵，便于加深记忆和理解，“非此密泳恬吟，则不能控其深远之韵”。读书做到眼到是必然的，而手到、口到、心到则更为重要。

曾国藩读书讲究“约、专、耐”。“约”是指读书要“少而精”，人的一生精力有限，曾国藩一生只攻读十多种书。“专”即是“读书不二”。曾国藩告诫自己的兄弟：“诸弟总须力图专业……若志在穷经，须守一经；志在作制义，则须专看一家文稿；志在作古文，则须专看一家文集。万不可兼营竞骛，兼营则必一无所能矣。”“耐”即是读书时要以字、名为基础，若一句弄不明白便不可以再看下一句，今天看不懂的明天要继续再读，总之，不弄明白绝不罢休，不可好高骛远，以速取胜。曾国藩认为“求速效必助长，非徒无益，而又害之。只要日积月累，如愚公之移山，终久必有豁然贯通之候。”

曾国藩还认为，读书可以养颜、改变气质。他曾说过一句极为精到的话：“书味深者，面自粹润。”意思是说，读书体味得深的人，面容自然纯粹、滋润。

曾国藩不仅勤于读书，而且善于读书，深得要领，曾说：“万卷虽多，而提要钩玄不过数语。”其见解可谓精辟之极。曾国藩读书注重消化归纳，从而提出自己的精当见解。

他很重视做读书笔记，除经史外，常随手摘记，使得他的读书精深有用。曾国藩曾说：“凡奇僻之字，雅故之训，不手抄则不能记。”曾国藩喜欢读史，曾写成《历代大事记》数卷，以此作为重要的读书方法。

对于曾国藩来说，可以没有美味佳肴、锦衣玉食、华宅丽人，但唯独不能没有书读，读书成了他生命中不可或缺的部分。他终生不爱财、不聚财，却只爱书，爱读书、爱聚书，大量的书籍成为他一生中最宝贵的财富。

因此，曾国藩为官一生中，深深地打上了“学问”的烙印。他居官治事像个儒者，戎马仓皇不废文事，危城之中益诵史书，直到晚年病重时书籍送终，他的读书风范感染了无数后生。概括曾国藩一生成就，终被誉为“立德立功立言三不朽，为师为将为相一完人”。

※ 古为今用·古今和合 ※

从孔子的为政观，我们也可以悟出这样一个观点：对于企业主来说，战略准备，首先是自身修道的准备。

孔子的为政观

季康子问政于孔子曰：“如杀无道，以就有道，何如？”孔子对曰：“子为政，焉用杀？子欲善而民善矣。君子之德风，小人之德草，草上之风，必偃。”

孔子主张运用道德来治理国家，反对暴政与刑杀；孔子认为以仁义道德来教导百姓，用制度礼义来说服百姓，百姓才有廉耻之心而走正道。孔子认为，为政应和。所谓和，是宽和猛两极的相济：“政宽则民慢，慢则纠之以猛，猛则民残，残则施之以宽。宽以济猛，猛以济宽，政是以和。”(《春秋左传注·昭公》)。单纯的猛，猛政酷于恶虎；单纯的宽，宽政慢而无序。宽与猛的和合，才能达到恰到好处的境界。“礼之用，和为贵。先王之道，斯为美，小大由之。有所不行，知和而和，不以礼节之，亦不可行也。”(《论语·学而》)治国处事，礼仪制度，以和为价值标准。在处理人与人的关系中，“君子和而不同，小人同而不和。”(《论语·子路》)君子与小人两种不同处理人际关系的方法，表现两种不同的人格理想、道德情操和思维方法。同时也表明孔子的态度是赞成君子的和而不同，反对小人的同而不和的。

孔子认为，要取得人民的信任，就要以身作则。否则尽管取得了一时的地位也不能长久。孔子曰：“为政以德，譬如北辰，居其所而众星共之。”孔子认为，如果统治者有感召力，就如北极星一样，“居其所而众星共之”。如果这样，就没必要“杀无道，以就有道”。小人必然会被感化，“君子之德风，人小之德草，草上之风，必偃”。施政，不必要要用刑杀？施政者如果想善良，百姓自然会善良。君子的道德好比风，小人的道德好比草。草上面吹风，肯定会倒向一边。这样，孔子自然反对武力征服，主张“故远人不服，则修文德以来之”，统治者自身的榜样是对老百姓最好的教育，“临之以庄，则敬；孝慈，则忠；举善而教不能，则劝”。

始终贯穿孔子一生的是其“爱民，富民，教民，举贤，正己”的德治思想，孔子最著名的观点之一是：己所不欲，勿施于人。孔子认为，作为国家的管理者，首先自身要正，只有当一个人的内心修养达到了君子的要求，他才可能为国家做事。所以后代的儒家主张诚意、正心、修身、齐家、治国、平天下，一个人自身的修炼是治国平天下的前提。孔子明确提出“其身正，不令而行；其身不正，虽令不从”。

孔子的为政观可以总结为六个字，就是“身正、感化、文德”。这值得现代企业主借鉴。

（1）身正，指的是统治者要有良好的道德素养，为百姓作出榜样。

正人先正己，为政以德，教民举贤，统治者要以身作则。

（2）感化，指的是对于小人，尚德不尚力（反对武力），不必一定要采用“杀”和“刑”，被统治者也可以被感化。

（3）文德，指的是仁义礼乐的和合教化。富民教民，节用爱人，争取信任（民信），反对暴政，提倡教化。

孔子的为政观，在公元前2世纪，被奉为强权统治的意识形态基础，后来又成为国家科举考试制度的基石，这一地位一直保持了2000多年。今天，孔子的许多思想在国家治理、企业管理、社会关系等各个领域依然发挥着重要作用。孔子是迄今为止人类历史上最重要的思想家、哲学家之一，在人类未来的岁月里，还将长期影响着人类的文明、文化。

第二节　资源准备

孙子认为军备的发展必须掌握“度、量、数、称、胜”五个环节，国家土地幅员决定物产资源，物产资源决定能承担多少武装力量，武装力量大小决定军事实力，综合国力、军力决定战争的胜负、国家的安危。

孙子所要求掌握的这五个环节，一个“生”一个，有一种必然逻辑关系，但其核心是一个“称”，就是国家综合实力。一个国家的各个环节要保持合适的比例，协调平衡，才能使国家保持稳定的发展势头。否则，如果盲目追求军备的单项优势，就会缺乏稳定的基础，就会失去平衡，呈现国力军力的暴涨暴落。孙子强调扩充军备要量力而行，对外战争也要量力而行。孙子着眼于国家综合实力来谈发展军备。他强调加强国家军备建设，但反对不顾国力盲目发展军备。

1940年5月，朱德同志从太行前线回到延安，协助毛泽东同志领导各敌后根据地的抗日战争。当时，第十八集团军的薪饷、弹药、补给被停发，通商渠道被封锁，使陕甘宁边区的土特产销售不出去，所需的物资购运不进来。在这个时候，不要说扩充革命军队，就是现有人员的吃饭穿衣都成了问题。

为克服陕甘宁边区的严重经济困难，中共中央实行了自己动手、生产自给的方针，朱德同志响应毛泽东同志“自己动手、丰衣足食”的号召，亲自指导和推动大生产运动，及时提出了“南泥湾政策”，于 1941 年 3 月正式下令三五九旅开赴南泥湾实行军垦屯田，并倡导培育了“南泥湾精神”，使之成为人民军队的一个光荣传统。经全体指战员的共同努力，南泥湾这块人烟稀少、野兽出没的荒芜土地变成了“陕北的江南”。

“南泥湾政策”的成功实施，大大地推动了陕甘宁边区和各抗日根据地的大生产运动。这在抗日战争时期为中国共产党革命军队的生存、发展、壮大奠定了坚实的经济物质基础，提升了革命军队的综合实力，也为革命军队夺取胜利做好了衣食的战略准备。1942 年 12 月，《解放日报》发表题为《积极推行“南泥湾政策”》的社论指出：“‘南泥湾政策’成了屯田政策的嘉名，而这个嘉名永远与总司令的名字联在一起。”这是对朱德所作出贡献的一种公正评价。

对于企业来说，其综合实力体现在其资源上。企业的资源，是企业所控制或拥有的要素的总和。包括财务资源、组织资源、实物资源、技术资源、人力资源、创新资源、品牌资源、文化资源、信息资源、管理资源、市场资源等。

财务资源，是指企业所拥有的资本以及企业在筹集和使用资本的过程中所形成的、独有的、不易被模仿的财务专用性资产。包括企业独特的财务管理体制、财务分析与决策工具、健全的财务关系网络以及拥有企业独特财务技能的财务人员等。财务资源还体现为企业的对外筹款和举债能力，以及自己通过赢利等途径创造资金的能力。

组织资源，是指企业总体水平上的资源与能力指标，是个体资源的应用与整合，主要体现在企业文化与精神风貌，企业形象与声誉、组织的协调能力、学习能力与应变能力。

实物资源，是指体现在其地理位置、基础设施、厂房、车间、机器设备等方面。例如，中国移动的基站设施与网络覆盖，保证了其信号的质量和接通率。企业对原材料的拥有与获取也是企业实物资源的一个重要组成部分。例如，茅台酒厂因为地理位置独特而必须对酿酒的优质水源进行控制。

技术资源，包括两个方面：其一是与解决实际问题有关的软件方面的知识；其二是为解决这些实际问题而使用的设备、工具等硬件方面的知识。技术资源广义上也属于社会人文资源。技术是自然科学知识在生产过程中的应用，是直接的生产力，是改造客观世界的方法、手段。技术对社会经济发展最直接的表现就是生产工具的改进，不同时代生产力的标尺是不同的生产工具，主要是由科学技术来决定的。在当代，科学技术对生产力发展的巨大推动作用，集中表现在邓小平的论断“科学技术是第一生产力”。

人力资源，也指一定时期内，组织中的人所拥有的能够被企业所用，且对价值创造起贡献作用的教育、能力、技能、经验、体力等的总称。

创新资源，是指企业创新需要的各种投入，包括人力、物力、财力各方面的投入要素。各种创新资源都是有限的。社会对企业创新的需要与企业创新的资源之间永远处于一种矛盾和对立状态。正确的创新战略规划，有助于企业用有限的创新资源，获取更多的创新成果。

品牌资源，是指企业品牌本身以及围绕品牌的创建、传播、培育、维护、创新等方面而涉及的一切可利用资源，包括品牌本身、企业内部可利用资源和企业外部可利用资源。

文化资源，是由企业形象、企业声誉、企业凝聚力、组织士气、管理风格等一系列具有文化特征的无形因素构成的一项重要资源。

信息资源，由企业内部和外部各种与企业经营有关的情报资料构成。信息资源在企业的资源结构中起着支持和参照作用，具有普遍性、共享性、增值性、可处理性和多效用性等特征，“知己知彼，百战不殆”就是运用信息资源使整体资源增值的最好诠释。

管理资源，包括企业管理制度、组织机构、企业管理策略。管理是对企业资源进行有效整合以达到企业既定目标与责任的动态创造性活动，它

是企业众多资源效力发挥的整合剂，其本身也是企业一项非常重要的资源要素，直接影响乃至决定着企业资源整体效力发挥的水平。企业要建立健全企业制度，做好组织构架设计。

市场资源，是指那些不为企业拥有或控制的，但是在市场中存在，而且因为是企业强大的竞争实力、独特的经营策略技巧和广泛的关系网络而可以为自己所用的资源。在现代经济中，凡是具有经济效益和功能的市场交易都有价值，一般来说，市场资源主要有下列几种：

（1）关系资源：是指企业因为与顾客、政府、社区、金融机构等个人或组织之间良好的关系而获得了可以利用的存在于企业外部的资源，这其中特别应该受到重视的是客户关系资源。企业与客户长期良好的合作而建立起顾客忠诚，这样客户就成为企业经营中获取强大竞争优势的一项重要资源。

（2）杠杆资源：指虽然不属于企业所有，但是企业可以通过 OEM 生产、特许经营、加盟连锁、虚拟经营等方式为我所用的资源。OEM 生产、特许经营、加盟连锁等方式往往可以以较少的投入撬动较多资源为自己的经营服务，这种资源的利用方式与物理学上的杠杆原理非常相似。

（3）社会资源：主要指社会中可供自己利用的，能为企业自身带来优势或经营帮助的事件或人物，特别是现实社会中的名人、名物和各种有影响的事件。现实经营中，许多企业不惜重金聘请各种名人为自己题字或者做宣传活动，就是利用社会资源的典型例子。

（4）历史文化资源：是指各种历史名人、历史故事和文化传说等广泛存在于社会之中的文化资源。这其中的关键是要先人一步发掘和加以运用。有时候，历史文化资源就是由企业自身所杜撰出来的一些具有一定正面影响的神话文学故事等。

（5）其他市场资源：是除了以上所涉及的可以为企业利用，并形成一定竞争优势或者为企业带来支持、帮助和利益的各种物质或精神形态的东西。所谓机会无所不在，关键是要看经营者眼界的宽广和策略的高低了。企业经营也是一样，只要善于开动脑筋，那么许多看上去原本毫无价值的东西也可以为我所用，比如垃圾，在废品收购公司也可以变废为宝。

资源是公司成长的基础。没有充分的优势资源，企业是很难发展的。如果企业不清楚自己的资源构成，也就做不到知己知彼，根本不可能在竞争中取胜。相反，如果对自己的资源构成、竞争者的资源构成都非常清楚的话，就能够准确地对各种形势作出判断，从而立于不败之地。因此，我们要做好企业战略准备工作，就必须清楚企业的资源，知道自己的优势和劣势所在，努力积累聚集优势资源，推动企业不断向着更高的目标前进。

企业市场的竞争优势，多表现在企业资源优势的竞争之上。企业资源准备，必须明确企业积累聚集优势资源的目标。一般来说，企业积累聚集优势资源的主要目标有：

为了更好地满足企业发展的需求，拥有与众不同的资源，满足企业差异化经营的需要；

拥有较大数量的资源，增强企业竞争的基础；

想方设法增强企业有效资源的寿命，提高其含金量。

企业资源准备的过程，也是战略优势和战略劣势确定的过程，能使战略主体找到战略突破口和抓手，促使战略主体进行选择性、差别化、有聚焦的创新。

※ 古为今用·古今和合 ※

诸葛亮为北伐中原，其战略准备是从经济上治蜀，从而提升弱小的蜀国综合国力，支持其连年战争。

诸葛亮治蜀

从诸葛亮辅佐刘备兵定益州直到刘备去世，整整十年时间，基本上是用兵不断。

这期间，诸葛亮虽然很少亲临前线指挥作战，但他坐镇成都，调拨兵马，整顿军饷，支援前线，深刻地体会到经济对军事的决定作用，“足食足兵”，保障了前线的供应。诸葛亮重视综合国力的增强，他从经济上治蜀的主要措施和成就，具体表现在：

（1）在发展农业的同时，制定了减轻农民负担的“薄赋敛，无尽民财”的政策。他任命有见识的秦密、孟光达担任大司农，始终对当时战争经济的基础农业丝毫不放松。历史上称他是“务农植谷，闭关息民”，“闭境功农，育养万物”，“休土劝农”，使蜀中经济呈现繁荣景象，蜀国综合国力大大加强。

（2）诸葛亮还十分重视水利工程的建设和维修。对于“天府之土”，他十分珍惜。他对都江堰工程，视之为“农本、国之所资”，为此专门设置堰官，“以征丁一千二百人以护之”。他还在成都西北角上，因“其地洼下”，“以防冲啮”，筑起一条九里长堤，后人修庙纪念他。由于重视水利，使得“水旱从人，不知饥馑，沃野千里”的成都平原，享有“陆海”之美称。

（3）他采纳刘巴建议，统一货币，铸造钱币。从他铸了直百钱以后，再也没有动过。因此，蜀汉金融钱币稳定，使得社会经济稳定。

（4）对于重要盐铁生产，诸葛亮十分重视，设置盐府校尉、司金中郎将，专管盐铁生产。

（5）对四川特产——蜀锦生产也格外重视。他首设“锦官”，管理生产。

正是由于重视综合国力，发展生产，繁荣经济，弱小的蜀国才有能力支持连年战争，才具有北伐中原的实力。

※ 古为今用·古今和合 ※

萧何功劳很重要的方面是源于其帮助刘邦做好战略准备。

开国第一侯

公元前202年，汉代建立，刘邦称帝。其后，刘邦论功行赏，力排众议，定萧何为首功，萧何受重封“酂侯”，食邑八千户。紧接着，在分封诸侯排位次时，萧何又被定为位次第一。

萧何一没像韩信这样带兵打过仗，二没像张良那样出过奇谋妙策，萧何是凭什么获封“开国第一侯”的？周恩来曾经对此有过评价：“刘邦百战百败，却屡败屡起，靠的就是萧何为他当宰相，经营关中作他的根据地，要人有人，要钱有钱，要粮有粮。项羽百战百胜，却经不起一败；一败涂地，一败就亡，原因之一是没有萧何这样的宰相。”关内侯鄂秋在当时评议排位次时也据理力争：“郡臣议皆误。夫曹参虽有野战略地之功，此特一时之事。夫上与楚相距五岁，失军亡众，跳身遁者数矣，然萧何常从关中遣军补其处。非上所诏令召，而数万众会上乏绝者数矣。夫汉与楚相守荥阳数年，军无见粮，萧何转漕关中，给食不乏。陛下虽数亡山东，萧何常全关中待陛下，此万世功也。今虽无曹参等百数，何缺于汉？汉得之不必待以全。奈何欲以一旦之功加万世之功哉！萧何当第一，曹参次之。”刘邦自己也说：“夫运筹帷幄之中，决胜于千里之外，吾不如子房。镇国家，抚百姓，给馈饷，不绝粮道，吾不如萧何。连百万之军，战必胜，攻必取，吾不如韩信。此三者，皆人杰也，吾能用之，此吾所以取天下也。”

事实上，刘邦一直对萧何也很信任。萧何把有关事项每次报呈刘邦，刘邦总是同意，允许照办。即使来不及报告，萧何也可以根据具体情况先行执行，等刘邦回来再报告。刘邦能够成功，在很大程度上依赖于萧何所创造的“有利的态势”。据史书记载，当时的情况是这样的：

汉二年（公元前205年），刘邦乘项羽大军东征之机，乘虚而入，攻占了项羽的老巢彭城（今江苏徐州）。汉军进驻彭城后，刘邦被胜利冲昏了头脑，麻痹大意，放松警惕，不久便被项羽率3万精兵绕道杀回，被楚军团团围困于彭城灵壁（今安徽濉溪市南）。幸亏陈平献“金蝉脱壳”之计，刘邦才得以带着数十骑残兵败将逃回荥阳。这时，关中的壮丁多数已被征发，萧何便调拨老弱及不到服役年龄的少年到荥阳增援，韩信也收兵与刘邦会师，刘邦这才得以重振旗鼓，与项羽大军相持于荥阳、成皋一带。

当时，萧何坐镇关中，对外，征发兵卒，运送粮草，供应汉军；对内，侍奉太子，制定法令规章，建立宗庙秩序。刘邦几次战役，弃军逃跑，当时萧何若稍有二心，便可置刘邦于死地。可萧何每次都征发关中兵，补足汉军缺额，刘邦也因此得以重新振作，多次转危为安。公元前203年，项羽终于因为连年战争，陷入了兵尽粮绝的困境。而刘邦的部队，却由于萧何坐镇关中，不断地向前方输送粮食和兵力，形成了兵强粮多的好形势。后来，刘邦越战越强，终于逼得项羽兵败垓下，自刎乌江。

刘邦称帝后，在洛阳南宫大宴群臣。席间，觥筹交错，君臣共饮。刘邦显得特别高兴，他说：“你们都说实话，我为什么能够夺取天下？项羽又为什么会失去天下？”群臣众说不一。刘邦最后说：“你们只知其一，不知其二。运筹于帷幄之中，决胜于千里之外，我不如子房（张良）；镇国家、抚百姓、供军需、给粮饷，我不如萧何；指挥百万大军，战必胜，攻必克，我不如韩信。这三个人都是人中豪杰，我能用他们，所以能得天下。项羽只有一个范增还不能重用，因此最后败在我的手中。”不难看出，刘邦认为张良、萧何、韩信是他最得力的功臣，这三人亦被称为“汉初三杰。”其后，刘邦论功行赏。定萧何为首功，封他为酂侯，食邑最多。

许多功臣心里愤愤不平，私下里议论不休。他们说自己跟随刘邦辗转南北，身经百战，而萧何只不过坐在家里发发议论，做做文字工作而已，毫无战功，为什么他的食邑反而比我们多呢？刘邦闻知此事后，就对他们说：“你们知道猎人吗？打猎的时候，追杀野兽的是猎狗，而指示行踪，放狗追兽的是人。如今诸位只是能猎获野兽，相当于猎狗的功劳。至于萧何，他能放出猎狗，指示追逐目标，那相当于猎人的功劳。况且你们只是一个人追随我，多的也不过带两三个家里人，而萧何却是全族好几十人跟随我，这些功劳怎么能抹杀呢？”众人听罢，都无言以答。诸侯分封完毕，接着是排位次。群臣都说：“平阳侯曹参跟随陛下南征北战，身受70余处战伤，攻城略地，功劳最多，应排第一。”刘邦已经压过大家一次，重封了萧何，对排位次的事就不好再说什么，不过他心里仍然认为萧何应该排在第一位。这时，关内侯鄂君说：“在楚汉战争中，陛下有好几次都是全军溃败，只身逃脱，全靠萧何从关中派出军队来补充。有时，就是没有陛下的命令，萧何一次也派遣几万人，正好补充了陛下的急需。不仅是士兵，就是军粮也全靠萧何转漕关中，才保证了供应。这些都是创立汉家天下流传后世的大功劳，怎么能把像曹参等人只是一时的战功列在万世之功的前面呢！依臣之见，萧何应排第一，曹参第二。”鄂君的这番议论，正中刘邦下怀，于是顺水推舟，把萧何排为第一，准许他穿鞋带剑上殿，并封了萧何的父子兄弟10多人。这样，萧何位列众卿之首，被称为“开国第一侯”。

※ 古为今用 · 古今和合 ※

秦国图霸的前提是其充分的战略准备，战争只是其外在的表象和实力展示的手段。

秦国图霸

战国末期，七雄争霸。七国中，秦国势力发展最快。秦昭王开始图谋吞并其他六国，意图独霸中原。

当时的秦国，山地丘陵森林密布，物产丰富。关中平原与成都平原，沃野千里，土壤肥沃。北、南两“天府”为秦国经济的繁荣打下了坚实的基础。部分黄土高原及四川盆地西部山原广阔，水草丰美，为畜牧业发展提供了得天独厚的条件。

但是，与其他几国相比，秦国并不是一开始就强，秦国的地理环境和条件，也不是一开始就优越。最开始在西周时，秦人首领秦非子因给周王室养马有功，被周孝王封在西陲环境恶劣的秦地，秦成了他们的正式族称。经过长达百年的惨淡经营，秦人暴霜露、斩荆棘，逐步适应了西陲环境，实力与日俱增。公元前769年，周平王为躲避犬戎的骚扰，把都城向东迁到洛邑，秦襄公带兵护送周平王至新都。周平王封襄公为诸侯，赐给他岐山以西的土地，秦始建国，周平王还说："戎人不讲道义，侵夺我岐山、丰水的土地，秦国如果能赶走戎人，这些土地就归秦国。"平王与秦襄公立下誓约。从此，秦国随着国境线的外扩，实力日益增强。从春秋到战国，秦国从西陲弱国成为虎狼强国的过程，可以说就是一个地生度、度生量、量生数、数生称的过程。

秦国变强，有一个慢慢积累的过程，也有一个快速飞跃的时期。这个飞跃，是通过重用人才来实现的。秦国的各种人才在统一的过程中，也各尽其能发挥了重要作用，其中两个重要代表是商鞅和范雎。事实上，地理环境条件再优越，如果不能很好地善任人才去开发利用，也是不能够成事的。

商鞅变法，废除了原有的井田制，实行了土地私有制，在秦国内统一度量衡，重农抑商，奖励耕织，使秦国的经济获得极大的发展；改革户籍制，废除世卿士禄，推行郡县制，奖励军功，提高了战斗军事实力；商鞅变法使秦国变得国富兵强，从而奠定了统一六国的基础。

范雎的远交近攻论，是在公元前270年，秦昭王准备兴兵伐齐时，范雎说服秦王阻秦攻齐的一句名言。范雎当时说："王不如远交而近攻，得寸，则王之寸；得尺，亦王之尺也。"这种得寸进尺的攻城略地策略，是在分析了以下形势的基础上作出的：齐国势力强大，离秦国又很远，攻打齐国，部队要经过韩、魏两国。军队派少了，难以取胜；多派军队，打胜了也无法占有齐国土地。不如先攻打邻国韩、魏，逐步推进。

其后四十余年，秦始皇一直坚持“远交近攻”之策，主动派使者远交齐楚，首先攻下韩、魏，然后又从两翼进兵，攻破赵、燕，统一北方；攻破楚国，平定南方；最后把齐国也收拾了。秦始皇终于实现了统一中国的愿望。

尽管秦国实力很强、野心很大。但在与实力相对较次的赵国对战中，秦国并没有占据太多的优势。战国末期秦国与赵国的两次最重要的战争——长平之战和邯郸之战中，双方死伤的人数差距并不大。但由于秦国实力积累更厚，秦国笑到了最后。

从长平之战和邯郸之战中可以看出，决定最后胜利的不是战争的胜利，而是实力的比拼。

长平之战

周赧王五十五年（前260年）农历四月，王龁向长平的赵国军队发动进攻，赵孝成王命令廉颇迎战。于是，廉颇率军对秦军展开进攻，但赵军数战不利。主将廉颇恐一败涂地，因此决定依托有利地形，命令士兵固守营垒不出，疲惫秦军。

赵孝成王恼怒廉颇的军队数次战败，又反感廉颇坚壁不敢战，再加上秦国丞相范睢派人携带千金到赵国施行反间计，终于使赵王决定换将，不顾蔺相如和赵括母亲的谏阻，派名将之后、熟读兵书的赵括去接替廉颇为主将。

秦昭王得知赵括代替廉颇担任主将后，为能彻底击败赵国，暗地里调被后世尊称为战神的武安君白起为上将军，改命王龁担任尉官副将，并令军中严守秘密，有走漏消息的格杀勿论。

当赵括出兵进攻秦国军队的时候，白起命令秦军佯装战败溃退，赵括不知道秦国已经暗地里用名将白起换下了王龁，就命令赵国的军队乘胜追击，一直追到秦军的营垒，但是赵国的军队无法攻破秦军用两年时间加固的营垒。

这时，白起命令一支25000人的部队突袭到赵军出击部队的后方，截断赵军的后路，又命一支5000人的骑兵部队插入赵军与营垒之间，将赵军主力分割成两支孤立的部队，同时切断赵军的粮道。同时，白起又派出轻装精兵向赵军发动多次攻击，赵军数战不利，被迫就地建造壁垒，转为防御，以待救援。

周赧王五十五年（前260年）农历九月，赵军主力已经断粮46天，士兵们相互残杀为食。赵括将剩余的赵军组织成4支突围部队，轮番冲击了四五次后仍不能突围。于是，赵括亲率精锐部队强行突围，结果被秦军乱箭射死。

赵国军队因无主将指挥，剩下的士兵向秦将白起投降。白起说："赵国士兵反复无常，如果不全部杀掉他们，恐怕再生事端。"于是白起用欺骗的手段，命令秦国军队将赵国降兵全部活埋，只留下年纪尚小的240名士兵放回赵国。

长平之战，秦国军队前后斩杀赵国士兵45万人，赵国上下一片震惊。事实上，廉颇的坚守不出，赵括的顽强攻击，秦军的立功心切，都使秦军被大量消耗。秦军死伤人数不比赵军少，据相关资料介绍，人数也在四五十万之间。长平之战，秦国取得最后的胜利，但只能说是惨胜。否则，秦王也不会轻易听信宰相范雎之言，阻止白起乘胜追击、一鼓作气攻下赵国，而是下令撤军，让赵国获得喘息修整的机会。

邯郸之战

秦国在长平之战后给了赵国8个多月的喘息机会，赵国也明白秦是绝对不会善罢甘休，也很好地利用了这几个月的时间。整个国家克服战争带来的灾难和痛苦，努力恢复生产生活。经过近9个月的苦心经营，赵国实力得到了一定程度的恢复，邯郸的城防也得到了加强。同时积极联络周围齐、魏等国家，准备联合抵抗秦国。

公元前258年农历二月，秦将王龁率领的大军来到了邯郸城下，把邯郸城团团围住，并命令士兵奋死攻城。但邯郸城坚固无比，居高临下。而且，邯郸军民自长平一战，痛恨秦军，上下齐心，同仇敌忾，抱必死之心，抗战热情空前高涨。赵国人知道此战关系到赵国生死存亡，赵孝成王利用赵人对秦国人的仇恨，将邯郸城的抗秦气氛提高到顶点。秦军虽然装备精良，人数众多，但数次攻城，却毫无进展，并且自己损失惨重。但持续的围困，使邯郸城内粮食断绝，到了“以骨为炊”“易子而食”的地步。邯郸城内出现了投降之声，而且秦军攻击强度也达到最高——邯郸危急！

赵孝成王只得向楚、魏求援。赵孝成王派战国末期有名的四公子之一平原君赵胜，出使楚国。平原君在毛遂自荐的帮助下，成功来到楚国，说服犹疑不决的楚王，答应了赵国的请求。他派同样是战国四公子之一的春申君黄歇带领军队出征，救援赵国。平原君向春申君许诺：如果救赵成功，将赠送给他一座赵国的城池。

赵国的求救信来到了魏国，魏王派大将晋鄙带兵十万救赵。秦王闻之，使人告魏王：如果你敢救赵，等我打下了赵国必定移兵攻打魏国。魏王害怕了，就派人让晋鄙停下，驻扎在邺这个地方。邺地距离邯郸只有一天的路程。信陵君魏无忌——同样也是战国四公子之一，是平原君赵胜妻子的弟弟，演绎了一出“窃符救赵”的惊险大戏，夺了魏王所派大将晋鄙的10万大军的兵权。信陵君魏无忌拿到兵权后，深知此战乃恶战，胜败未可知，于是下令：“父子都在军中，父亲回国；兄弟都在军中，哥哥回国；家中只有一子者，回国。”最后得到士兵8万人，信陵君带着这8万人，加入了惊天动地的邯郸保卫战，他来得正是时候，因为他参加的正是决战！

魏楚的援军已经赶到，但是秦军却没有撤走的意思。秦昭王岂会罢休，甚至他还想利用这个机会，掂量一下诸侯国到底还有多少斤两，秦王下令，阻击援军。

11月，8万魏军和10万楚军已抵达邯郸外围，秦国也不断增兵抵御，12月，信陵君指挥魏楚联军，对秦军发动了强大的攻势。魏楚援军的实力自然不可小视，带兵的信陵君和春申君也绝非泛泛之辈。当然，秦军更不是缩头缩尾之流。双方在离邯郸城不远的地方展开了激烈的战斗。当时，魏军攻于西，楚军击于东，赵军应于内，而秦军犯下了一个致命的错误，低估了邯郸城内赵军的实力，王龁带领大量部队前去阻击魏楚援军，秦军的进攻重心由邯郸转往了魏楚援军，包围邯郸的军队的实力大为下降，由郑安平所率领的部队根本不足以有效地控制住邯郸，甚至，不能防住邯郸军队的反攻。

而邯郸军民听到援军的消息，士气大振，冲出城外与秦军决战，我们可以想象一下那是一个怎样的场面，邯郸城内的军队冲出城外定是将压抑在心中长久的怒火全部撒在了秦军的头上，秦军被打得个措手不及，招架不住，溃败而去，而郑安平率领的2万余人却成了瓮中之鳖，被赵军成功包围。真是世事难料，造化弄人，刚刚还在包围赵军，现在却反被赵军包围。

郑安平根本没有料到被围困长达两年的赵军会如此的凶猛，以至于自己连撤退的机会都没有，当然，他还是很明智，经过短时间的抵抗，知道回天乏力，也便率领2万秦军投降了赵国。消息传到秦将王龁的军中，军心动摇，而且战略上秦军三面受敌，处于被围攻的局面，也就无心作战，秦军全线崩溃。三国联军乘胜追击，秦将王龁率秦军主力向西急退数百里，退到河西才停步，联军趁机收复河东六百里之地，至此邯郸保卫战结束。邯郸之战，最终以诸侯联军的胜利而落下了帷幕。

赵国成功地保卫了邯郸，取得邯郸保卫战的胜利，邯郸却是悲喜交集，喜的是取得了最后的胜利，悲的是死去的同胞和破碎的家园。赵国赢得了最后的胜利也赢得了一片废墟，邯郸经此一劫，又得需要几代人时间来恢复元气，但是，秦国并不准备给他们这么长的时间。在邯郸保卫战以后，秦国向东方进攻的重心实际上已经移向了赵国，赵国面对猛攻而疲于抵抗，早已经没有机会来恢复实力。

胜利对赵国来说是迫切的，但是，胜利也是需要付出代价的，赵王在邯郸一役之后为了感谢楚魏的救援，又把几座城送给了信陵君和春申君，这样，赵国的领土在经过长平一战之后实际上是发生了萎缩，这也就意味着赵国的实力的削弱。

而我们反观秦国，在邯郸一战中，在敌国的领土上作战，损失的只是部分士兵，而且也只是在最后的时候遭受了一定的打击，这对秦国来说，只能算是一种正常的损失，并不能影响到秦国进攻的策略，当然就更不可能使秦国失去战国第一强国的地位。

虽然赵于长平之战损失近50万的精锐，但是秦于长平之战和邯郸之战中二处的损失加起来也差不多60万，如果不比其他，只比较兵力损失的话只能说是打了一个平手，无奈秦赵之势业已改变。用一句话来说就是，邯郸之战并没有改变秦强赵弱的根本局面，也没有成功地遏止住秦国进攻势头。《吕思勉读史札记》书中所说的：秦国可以万败，但只要一胜即可，而赵可以万胜，却输不起一败。赵国的灭亡也就是时间问题了！

胜利者不胜，失败者不败，这就是邯郸之后的秦赵。究其背后的缘由，地生度、度生量、量生数、数生称、称生胜，是其根本原因。“决以天地人，谋以度量夺，变以数称胜”能够比较全面地概括秦国从西陲弱国慢慢积累，逐渐崛起成为虎狼强国，最终一统中原的整个过程。

秦国根据自己的自然条件，通过商鞅变法使自己变得国富兵强，采用远交近攻谋划战争，用连横瓦解合纵，靠国家实力获取军事优势，最终打败了所有的对手。

第三节　能力准备

企业能力是指企业配置资源，发挥其生产和竞争作用所体现出来的素质。具体是指企业在生产、技术、销售、管理和资金等方面能耐及力量的总和。包括管理能力、营销能力、生产能力、研发能力、技术能力等。能力理论管理学家克里斯蒂森指出："就本身而言，资源几乎没有生产能力——能力是生产活动要求资源进行组合和协调而产生的。"

由于企业获得能力的产业环境、制度环境和文化环境各不相同，企业的能力组合也不尽相同。对处于不同区域、不同产业以及同一产业链的不同环节的企业来讲，其企业能力的构成与组合的要求都会有所不同，这导致企业需要根据本身实际具备不同的综合能力。每个企业的能力都是通过持续的积累、不断的学习而慢慢建立起来的。企业能力来源于企业对其资源的组织整合能力，而那种稀缺的、有价值的、难以模仿的、不可替代的突出能力，也即能给企业带来持久竞争优势的综合能力，就是企业核心能力（核心竞争力）。企业的核心竞争力，不是可以迅速从外部获得的，也不是可以一蹴而就而且一劳永逸的某种东西。

企业总是在特定的环境中运作的，它需要上、下游的生产配套，需要相关研发、营销、金融、咨询等一系列内外部的支撑性服务。通过将企业的内部组织能力和外部环境联系在一起来研究企业能力，我们能更全面地理解影响企业竞争力的系统要素。

有些企业资金实力雄厚、人才充足、技术设备一流，但是经营业绩不佳，其原因不在于资源而在于企业缺乏运作资源的能力，缺乏将资源有效地整合在一起为企业利润作贡献的能力。但是需要注意的是，虽然资源本身不是能力，但是优势资源的拥有的确能够给企业带来较强的市场竞争优势。

企业能力准备，是企业在竞争压力下主动建构起资源组织能力的过程，也是战略主体选择战略实施的方法、手段和措施的过程。面对各种不同的情况，根据自身不同的实际情况，每个企业会有不同的方法、手段和措施，这也就决定了企业不同的战略对策。

※ 洋为中用·中外和合 ※

能力准备的过程，也是一个习惯养成的过程。

富有习惯的养成

习惯，是指积久养成的生活方式。《现代教育行为心理学》认为：习惯是经过反复练习而形成的较为稳定的行为特征。

亚里士多德说：总以某种固定方式行事，人便能养成习惯。

莎士比亚认为：不良的习惯会随时阻碍你走到成名、获利和享乐的路上去。习惯实际上已成为天性的一部分（亚里士多德），习惯能造就第二天性（西塞罗）。

英国作家艾霍尔提炼出这样的结论：有什么样的思想，就有什么样的行为；有什么样的行为，就有什么样的习惯；有什么样的习惯，就有什么样的性格；有什么样的性格，就有什么样的命运。

托马斯·科里（Thomas C. Corley），是《富有的习惯》（*Rich Habits*）和《改变习惯，改善生活》（*Change Your Habits*，*Change Your Life*）的作者，他花了5年时间研究了177位白手起家的百万富翁的日常习惯，研究的结论是：从普通人转变成有着七位数财产的成功人士的原因之一，在于其“富有的习惯”。他说：“通过研究，我发现你的日常习惯会透露出你在生活中能否获得成功”，“习惯预示着一种因果关系。习惯决定着财富、贫穷、快乐、悲伤、压力、关系好坏、健康与否。”

托马斯·科里说，好在所有的习惯都是可以改变和培养的。他在书中介绍了百万富翁们的一些“富有的习惯”：

1. 他们经常阅读

富人更愿意学习，而非娱乐。科里调查研究的结论是：“88%的富人每天会至少阅读30分钟，内容以自学和自我提升类阅读为主。大多数人都不会为了娱乐去读书，富人阅读是为了获取知识。”

科里发现他们倾向于阅读三类书：成功人士自传、个人修养或发展类书籍、历史类书籍。

2. 他们坚持锻炼

“76%的富人坚持每天有氧运动30分钟以上。”科里在书中写道。

有氧运动包括跑步、短跑、快走、骑自行车等。

“有氧运动不仅对身体好，对大脑也有很大帮助。”他写道，“有氧运动可以增加神经元（脑细胞），体育锻炼还可以增加体内葡萄糖含量，葡萄糖就是大脑的燃料。大脑获得的养料越多，发展就会越好，你也会变得更聪明。”

3. 他们结识其他成功人士

“你会和你常常来往的人一样成功。”科里在书中写道，“富人总是在寻找目标明确、乐观热情、心态积极的人做朋友。”

另外也要避免与负能量的人或影响接触，科里强调：“负面的、消极的批评会让你离成功的道路越来越远。”

4. 他们追求自己的目标

“追求自己的梦想和目标，可以让你产生长期的幸福感，最终转化为大量的财富。”科里在书中写道。有太多人犯了追逐别人（比如他们父母的）梦想的错误，富人则不断完善自己的目标，坚韧且激情满满地追求它们。

“激情让工作更有趣。”科里在书中写道，“激情给你提供克服失败、错误、拒绝的能力、坚持和重心。”

5. 他们坚持早起

在科里的研究中，一半以上白手起家成为百万富翁的人士至少在工作时间前3个小时起床。这是对付日常工作突发情况的一种解决策略，比如开会时间太长、道路太堵、要去学校接生病的孩子等。

“这些突发情况会对我们产生心理影响，改变我们的潜意识，最终会让我们觉得生活已经失控。”科里在书中写道，“早晨五点起床，完成你今天工作中最重要的三件事，这会让你重新掌控你的生活，给你一种你在主导自己生活的自信感。”

6. 他们有多种收入来源

“白手起家的百万富翁不会依靠单一的收入来源，他们有多种收入方式。在我的研究中，65%的富人在他们赚得第一笔百万美元之前，已经有至少三种收入来源了。”

额外的收入包括房地产租赁、股市投资、副业的部分所有权等。

7. 他们有自己的导师

“找到自己的导师可以让你更快积聚财富。”科里在书中写道。

“成功的导师不仅仅是会对你的生活产生积极的影响。通过指导你什么该做、什么不该做，他们可以定期地活跃在你的成功道路上。他们与你分享有价值的成功经验，这些经验要么来自于他们的导师，或是来自于曾经失败的打击。”

8. 他们有着积极的人生态度

“只有当你有积极的精神态度时，你才能获得长期的成功。在我的研究中，积极向上是所有自力更生百万富翁的标志。”

问题在于，大部分人无法确定他们的想法到底是积极的还是消极的，他解释道：“如果你停下来听听自己的思想，感受它们的存在，你会发现绝大多数想法都是消极的。但只有当你强迫自己去看清内心时，你才会意识到这些消极思想的存在。意识到它们的存在是最关键的。”

9. 他们不从众

我们总是希望融入社会，适应这个社会，并成为其中一部分，因此我们总会尽力不让自己过于突出。但是，无法让自己与他人区分出来，这就是为什么大多数人无法获得成功的原因。

成功人士创造自己的圈子，并把他人拉进来，科里说：“你需要让自己突出，然后创造你自己的圈子，让别人来加入你。”

10. 他们举止礼貌

“自力更生的百万富翁掌握了社会礼仪的重要原则，如果你想获得成功，你也需要掌握同样的原则。”

这些礼仪包括寄送感谢信、记得重要的日期（如结婚纪念日、生日）、掌握餐桌礼仪以及在不同的场合正确着装。

11. 他们帮助其他人成功

“帮助其他人追逐目标和梦想并获得成功，这也可以让你从中受益。如果没有其他成功人士，那么成功也是很难定义的。如果想要成功，最好的方式是首先帮助其他人。”

但是，你不应该给所有人都提供帮助，科里说：“你只应该帮助那些乐观的、有明确目标的、积极的、追逐梦想的人。”

12. 他们每天花 15 ～ 30 分钟时间思考

“思考是他们成功的关键。”科里发现了这一点。富人倾向于在早晨独立思考至少 15 分钟。

“他们每天早晨头脑中思考很多事情。”他解释道，话题既包括事业和财务，也包括健康和慈善。

他们经常会问自己这样的问题：“我怎么做才能赚更多钱？我的工作让我开心吗？我锻炼时间足够吗？我还可以参与哪些慈善活动？”

13. 他们寻求反馈

“因为害怕批评，所以我们很少向他人寻求反馈。”科里在书中写道，“但是，反馈是了解做事正确与否的关键。反馈帮助你了解自己是否仍在正确的道路上。如果反馈是批评，无论是好还是坏，都是学习和成长的重要元素。”

此外，反馈可以让你改变重心，体验新的事业或道路。正如科里所说：“反馈中提供给你的信息，让你可以在任意企业中获得成功。”

（参考：李思璟的翻译）

※ 洋为中用 · 中外和合 ※

学习平衡计分卡（BSC）知识，有助于我们用和合思想理念更好地从财务视角、客户视角、内部运作流程视角及学习和成长等方面了解战略准备的意义。

平衡计分卡

平衡计分卡（The Balanced Score Card，BSC）是20世纪90年代初由哈佛商学院的罗伯特·卡普兰（Robert S. Kaplan）教授和美国复兴全球战略集团创始人兼总裁戴维·诺顿（David P. Norton）提出来的对未来企业价值衡量的方法。平衡计分卡从财务、客户、内部运营、学习与成长四个角度描述企业战略。

1992年，在第1/2月号的《哈佛商业评论》上，卡普兰与戴维·诺顿发表了关于平衡计分卡的第一篇文章《平衡计分卡——业绩衡量与驱动的新方法》。这是一套企业业绩评价体系，它打破了传统的只注重财务指标的业绩管理方法，认为传统的财务会计模式只能衡量过去发生的事情。

在工业时代，注重财务指标的管理方法还是有效的，但在信息社会里，传统的业绩管理方法并不全面。组织必须通过在客户、供应商、员工、组织流程、技术和革新等方面的投资，获得持续发展的动力。基于这种认识，平衡记分卡方法认为，组织应从以下四个角度审视自身业绩：客户、业务流程、学习与成长、财务。

1996年，卡普兰关于平衡计分卡的第一本专著《平衡计分卡：化战略为行动》出版，标志着这一理论的成熟。卡普兰把绩效考核的地位上升到组织的战略层面，使之成为组织战略的实施工具。平衡计分卡自问世之日起便打动了许多企业管理人员的心弦，就连美国陆军也在多年前用上了平衡计分卡。平衡计分卡是一个全方位的架构，将企业的策略转换成一套前后连贯的绩效衡量，而且重视四个不同的方面对于战略执行的影响。它弥补了传统绩效衡量制度只重视财务的不足，平衡了股东及顾客的需求，也平衡了过去结果及未来可能性的衡量。

平衡计分卡也许是卡普兰一生最伟大的贡献，它作为一种前沿的、全新的组织绩效管理手段和管理思想，在全世界的各行各业得到了广泛的运用，它代表着一种全面的、可行的公司治理理论的开端。

美国《哈佛商业评论》将平衡计分卡理论评为75年来最具影响力的管理学说。

平衡计分卡的平衡体现在五方面：财务指标和非财务指标的平衡、长期目标和短期目标的平衡、结果指标与动因指标的平衡、内部群体与外部群体的平衡、领先指标与滞后指标之间的平衡。这是对平衡计分卡的一般理解，当然随着平衡计分卡运用范围越来越广泛，研究也将越来越深入。

平衡计分卡其实是把企业置于市场生态中，从企业的角度审视生态、组织、人三者之间的价值关系，平衡计分卡的四个维度分别体现出四类价值群体的价值诉求，为人们描绘出企业形态的价值平衡关系：财务维度主要体现的是股东的价值诉求；内部运营维度主要体现的是精英团队的价值诉求；客户维度主要体现的是利益相关者的价值诉求，以市场生态中的客户群体为主；学习与成长维度主要体现的是内部员工的价值诉求。不难看出，平衡计分卡已经尽可能地把企业价值关系体现出来。

平衡计分卡的经典案例

可口可乐公司以前在瑞典的业务是通过许可协议由瑞典最具优势的啤酒公司普里普斯（Pripps）公司代理的。该许可协议在1996到期终止后，可口可乐公司已经在瑞典市场上建立了新的生产与分销渠道。1997年春季，新公司承担了销售责任，并从1998年年初开始全面负责生产任务。

尽管总公司并没有要求所有的子公司都用这种平衡记分卡的方式来进行报告和管理控制。但可口可乐瑞典饮料公司（CCBS）还是采纳了卡普兰和诺顿的建议，在其不断发展的公司中推广平衡记分卡的概念。从财务层面、客户和消费者层面、内部经营流程层面以及组织学习与成长四个方面来测量其战略行动。

作为推广平衡记分卡概念的第一步，CCBS 的高层管理人员开了 3 天会议。把公司的综合业务计划作为讨论的基础。在此期间每一位管理人员都要履行下面的步骤：

（1）定义远景；

（2）设定长期目标（大致的时间范围：3 年）；

（3）描述当前的形势；

（4）描述将要采取的战略计划；

（5）为不同的体系和测量程序定义参数。

由于 CCBS 刚刚成立，讨论的结果是它需要大量的措施来履行这些步骤。由于公司处于发展时期，管理层决定形成一种文化和一种连续的体系，在此范围内所有主要的参数都要进行测量。在不同的水平上，将把关注的焦点放在与战略行动有关的关键测量上。

在构造公司的平衡记分卡时，高层管理人员已经设法强调了保持各方面平衡的重要性。为了达到该目的，CCBS 使用的是一种循序渐进的过程。

第一步是阐明与战略计划相关的财务措施，然后以这些措施为基础，设定财务目标并且确定为实现这些目标而应当采取的适当行动。

第二步，在客户和消费者方面也重复该过程，在此阶段，初步的问题是"如果我们打算完成我们的财务目标，我们的客户必须怎样看待我们？"

第三步，CCBS 明确了向客户和消费者转移价值所必需的内部过程。然后 CCBS 的管理层问自己的问题是：自己是否具备足够的创新精神、自己是否愿意为了让公司以一种合适的方式发展而变革。经过这些过程，CCBS 能够确保各个方面达到平衡，并且所有的参数和行动都会导致向同一个方向变化。但是，CCBS 认为在各方达到完全平衡之前有必要把不同的步骤再重复几次。

CCBS 已经把平衡记分卡的概念分解到个人层面上了。在 CCBS，很重要的一点就是，只依靠那些个人能够影响到的计量因素来评估个人业绩。这样做的目的是，通过测量与他的具体职责相关联的一系列确定目标来考察他的业绩。根据员工在几个指标上的得分而建立奖金制度，公司就控制或者聚焦于各种战略计划上。

在CCBS强调的既不是商业计划，也不是预算安排，而且也不把平衡记分卡看成是一成不变的；相反，对所有问题的考虑都是动态的，并且每年都要不断地进行检查和修正。按照CCBS的说法，在推广平衡记分卡概念过程中最大的挑战是，既要寻找各层面的不同测量方法之间的适当平衡，又要确保能够获得所有将该概念推广下去所需要的信息系统。此外，要获得成功重要的一点是，每个人都要确保及时提交所有的信息。信息的提交也要考虑在业绩表现里。

平衡计分卡应用案例

平衡计分卡的特点是始终把战略和愿景放在其变化和管理过程中的核心地位。通过清楚地定义战略，始终如一地进行组织沟通，并将其与变化驱动因素联系起来，构建“以战略为核心的开放型闭环组织结构”，使财务、客户、内部流程和学习与成长四因素互动互联，浑然一体。联想集团公司平衡计分卡就是这样运用的。

2002年4月联想集团贯彻实施“自由联想、互通互联”战略，强势介入移动通信领域。联想集团开始思考这样一个战略性的问题：一种什么样价值导向的业绩管理体系，可以保障公司的中、长期战略能有效实现，保障公司具有可持续发展所需的竞争力？于是，一个能将公司策略变为行动方案的架构——“平衡计分卡”（BSC）业绩管理体系被采纳。联想集团希望“平衡计分卡”（BSC）业绩管理体系能构建这样一种价值导向的业绩管理体系：它能及时有效反映公司综合经营状况，使业绩评价趋于平衡和完善，利于公司中、长期平衡稳健发展。21世纪初的几年应用，使联想移动成功成为知名的手机厂商。

当时，联想集团从三个方面来探讨平衡计分卡（BSC）业绩管理体系在公司的具体运用。

第一方面：平衡计分卡（BSC）为什么能保障公司业绩管理体系的稳健性和平衡性。平衡计分卡从四个不同的视角，提供了一种考察价值创造的战略方法：

（1）财务视角：其目标是解决“股东如何看”这一类问题。表明公司的努力是否对经济收益产生了积极的作用，因此财务方面是其他三个方面的出发点和归宿。财务指标包括销售额、利润额、资产利用率等。

（2）客户视角：其目标是解决“顾客如何看”这一类问题。通过顾客的眼睛来看公司，从时间（交货周期）、质量、服务和成本几个方面关注市场份额以及顾客的需求和满意程度。客户方面体现了公司对外界变化的反映。客户指标包括送货准时率、客户满意度、产品退货率、合同取消数等。

（3）内部运作流程视角：其目标是解决“我们擅长什么”这一类问题，关注公司内部效率，如生产率、生产周期、成本、合格品率、新产品开发速度、出勤率等。内部过程是公司改善经营业绩的重点。

（4）学习和成长：其目标是解决“我们是在进步吗”这一类问题。如员工士气、员工满意度、平均培训时间、再培训投资和关键员工流失率等。

第二方面：平衡计分卡（BSC）怎样来保障公司业绩管理体系的稳健性和平衡性。平衡计分卡（BSC）业绩管理包含三个层面：公司整体、部门和员工。因此，作为一个完整的业绩管理方案，三个层面联系密切，缺一不可。另外，公司的战略目标是否清晰是业绩管理体系建设的一个重要前提，没有目标的企业首先考虑的不是如何考核，而是自己的方向和计划。围绕平衡计分卡的建立流程，其实施过程大致可分为四个阶段，并构成循环：

（1）确定战略愿景。①澄清愿景。②取得一致。

（2）沟通和链接。①沟通和培训。②确定目标。③绩效和激励挂钩。

（3）规划并设定指标。①设定指标。②制定行动计划。③分配资源。④设定里程碑。

（4）反馈和学习。①明确共同的愿景。②信息反馈。③战略评审和学习。

第三方面：平衡计分卡（BSC）保障公司业绩管理体系的稳健性和平衡性的具体运用。在公司的远景目标已明确，分阶段目标做了具体部署之后，工作所有的思路和出发点都必须紧紧围绕一个中心：公司愿景和战略。

（来源：互联网）

平衡计分卡诞生在20世纪90年代，也是企业形态不断演变的产物，它颠覆了传统的价值衡量系统，外部与内部价值主体均在企业价值系统中得到体现，不仅为企业战略目标的完成建立起完善的执行基础，也使组织找到了价值形态的平衡依据。平衡计分卡之所以能够广泛地应用于众多不同性质的组织中，说明其表达的价值关系普遍存在于组织内部，为组织形态的价值平衡提供了一种管理工具。

应该说，战略策划、战略评估完成后，成败与否取决于团队的执行能力。而一个团队的执行能力，取决于是否能将战略目标分解成可操作的战术动作，然后以脚踏实地的务实精神和不达目的誓不罢休的毅力，不折不扣地贯彻落实。其中构建与公司经营发展状态相适应的业绩管理体系则是将战略目标分解成可操作的战术动作关键的节点。

广为人知的“木桶理论”指出：一个木桶的盛水量是由组成木桶的最短的木板决定的，要想提高木桶的盛水能力首先要加高木桶的短板。一个企业要不断提高自己的管理能力，就要不断地加高短板，否则公司的发展就会面临危险的境地。核心意思强调的也是企业要均衡发展的理念。

事实上，平衡计分卡（BSC）是一个具有多维角度的绩效衡量模式，其最大的价值功能在于能保持财务指标与非财务指标之间的平衡；长期目标与短期目标之间的平衡；内部衡量与外部衡量之间的平衡；成果与成果的执行动因之间的平衡；管理业绩与经营业绩之间的平衡等。多维度的平衡，能够帮助企业弥补可能存在的短板。

财务、客户、内部流程和学习与成长四个方面是存在因果关系的：员工的素质决定产品质量、销售渠道等，产品 / 服务质量决定顾客满意度和忠诚度，顾客满意度和忠诚度及产品 / 服务质量等决定财务状况和市场份额。平衡计分卡是一个全方位的架构，将企业的策略转换成一套前后连贯的绩效衡量，而且重视四个不同的方面对于战略执行的影响。

平衡计分卡的特点是始终把战略和愿景放在其变化和管理过程中的核心地位。通过清楚地定义战略，始终如一地进行组织沟通，并将其与变化驱动因素联系起来，构建“以战略为核心的开放型闭环组织结构”，使财务、客户、内部流程和学习与成长四因素互动互联，浑然一体。利用平衡计分卡，我们就可以测量自己的公司如何为当前以及未来的顾客创造价值了。在保持对财务业绩关注的同时，它清楚地表明了卓越而长期的价值和竞争业绩的驱动因素。

可以说，平衡计分卡（BSC）从平衡的角度印证了张藏本《孙武兵法·六胜》《中平兵典》《孙子兵法·军形篇》相关观点。事实上，卡普兰教授2004年在《哈佛商业评论》上发表的《评估无形资产的战略准备度》一文中介绍了一种叫作战略准备度的新方法。这种方法用来系统地评估无形资产与企业战略协调一致的程度。在文章中，卡普兰教授并不是按传统意义来定义无形资产，他指出有三类资产是对实施任何战略不可或缺的无形资产。它们是：人力资本，指公司员工所拥有的技能、才智和知识；信息资本，指公司的数据库、信息系统、网络和技术基础设施；组织资本，指公司文化、领导力、员工与战略目标协调一致的程度，以及员工分享知识的能力。

第四节　本章小结

和合战略的准备模型，是从《孙子兵法·军形篇》悟出来的。在《孙子

兵法·军形篇》中，孙子提出了要通过锻造实力造成必胜的形势："地生度，度生量，量生数，数生称，称生胜。"这"五生"给我们提供了一个战略准备的模型。

国家之间的对决，从局部和阶段上看，是战争。但从长远和全局看，归根结底比拼的是实力。以双方所拥有的土地幅员为基础，以物质资源之储备为支撑，以兵员之众寡为表象，可以衡量对比双方的强弱形势、优劣胜负之情状。

张藏本《孙武兵法·六胜》告诉我们：自然规律决定自然条件，自然条件决定人的行为准则，人的行为准则决定着一个国家的战略方针，一个国家的战略方针决定着一个国家的军事战略方针，一个国家的军事战略方针决定着这个国家的军事策略，军事策略决定着军事实力，军事实力决定着交战双方的军力优劣，而军力的优劣决定着战争胜负的态势。一个国家在开展军队建设、进行作战时都必须以这个规律为准绳，用自然规律、自然条件、行为准则来决定战争方针，用国家战略、军事战略、军事策略来谋划战争，用军事实力、军力优劣、胜负态势来指导战争中的权变。

从现代企业战略的角度用和合思想理念推导出这样的逻辑链：自然规律决定自然条件，自然条件决定着一个国家的PESTEL（政治、经济、社会、技术、环境、法律）等，一个国家的PESTEL决定着一个企业的战略方针，一个企业的战略方针决定着这个企业的发展策略，发展策略决定着企业实力，企业实力决定着竞争双方的力量对比，而力量对比决定着竞争胜负的态势。

所以，一个企业在战略准备时都必须以这个规律为准绳，用自然规律、自然条件来决定战略方针，利用发展策略来谋划竞争，用企业实力、资源优劣、胜负态势来指导战略中的对策。

在实施"称胜"战略的过程中，主要应该用和合思想理念把握三点：一是在指导思想上选准自己的战略定位；二是在资源准备上发挥自己的区位优势；三是在能力培育上构建核心竞争力。只有充分利用地域、资源、人文的已有条件，在此基础上和合"称胜"，更便于发展主体获得实力、培育实力。

用和合思想理念从另一个角度来阐释，战略准备也可以归结为思想的准备、资源的准备、能力的准备。

思想的准备，就是作为企业主，要“修道而保法”，通过悟道得道，提高认识水平，培育企业文化，凝聚员工人心。这要求与时俱进的学习和不断的知识更新。这既需要企业主谋全局谋万事，对国家相关的政治、经济、社会、技术、环境、法律等有一定的了解，也需要企业主组织员工做好对国家相关政策、法规、标准、规范等的收集、学习、培训、贯彻等工作。思想准备好了，能更好地帮助企业主确定战略方针和战略目标。

资源的准备，包括财务资源、组织资源、实物资源、技术资源、人力资源、创新资源、品牌资源等的准备和策划。同时要建立健全企业制度，做好组织构架设计。资源准备的过程，能使战略主体找到战略突破口和抓手，促使战略主体进行选择性、差别化、有聚焦的创新。

能力的准备，包括管理能力、营销能力、生产能力、研发能力、技术能力等。要在某些方面形成稀缺的、有价值的、难以模仿的、不可替代的突出能力，构建核心竞争力。能力准备的过程，也是战略主体选择战略对策的过程。

思想的准备、资源的准备、能力的准备，都不是一蹴而就的，需要一个长期的过程，有的甚至要跨越整个战略期，由此战略阶段的划分就显得尤为必要，这将帮助战略主体分阶段、有重点来推进各项战略工作，这也是我们一再强调战略实施需要采用 PDCA 科学程序推进的理由。

总之，战略准备是宣传组织群众，调动、指挥各种资源、力量，协调各种关系，处理各种矛盾的战略前期组织工作。准备可以从多个角度着手，用多种方式进行，以提升综合实力为方向，重点在于培育核心竞争力。

第九章

战略模型应用

有了战略模型，还必须灵活创新应用。在包容基础上扬弃、在传承基础上创新，发展主体的战略经过和合，就可以差异发展。

和合战略的模型应用，至关重要的是灵活创新应用，这是笔者通读《孙子兵法》悟出来的。阅读《孙子兵法》就会知道，孙子在战略谋划时，就考虑到了战略应用。提出了战略应用的三组重要的战略关系：形与势、虚与实、奇与正。笔者从其全文中，还悟出战略应用的四方面十二个要点：

（1）环境战略应用：①因地制宜；②把握时机；③临机应变。

（2）信息战略应用：①重视情报；②谋攻全胜；③料敌制胜。

（3）人本战略应用：①兵贵于精；②爱兵如子；③赏罚有度。

（4）执行战略应用：①有备无患；②兼顾利害；③兵贵神速。

战略模型的应用，分五节来阐述。

第一节　战略关系

一、“形”与“势”

原典温习

计利以听，乃为之势，以佐其外。势者，因利而制权也。（《孙子兵法·

始计篇》)

胜者之战民也，若决积水于千仞之谿者，形也。(《孙子兵法·军形篇》)

乱生于治，怯生于勇，弱生于强。治乱，数也；勇怯，势也；强弱，形也。(《孙子兵法·兵势篇》)

故善动敌者，形之，敌必从之；予之，敌必取之。以利动之，以卒待之。故善战者，求之于势，不责于人故能择人而任势。任势者，其战人也，如转木石。木石之性，安则静，危则动，方则止，圆则行。(《孙子兵法·兵势篇》)

激水之疾，至于漂石者，势也；鸷鸟之疾，至于毁折者，节也。故善战者，其势险，其节短。(《孙子兵法·兵势篇》)

故善战人之势，如转圆石于千仞之山者，势也。(《孙子兵法·兵势篇》)

故善战者，求之于势，不责于人故能择人而任势。任势者，其战人也，如转木石。木石之性，安则静，危则动，方则止，圆则行。(《孙子兵法·兵势篇》)

战势不过奇正，奇正之变，不可胜穷也。(《孙子兵法·兵势篇》)

夫兵形象水，水之行，避高而趋下，兵之胜，避实而击虚。水因地而制流，兵因敌而制胜。故兵无常势，水无常形，能因敌变化而取胜者，谓之神。(《孙子兵法·虚实篇》)

故形人而我无形，则我专而敌分。(《孙子兵法·虚实篇》)

故策之而知得失之计，作之而知动静之理，形之而知死生之地，角之而知有余不足之处。故形兵之极，至于无形。无形，则深间不能窥，智者不能谋。因形而错胜于众，众不能知；人皆知我所以胜之形，而莫知吾所以制胜之形。故其战胜不复，而应形于无穷。(《孙子兵法·虚实篇》)

远形者，势均，难以挑战，战而不利……夫势均，以一击十，曰走……败之道也。(《孙子兵法·地形篇》)

原典解读

《孙子兵法》的第四篇为《军形篇》，第五篇为《兵势篇》。在这两篇及《虚实篇》《地形篇》中，孙子分别对形与势的含义、特点，以及怎样运用

进行了阐述。

孙子所说的“形”，是指国力之强弱、兵力之优劣的比较情形。孙子提出了一个非常重要的作战指导思想：“先为不可胜，以待敌之可胜”，并指出预判胜败是有规律可循的：“胜兵先胜而后求战，败兵先战而后求胜。”强调“立于不败之地”的战略思想：先求不败，再求必胜；不战则已、战则必胜。

孙子所说的“势”，是指国力、兵力的集聚。将帅通过充分发挥主观能动性，造成和利用集聚的优势，出奇制胜。在中国古人看来，“势”是可以战胜一切的根本原因，在许多成语俗语中都用到了“势”的概念，如：势不可挡、因势利导、势如破竹、大势所趋、势在必行等。

“形”是力量蓄积待发处于相对静止状态的事物。“势”是事物力量快速爆发时的一种难以阻挡的效果。“形”与“势”是同一事物力量的两个不同的状态。“形”，静态；“势”，动态。在“形”集聚的基础上，将帅如果能够灵活运用“势”的效果，就能克敌制胜。

1938 年 3 月，八路军一二九师的神头岭一战，是现代军事家刘伯承局部造“形”、强“势”取胜的典型战例之一。战斗中，他以一个营的兵力作钳制部队，奇袭日军重要补给线——邯（郸）长（治）兵站集结地黎城，吸引了潞城之敌越神头岭来援；与此同时，他以 3 个团的兵力作为主攻部队，在黎城、潞城之间的神头岭三面设伏（造形），对援敌形成较大数量优势（强势），而其中一个营埋伏在废弃工事内，距敌行进道路仅仅只有 25 米，攻击距离之近出乎想象。战斗结果，敌一〇八师团、十六师团各一部共 1500 人，在不意、不备中，敌方只坚持支撑了 2 个小时就全部被歼。刘伯承这一次歼灭战，被侵华日军称之为“支那第一流的游击战术”。

用和合思想理念，我们联系企业竞争实际，一个企业或者一个组织，作为竞争发展的主体，在竞争环境中，必须清楚积累的重要性，有形的资源和无形的资源，其积累都很重要。要通过资源的积蓄，获取“形”的优势。在一个竞争环境中，不要急着去打败对手，而是眼睛朝内找差距，先补足短板，修身养性、适应环境、蓄养人才、健全机制、内强素质、外树形象、做好准备，先求不输，后求必赢。在具体的竞争状态下，不要靠赌或碰运气，而是要利用自身的长板，善用集聚的优“势”，克敌制胜。

二、"奇"与"正"

原典温习

凡战者，以正合，以奇胜。故善出奇者，无穷如天地，不竭如江河。……战势不过奇正，奇正之变，不可胜穷也。奇正相生，如循环之无端，孰能穷之？(《孙子兵法·兵势篇》)

凡治众如治寡，分数是也；斗众如斗寡，形名是也；三军之众，可使必受敌而无败者，奇正是也；兵之所加，如以碫投卵者，虚实是也。(《孙子兵法·兵势篇》)

无邀正正之旗，无击堂堂之阵，此治变者也。(《孙子兵法·军争篇》)

将军之事：静以幽，正以治。(《孙子兵法·九地篇》)

原典解读

"凡战者，以正合，以奇胜"这句流传千古的名言，成为战争史上的颠扑不破的真理。对正奇之道，自古以来，众说纷纭，莫衷一是。有的说"明战为正、暗战为奇"，有的说"先出为正、后出为奇"，有的说"阵地战为正、游击战为奇"，有的说"防御为正、进攻为奇"；有的说"集中为正、分散为奇"……

一般说来，用和合思想理念，我们可以认为，普遍的、常规的为正，个性的、特殊的为奇；静止的、固定的为正，运动的、变化的为奇；在意料之中的为正、出乎意料的为奇。

《孙子兵法》全篇都贯穿着奇正的思想，《计篇》五事七计为正，十二诡道为奇；《虚实篇》实为正、虚为奇；《形篇》《作战篇》《军争篇》《行军篇》《地形篇》《九地篇》为正，《谋攻篇》《势篇》《九变篇》《火攻篇》《用间篇》为奇。各篇之中又是奇正交映，奇中有正，正中有奇，灵活机动，变化多端。

"故兵无常势，水无常形；能因敌变化而取胜者，谓之神"。奇的关键在于"因敌变化"，不可墨守成规。自然界中没有两片树叶是完全相同的，战争中也没有完全相同的两场战争。只有视战场上的具体情况的变化而变化才是取胜之道。所以，今天我们学习孙子兵法，必须坚持活学活用的原则，千万不能死搬教条。如果我们在思想政治上，经济领域里，为人处世中，能根据敌情变化而取胜，那才是真正学“神”了孙子兵法。

刘伯承元帅对奇正有着深刻的认识，他说：“按照通常的战术原则，以正规的作战方法进行战斗的都可以叫作正兵。根据战场情况，运用计谋，攻其不备，出其不意，打敌于措手不及，不是采取正规的作战方法，而是采取奇妙的办法作战的，都可以称为奇兵。”

在谋略运筹时，刘伯承常常一反常规，不拘一格。作为战场上的老搭档，邓小平非常折服：“刘伯承同志经常讲一句四川话：‘黄猫、黑猫，只要捉住老鼠就是好猫。’这是说的打仗。我们之所以能够打败蒋介石，就是不讲老规矩，不按老路子打，一切看情况，打赢算数。”刘伯承部队一动，奇谋妙略就寓于其中：或隐真示假，造成敌之不意和错觉，声之东而击之西；或造成险恶之势，陷敌于被动挨打的绝境；或调虎离山，或关门打狗，或“围三缺一”而“暗设口袋”；或“攻敌所必救，消灭其救者”，或杀“回马枪”，施“拖刀计”；或避实就虚，“猫盘老鼠，盘软了再吃”；或“猛虎掏心”求“釜底抽薪”，或“夹其额，揪其尾，断其腰，置之死地而后已”。刘伯承的谋略运用，就连他的对手也“叹为观止”。

在竞争环境中，竞争主体要受到政策法规、标准规范的约束，也有通常的原则方法、基本规律、行为准则、传统习惯。这些都是需要“正合”的，也就是要求我们熟悉和善用的。但要在竞争中获取优势地位，就要求主动求变，鼓励创新，出奇制胜。在激烈的市场竞争中，一般能够超越对手的成功者，几乎都是依靠观念创新、制度创新、技术创新，获得“奇胜”的。比如，获得新技术、研发新工艺、独具新特色、开发新产品、实行新策略、创造新机制等，都能使竞争者出奇制胜。英特尔公司的副总裁达维多曾经提出，要在市场中始终占据主导地位，就要永远做到第一个开发出新一代产品、第一个淘汰自己的产品。这一点，曾经被人们称为“达维多定律”。英特尔在发展中奉行的就是这条定律，敢于及时推出新产品，并且淘汰自己在市场上卖得正火的产品，并使自己的产品形成新的市场标准，从而保证了自己在微处理器方面长期居于开发者和倡导者的地位。英特尔从来不承诺自己的产品是性能最好的和速度最快的，但是，它敢于承诺自己的产品是最新的。英特尔不断创造新产品，及时淘汰老产品，使新产品尽快进入市场，它让人们看到了新鲜的东西，看到了新的发展，看到了新的方法，看到了新的曙光。在知识爆炸的时代，“老路子好走、老办法好使”的历史一去不复返了，竞争和战争一样，也需要“以正合，以奇胜”。

三、“虚”与“实”

原典温习

兵之所加，如以碫投卵者，虚实是也。(《孙子兵法·兵势篇》)

进而不可御者，冲其虚也；退而不可追者，速而不可及也。(《孙子兵法·虚实篇》)

夫兵形象水，水之形，避高而趋下，兵之形，避实而击虚。(《孙子兵法·虚实篇》)

原典解读

唐太宗李世民曾说：“朕观诸兵书，无出孙武；孙武之十三篇无出虚实。夫用兵识虚实之势，则无不胜焉。”(《唐太宗李卫公问对》)

“虚”，是空虚；“实”，是充实。孙子用“虚实”两个字作为第六篇的篇题，讲的是兵家军备设施和作战中兵力配备，以及战术运用的“虚”与“实”。孙子在这里主要是讲集中优势兵力突破敌人薄弱环节，讲的是兵家制胜的方法之一。

李靖说，兵法“千章万句，不出乎致人而不致于人已”(《唐太宗李卫公问对》)。所谓“致人而不致于人”，就是掌握战场上的主动权，让敌人受制于己方，而不让己方受制于敌方。李靖在《唐太宗李卫公问对》书中提出的奇正、虚实、攻守等，都是为了实现“致人而不致于人”的目的，使我们能够以实击虚。

要想在战略和战术上争取主动，孙子主张就必须抢在敌人前面下手，“致人而不致于人”，切戒落后于敌，以免陷入被动挨打、以虚抗实的局面。孙子认为凡是高明的将领，应该主动调动敌人而不是为敌人所调动，让敌人牵着鼻子走。这也是我们今天所说的“争取主动，先发制人和主动出击”。战争是最讲先发制人的，因为谁掌握了主动权，胜利的天平就会向谁倾斜。在战略和战术上争取主动必须有实力，没有实力，兵力空虚，挨打是难免的。我们常说“落后就要挨打”就是这个道理。

但即使敌方整体实力更强，我方还是有机会获胜，就是集中优势兵力，避实击虚。对于战场上的避实就虚问题，孙子强调兵力分配上的不平衡，针对敌人兵力的强弱不同，产生的效果也不一样，需要注意虚与实这对矛盾。提出了避实而击虚，虚破则实减；避强而击弱，弱亡则强消的辩证规律。善于分化敌人，使其显露出薄弱环节和虚亏部位，避实击虚，是战胜强敌的法宝。

面对竞争环境，在直面各种竞争对手时，我们同样可以运用虚实原理来处理区域性的竞争问题。用和合思想理念，我们要致力于通过各种途径了解竞争对手的情况、掌握竞争对手的情报，了解其优势和劣势，在分析研究的基础上对其可能的动向做出判断，在竞争时，尽量避开自己的弱点，利用自身的优势打击对方的劣势，从而取得竞争的胜利。

※ 古为今用·古今和合 ※

对于企业来说，处理好“形与势”“奇与正”“虚与实”的战略关系是非常重要的。虽然大多数企业家都认为自己的企业是有战略的，但他们的员工，甚至是中高层骨干员工，并不是都认可这一点。而且笔者接触的有一部分企业主甚至认为自己企业没怎么研究战略问题、也不关心战略关系，也发展得很好。这个情况可能有两方面原因：一方面原因是有些企业主并不是真正意义上的企业家，而是作为生意人、商人，通过打“游击战”，搭上中国近几十年来快速发展的便车，取得了一些成果；另一方面原因是有些企业主的战略思维尽管没有达到理性的高度，但他们选择的一些做法恰恰契合了其企业发展全局性、方向性、整体性的需要，处理好了“形与势”“奇与正”“虚与实”的战略关系。因此他们也取得了成功。但这种成功是难以复制的，有碰运气的成分。

巨人、太阳神、健力宝、沈阳飞龙这些在20世纪改革开放后的中国大地家喻户晓、让国人振聋发聩的企业名字和品牌，有人问过他们迅速衰落的原因吗？这个问题肯定有人问过，但对其衰落原因的回答却是智者见智仁者见仁。有人说是企业家的性格原因，有人说是经济环境决定的，有人说是民营企业管理机制问题，也有人说是战略失误所致。要我说，这些企业家的问题还是出在战略上，他们不仅仅是战略失误，没有“战略策划是企业的头等大事”的战略意识，关键是没有处理好“形与势”“奇与正”“虚与实”的战略关系，或者压根儿不知道如何进行战略策划！如果无视消费者的成熟度、无视宏观经济环境的变化、无视竞争激烈的趋势、无视市场竞争的规律，把碰运气的成功、搭便车的成果归结为自身无所不能，遭此惨败是他们必然要承受的结果！

也许你会说：“没有战略意识，这些企业当时能做这么大吗？”怎么说呢，高手打麻将都有其战略意识，但新手上麻将桌，尽管没有战略意识，和两把也是常有的事，碰运气也能赢。我实在没办法解释运气这回事。你想想，这些企业在创业之初，哪里有强大的竞争对手？甚至根本就没有竞争对手！那时候市场求大于供，企业不做大才是奇怪的事！

要做好企业，必须重视战略的研究、策划、应用，就像欲战必须先“谋攻”。

第二节　环境战略

一、因地制宜

原典温习

夫地形者，兵之助也。(《孙子兵法·地形篇》)

是故散地则无战，轻地则无止，争地则无攻，交地则无绝，衢地则合交，重地则掠，圮地则行，围地则谋，死地则战。(《孙子兵法·九地篇》)

所谓古之善用兵者，能使敌人前后不相及，众寡不相恃，贵贱不相救，上下不相收，卒离而不集，兵合而不齐。合于利而动，不合于利而止。敢问："敌众整而将来，待之若何？"曰："先夺其所爱，则听矣。"（《孙子兵法·九地篇》）

原典解读

地形是战争中经常要遇到的客观条件，《孙子兵法》对研究军事地形、地理学，研究战略环境运用，都有借鉴作用。孙子反复论述了科学利用地形作战的方法，同时还论述了地形与战争的关系。他强调了地形在战争中的重要作用，认为"地形"是兵家辅助的工具，要根据战场上的具体情况决定作战的方案，地形对于战争的胜负有着重要的影响，必须加以重视。

《孙子兵法》告诉我们，军事地形、地理是决定战争胜负的一个重要因素，也是战争谋划的重要内容。要活用地形，变害为利，因地制宜，这是运用地形的最高原则。因地制宜用得恰当，就可以以弱击强，以少胜多，在战场取得胜利。

战争需要因地制宜，各行各业在竞争环境中都需要因地制宜。农业耕作，因纬度、日照、农业机械化程度、农耕农艺措施及技术水平不同，我们需要因地制宜地规划农业生产；医疗卫生，因不同的地域，地势有高下，气候有寒热湿燥、水土性质各异，因而在不同地域长期生活的人就具有不同的体质差异，加之其生活与工作环境、生活习惯与方式各不相同，使其生理活动与病理变化亦不尽相同，我们需要因地制宜地考虑差异治疗；社会经济，因地理环境对经济发展的影响永远存在，不会消失，我们需要充分利用优越的地理条件或者克服地理环境的先天不足，因地制宜地来发展经济。

二、把握时机

原典温习

故三军可夺气，将军可夺心。是故朝气锐，昼气惰，暮气归。故善用兵者，避其锐气，击其惰归，此治气者也。以治待乱，以静待哗，此治心

者也。以近待远，以佚待劳，以饱待饥，此治力者也。无邀正正之旗，勿击堂堂之陈，此治变者也。(《孙子兵法·军争篇》)

凡用兵之法，将受命于君，合军聚众，交和而舍，莫难于军争。军争之难者，以迂为直，以患为利。(《孙子兵法·军争篇》)

故兵以诈立，以利动，以分合为变者也。故其疾如风，其徐如林，侵掠如火，不动如山，难知如阴，动如雷震。掠乡分众，廓地分利，悬权而动。先知迂直之计者胜，此军争之法也。(《孙子兵法·军争篇》)

原典解读

孙子认为战争需要把握时机来争取主动权，并提出了争取战争主动权的基本原则是“兵以诈立，以利动，以分合为变”，也就是充分利用假象来迷惑敌人，以利益来调动敌人，根据敌情、地形和天气的变化，灵活地集中和分散兵力。

孙子认为，军队打仗中最难的在于“以迂为直，以患为利”，孙子强调战争并不是轻而易举的，两军作战，要想取胜，就是要化不利条件为有利条件，把握时机，寻找合适的机会消灭敌人。有的时候，在战场上，情况会瞬息万变，如果不懂得把握时机，失败就是必然的。

在商场上，同样需要把握时机。20 世纪 30 年代美国经济大萧条期间，美国所有企业家都在为保全自己而努力，而阿曼德·哈默却在寻找市场。当时罗斯福正在走向白宫总统的宝座，哈默判断：如果他一旦当选，那么，1919 年颁布的禁酒令将被废除，从而既满足人们对酒的渴望，又刺激美国经济的发展。这将意味着全国对啤酒和威士忌的需求激增，酒桶也将会供不应求。哈默当机立断，立即从苏联订购了几船优质木材，在新泽西州建立了一座现代化的酒桶厂。禁酒令废除之日，也正是哈默制桶公司的酒桶从生产线上源源滚下之时，他的酒桶被各制酒厂用高价抢购一空。哈默乘胜追击，进军制酒业，开始经营威士忌酒生意。他接连购买了多家酿酒厂，将这些酒罐装成瓶并取得“丹特”等商标。采取大幅度削价和大做广告等手段，哈默很快就战胜了所有的竞争对手。只用了两年，“丹特牌”威士忌酒一跃而成为全美一流名酒，年销售量高达 100 万箱。

三、临机应变

原典温习

涂有所不由，军有所不击，城有所不攻，地有所不争，君命有所不受。(《孙子兵法·九变篇》)

必死，可杀也；必生，可虏也；忿速，可侮也；廉洁，可辱也；爱民，可烦也。(《孙子兵法·九变篇》)

故兵无常势，水无常形，能因敌变化而取胜者，谓之神。(《孙子兵法·虚实篇》)

原典解读

孙子认识到战场上的情况是千变万化的，一个善于指挥的将领，必定需要凭借有利的战机，见机而作、相机行事，夺取最终的胜利。孙子提出了“兵无常势，水无常形”，打仗需要“因敌变化”，军队统帅需要有应变能力，发挥自己的聪明才智，灵活运用各种战略方法，在变化中寻找出奇制胜的良策来战胜对手。孙子强调要见机行事、因时而动、相机而行，反对墨守成规、一成不变、生搬硬套，只有善于临机应变，方可趋利避害、取舍得宜、转败为胜，才能出其不意、攻其不备、战无不胜。

俗话说，机不可失，时不再来。凡事都必须抓住最有利的时机，临机应变。打铁要趁把铁烧得通红时及时捶打；种田要赶着合适的节气插秧播种；经商要物稀价贵之时抛售、物繁价贱之时吸纳。见机行事、当机立断者，往往能够逢凶化吉，转危为安；优柔寡断、错失良机者，往往会遭遇非预期的结果。

战略环境具有其客观性，不为战略主体的意志所左右。战略主体必须充分了解战略环境，“因地制宜”，才能使战略环境为己所用，获得成功。

战略环境是发展变化的，这就需要战略主体能够把握变化的时机，争取主动权；利用合适的机会，获取有利条件；通过临机应变，出奇制胜战胜对手。

临机应变，变的更多的是手段、方法而不是原则、目标。掌握了这个原理，我们才能以不变应万变。临机应变，体现了一个人的信心、勇气、智慧，要正确地临机应变，需要不断地学习，观察和积累。

临机应变的意识固然重要，但难点却是如何正确地应变。临机应变需要很高深的智力、经验和技巧。首先不能乱变，我们要明白，有些东西是不变或不能变的。其次变了要看效果，不同的变化会有不同的效果，要及时总结。第三也不能常变，如果我们经常改变方向、目标，最终人生一事无成。

第三节　信息战略

一、重视情报

原典温习

故明君贤将，所以动而胜人，成功出于众者，先知也。先知者，不可取于鬼神，不可象于事，不可验于度，必取于人，知敌之情者也。(《孙子兵法·用间篇》)

故三军之事，莫亲于间，赏莫厚于间，事莫密于间。非圣智不能用间，非仁义不能使间，非微妙不能得间之实。微哉！微哉！无所不用间也。间事未发，而先闻者，间与所告者皆死。(《孙子兵法·用间篇》)

故惟明君贤将，能以上智为间者，必成大功。此兵之要，三军之所恃而动也。(《孙子兵法·用间篇》)

原典解读

信息在战争中有非常重要的作用，孙子认为战前必须要了解对手的情况，要做到“知己知彼”。没有信息情报，将帅就无法有针对性地制定战略，也就无法取得胜利。

重视情报，就要重视情报获取和分析人员，因此孙子提出“三军之事，莫亲于间，赏莫厚于间，事莫密于间”，把情报人员放在至关重要的位置，来体现其重要性。

自古以来，竞争主体之间的竞争，往往是情报信息的竞争。情报信息，可以用它来预测未来发展的方向和趋势，可以为决策提供科学的依据。谁获得情报信息更准确、更及时，谁就更有主动权。在大数据时代，情报研究工作需要得到空前的重视。大数据的理念和技术既带来了机遇，也带来了挑战。随着学科的深入交叉融合及社会发展、经济发展与科技发展一体化程度的增强，情报研究正从单一领域分析向全领域分析的方向发展。在大数据时代，情报资料、情报数据、情报获取、情报整理、情报分析、情报判断等方面，由于互联网、物联网、云计算的发展，都在呈现出崭新的面貌，如何利用大数据提炼出有价值的情报，综合利用多种信息源，从而准确决策、抢占先机，是提高竞争力的新课题。

二、谋攻全胜

原典温习

故上兵伐谋，其次伐交，其次伐兵，其下攻城。攻城之法，为不得已。(《孙子兵法·谋攻篇》)

故善用兵者，屈人之兵而非战也，拔人之城而非攻也，毁人之国而非久也，必以全争于天下，故兵不顿，而利可全，此谋攻之法也。(《孙子兵法·谋攻篇》)

无形，则深间不能窥，智者不能谋。(《孙子兵法·虚实篇》)

故不知诸侯之谋者，不能豫交；不知山林、险阻、沮泽之形者，不能行军；不用乡导者，不能得地利。(《孙子兵法·军争篇》)

圮地无舍，衢地交合，绝地无留，围地则谋，死地则战。(《孙子兵法·九变篇》)

辞卑而益备者，进也；辞强而进驱者，退也；轻车先出居其侧者，陈也；无约而请和者，谋也；奔走而陈兵车者，期也；半进半退者，诱也。(《孙子兵法·行军篇》)

凡为客之道：深入则专，主人不克；掠于饶野，三军足食；谨养而勿劳，并气积力，运兵计谋，为不可测。（《孙子兵法·九地篇》）

将军之事：静以幽，正以治。能愚士卒之耳目，使之无知。易其事，革其谋，使人无识；易其居，迂其途，使人不得虑。（《孙子兵法·九地篇》）

原典解读

孙子的“谋攻”思想作为兵家的一种理想追求和用兵指导原则，时常为后世的兵家不断地加以实践验证，并创造出许多精彩的例证。

孙子提出了战争中用兵战胜敌人的战略战术决策：根据兵力多少和强弱来“谋攻”。这一思想在孙子军事思想中极有理论价值。而且在古代和现代均有广泛的运用。

孙子虽然十分强调“谋”的意义，但是他也决不忽视具体“攻”的方法。孙子的“谋攻”，实质是指根据实际情况部署战略、策划具体的作战方案。在如何作战的问题上，孙子对每一战的胜负利害表现出了极大的关注，他珍视每一战的胜利而反对进行无利甚至赔本的争战。

谋攻，追求的是“不战而屈人之兵”“致人而不致于人”。军队能打仗、善打仗，是不战的基础条件。不战，是指没有流血冲突，这是“全胜”的先决条件。但这里的不战，绝不是厌战、怯战，也不是没有能力应战，而是掌握了战争主动权后“屈人之兵”：对冲突形式进行把握，形成的强烈的军事力量和状态的对比，迫使敌对一方主动认输，从而达到保存实力，避免流血，减少社会灾难的根本目的。即使到了非战不可的地步，也要“先胜而后求战”，而不是“先战而后求胜”。

竞争主体如何通过“谋攻”，在竞争环境中“不战而屈人之兵”“致人而不致于人”，是其决策层面临的最重要的问题。

三、料敌制胜

原典温习

料敌制胜，计险厄远近，上将之道也。知此而用战者必胜，不知此而

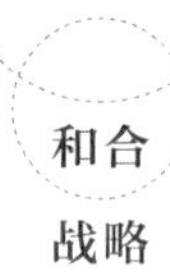

用战者必败。故战道必胜，主曰无战，必战可也；战道不胜，主曰必战，无战可也。故进不求名，退不避罪，唯人是保，而利合于主，国之宝也。(《孙子兵法·地形篇》)

原典解读

料敌制胜，就是要准确的预料、判断敌情，从而取得胜利。

因此，孙子这儿讲的是知与行、学习与使用之间的关系问题，具有普遍的认识论价值。知彼知己，不但是兵家制胜的谋略原则，而且已成为科学的真理。历史上用兵的人凡是遵循了这条原则，就取得成功；否则，便招致失败。

“料敌”的基础是要重视情报工作，以“知胜”为指引，以“谋攻全胜”为方向，利用统计学、概率学、心理学和博弈论对敌情、商情进行预判。而“制胜”的前提是“料敌”。对于“料敌制胜”为原则的策略，是通过“知胜”做好预判、通过抓好“五事七计”经营好自己的“势”、通过“谋攻”做好策划、再采用包括“伐交”在内的各种谋略，充分做好“道、天、地、将、法”的战略准备和积极的备战，这需要有更高的能力和技巧。

第四节　人本战略

一、兵贵于精

原典温习

兵非益多也，惟无武进，足以并力、料敌、取人而已。夫惟无虑而易敌者，必擒于人。(《孙子兵法·行军篇》)

凡治众如治寡，分数是也。(《孙子兵法·势篇》)

人既专一，则勇者不得独进，怯者不得独退，此用众之法也。(《孙子兵法·军争篇》)

所谓古之善用兵者，能使敌人前后不相及，众寡不相恃，贵贱不相救，上下不相收，卒离而不集，兵合而不齐。（《孙子兵法·九地篇》）

施无法之赏，悬无政之令，犯三军之众，若使一人。（《孙子兵法·九地篇》）

识众寡之用者胜（《孙子兵法·谋攻篇》）

凡治众如治寡，分数是也；斗众如斗寡，形名是也；三军之众，可使必受敌而无败者，奇正是也；兵之所加，如以碫投卵者，虚实是也。（《孙子兵法·兵势篇》）

我专为一，敌分为十，是以十攻其一也，则我众而敌寡；能以众击寡者，则吾之所与战者，约矣。吾所与战之地不可知，不可知，则敌所备者多；敌所备者多，则吾所与战者，寡矣。（《孙子兵法·虚实篇》）

故备前则后寡，备后则前寡，备左则右寡，备右则左寡，无所不备，则无所不寡。寡者，备人者也；众者，使人备己者也。（《孙子兵法·虚实篇》）

原典解读

孙子认为，打仗并不是兵力越多越好。

兵多并不意味着实力，兵力包括数量和质量两个指标。有的时候，质量比数量更加重要。数量代表了表面上的实力，而质量更是实质性、决定性的指标。要打胜仗，就要“识众寡之用”，就要能做好管理，通过“治众如治寡”使部队成为有质量的部队——精兵。

《孙子兵法》讲的“治众如治寡”，也是《老子》讲的“治大国如烹小鲜”之意。“治众”指治理很多人，很多事，“治寡”指治理较少的人与事。“治众如治寡，分数是也”的意思是用治少的方法来治多，分开来做，各自派上用场，这样就不会乱。

训练有素的精兵能够以一当十，训练有素的精兵更能够协调配合，通过集中兵力，“我专为一，敌分为十，是以十攻其一也，则我众而敌寡”，就可以“以众击寡”击败对手。有些企业追求“五个人的工作、四个人的工资、三个人来完成”的业绩薪酬模式，那么这“三个人”必须是能够完成“五个人”工作的“精兵”。有些企业主却往往倾向于用低工资的员工，认为这样人工成本较低，殊不知这样往往找不到能够胜任本职工作的员工。试想，如果一个低工资的员工，没有按预期的目标完成工作，你还要用低工资的员工吗？笔者以为，宁可用高工资的“精兵”，也不用低工资的“废兵”。

二、爱兵如子

原典温习

视卒如婴儿，故可与之赴深溪；视卒如爱子，故可与之俱死。厚而不能使，爱而不能令，乱而不能治，譬若骄子，不可用也。（《孙子兵法·地形篇》）

原典解读

综观中国几千年的古代军事著作，“爱兵如子”的军事伦理学思想是历代军事家所达成的一致共识。项羽“见人恭敬慈爱，言语呕呕，人有疾病，涕泣分食饮”，故八千子弟兵为之效死；岳飞“卒有疾，躬为调药”，故对手有“撼山易、撼岳家军难”之叹。数千年的战争史也验证了“爱兵如子”是所有成功的将帅取胜的法宝。在史记中，记载了吴起爱兵如子的故事，讲到吴起为一个士兵吮疽，士兵的母亲听说后哭泣，别人问其原因，说是士兵的父亲也是在吴起帮他吮疽后，感恩图报，奋力杀敌，光荣献身。现在吴起又为她的儿子吮疽，她担心儿子不知道会死在什么地方。

通过“爱兵如子”，可以有效凝聚人心，使将帅与士兵齐心协力，“上下同欲”，充分调动士兵的积极性、主动性和创造性，从而增强战斗力。

爱兵如子，是将之本分。战场虽然是冷酷无情的，但是平时的日常生活中，应该让士卒感觉到上级的爱心和集体的温暖，从而更加努力地去战斗。的确，打仗的时候士兵牺牲的概率要高于将军，这是事实。将帅对待士卒像对待自己的孩子一样，士卒感将军之恩义，“奋力杀敌”回报将军，体现的是人之常情、事之常理。

毛主席继承和发扬爱兵如子古代传统，更是从政治的高度来认识这个问题，提出了全心全意为人民服务的宗旨，在工作中实行群众路线，一切为了群众，一切依靠群众，从群众中来，到群众中去，把党的正确主张变为群众的自觉行动。在毛泽东领导下，取得了革命的胜利，建立了新中国。政治中的人性光芒体现在，政党实施的各项政策是否符合人民的利益，以此作为判断标准，制定各项方针政策，定能取得人心。从执政者的角度来说，必须对自己的民众关心爱护，从而激励他们创造更加辉煌的业绩。

企业提倡人性化的管理，原因在于企业清醒地认识到企业的发展离不开员工，每一个进步都靠员工的努力，目的在于能够团结一致，上下一心，使得员工对企业有归属感，从而能够以百分之两百的热情投入到工作中，与企业同舟共济，更卖力地为企业服务。有了这样的工作氛围，战斗力一定所向披靡，胜利当然也是唾手可得。

三、赏罚有度

原典温习

卒未亲附而罚之，则不服，不服则难用也。卒已亲附而罚不行，则不可用也。故令之以文，齐之以武，是谓必取。令素行以教其民，则民服；令不素行以教其民，则民不服。令素行者，与众相得也。（《孙子兵法·行军篇》）

原典解读

孙子对军队治理，提出了“令之以文，齐之以武”的原则，强调军队管理要文武并用、赏罚并重。

所谓“文”，就是利用道义去教育士兵，用爱心去激励士兵，通过奖赏来树立榜样；所谓“武”，就是用制度去管理士兵，用法纪去约束士兵，通过处罚来使人畏服。单纯靠说服教育，没有严明的纪律，是无法组建有战斗力的军队的；单纯强调组织纪律，缺少思想疏导和精神激励，同样无法组建有战斗力的军队。

孙子提出，在兵卒还没有完全亲近归附之前，就贸然处罚，兵卒可能

不会顺服，因此要把握分寸，做到赏罚有度，才能治理好军队。只有做到文武兼顾、赏罚有度，才能使将士齐心协力，一致对敌。

在赏罚的过程中，赏与罚其意不仅仅在被赏罚的人，还要通过赏罚对那些未被赏罚的人施加影响。可以说，赏与罚不是目的，而是手段。

刘邦打下天下之后，先封了二十几位功臣，其余的人日夜争功，刘邦也决定不了如何封赏才好。一次，他在洛阳南宫远远望见众位将领三三两两地坐在沙土地上，有的相对窃窃私语，有的按着剑大喊大叫。他问留侯张良这些人在说什么。

张良恭恭敬敬地回答说：“他们在谋划造反。”

刘邦大吃一惊：“为什么？”

“您从平民起家，凭借着这些人取得了天下，现在您做了天子，而您所封的都是您的旧交，所杀的都是您平时恨的人，所以他们聚在一起想谋反。”

汉高祖马上感到问题很严重，说：“怎么办好呢？”

张良回答：“您平素最憎恨、群臣也都知道您最憎恨的人，是谁呢？”

汉高祖说：“雍齿曾经使我屡次受窘，我早就想杀了他。”

张良说：“现在赶快封雍齿，群臣就人人心情稳定了。”

于是就封雍齿做什方侯。将领们都为这件事感到高兴，说：“像雍齿这样的人尚且能封侯，我们这些人就更没有什么可担心的了。”顿时安定下来。

实际上，众位将领所讲的，未必一定是要谋反的话，如果是果真是谋反的话，张良又为什么在皇帝问他以后才说呢？只是因为皇帝刚刚得到天下，屡次根据自己的爱憎来施行赏罚，没做到赏罚有度，群臣常常有失望、怨恨和自危之心，所以张良乘着这件事献纳忠言，平息了隐藏的危机。

刘邦封赏雍齿作为安定人心的应急之举，固然有其作用，但却未必能够公平，也未必能够有长远的考虑。而从长远来看，赏罚有度要做到公平、公正，不能从一己之私出发，而是以长期的示范效应为念，从宏观和长远的角度考虑赏罚问题。赏罚有度，要求既有赏又有罚，不能只有赏没有罚，反之亦然；赏罚有度，要求有尺度和规则，不能随心所欲，想怎么样就怎么样。赏罚对当事人是奖惩，对其他人也是有榜样和警戒作用

的。一部分人可以从另一部分已得了赏罚的人身上照见自己命运，并会采取某种相应的行动。赏罚有度，既要有物质的，也要有精神的，对被赏罚者来说，最好能够赏则投其所好，罚则施其所恶。奖赏，物质利益不是永恒的法宝，有的时候胸怀爱心、礼贤下士更能够取信于民众，得到尊敬爱戴，让人心悦诚服。赏罚有度在组织和团队内便会起积极的作用，反之则会坏事。

企业战略以人为本，人力资源是最重要的战略资源。战略模型应用时，必须充分重视人员管理。一个组织队伍中，如果职责不明确、不到位，就会有无所事事的人，这个人的精力很可能会用到反面去，在组织内部形成内耗，成为“烂苹果”一类的人。

人员管理，要做到“精兵化”管理。中国民间有句俗语“鸭多不生蛋”，用来表达人浮于事就会难以出成效的意思。只有员工队伍精干了，大家各负其责，才能快捷实施战略。

人员管理要以德服人，爱兵如子，凝聚人心，使大家心往一处想、劲往一处用，“人心齐、泰山移”，只有上下同欲、齐心协力，才能有效实施战略。

人员管理要通过修炼培育企业文化去潜移默化员工的行为，建立完善规章制度去约束管理员工的行为，通过“文武之道，一张一弛”，对员工赏罚有度，才能成功实施战略。

※ 洋为中用·中外和合 ※

彼得原理

彼得原理是美国学者劳伦斯·彼得在对组织中人员晋升的相关现象研究后，得出一个结论：在各种组织中，雇员总是趋向于晋升到其不称职的地位。彼得原理有时也被称为向上爬的原理。

每个组织都是由各种不同的职位、等级或阶层的排列所组成，每个人都隶属于其中的某个等级。如果雇员晋升到其不称职的地位，对组织、对雇员本人都是一种伤害。将一名职工晋升到一个无法很好发挥才能的岗位，不仅不是对本人的奖励，反而使其无法很好发挥才能，也给企业带来损失。对一个组织而言，一旦相当部分人员被推到其不称职的级别，就会造成组织的人浮于事，效率低下，导致平庸者出人头地，发展停滞。对雇员个人而言，一旦被推到其不称职的地位，就会无法胜任，无所作为，大多数人就无法再在原组织内部继续工作，从而被解雇。

因此，这就要求改变单纯的根据贡献决定晋升的企业员工奖罚管理机制，这也是“赏罚有度”的必然要求。不能因某人在某个岗位上干得很出色，就推断此人一定能够胜任更高一级的职务，这不是“爱兵如子”的表现，也不利于建设“精兵”队伍。

对于一个组织，对领导干部要综合考察、重点培养、慎重提拔。

对于一个人来说，现在能够干什么不是最重要的，能够学会干什么，更重要！

第五节　执行战略

一、有备无患

原典温习

故用兵之法，无恃其不来，恃吾有以待也；无恃其不攻，恃吾有所不可攻也。(《孙子兵法·九变篇》)

原典解读

孙子提出了“有备无患”的战略思想，告诉我们，不要寄希望于敌人不来攻打，而要依靠自己严阵以待，充分准备；不要寄希望于敌人不来进攻，而要依靠自己有使敌人无法攻破的力量和办法。要使自己无懈可击，使敌人无机可乘，千万不能持有侥幸心理。

俗话说：“天有不测风云，人有旦夕福祸。”未来难以预知，有些无法

预料的意外突发事件，往往让人们处于危难之间。说不定的人，想不到的事很多，都由不得你！唯有未雨绸缪、未寒积薪，防患于未然，才能做到有备无患。如果临阵磨枪、临渴掘井，一定会措手不及。

人一安于现状，就容易松懈，等到灾难来临就会后悔莫及。温水煮青蛙的道理容易明白，安逸的生活却不容易让人觉醒。人在逆境中容易觉醒，容易沉思，容易进取。而越是安逸的生活，越是容易沉醉在纸醉金迷中。所以只有居安思危，才能有备无患。

南唐后主李煜写的《虞美人》，相信不少人都知道。“春花秋月何时了，往事知多少。小楼昨夜又东风，故国不堪回首月明中。雕栏玉砌应犹在，只是朱颜改。问君能有几多愁，恰是一江春水向东流。”词中流露的愁思、眷念、嗟叹，让人无法轻易释怀。此词大约作于李煜归宋后的第三年。李煜前期的诗都是描写男女之间的情爱和宫廷生活，不难看出当时的李煜是多么的享受生活啊！大臣们多次的进谏，都无效。他只认为自己身居皇位，生活安逸，却没有想到自己的后半生沦为亡国奴。就是因为他沉溺于美色，居安不思危，荒废政事，才导致国破家亡的悲剧。如果当时的他能早点醒悟，早做准备，也不会沦落到这个地步。一个人如果没有忧患意识，总是想当然的认为自己很优越，不可一世，灾难来临的日子也就不远了。其实人外有人天外有天，你不努力，迟早被人超越。

孟子云：“生于忧患，死于安乐。”人只有不断地居安思危，才能有备无患。迈克尔·戴尔曾说：“我有的时候半夜会醒来，一想起事情就害怕。但如果不这样的话，那么你很快就会被人干掉。”正是因为他居安思危，积极进取，做到有备无患，才有如今戴尔电脑的辉煌成就。海尔张瑞敏也曾说过：“永远战战兢兢，永远如履薄冰”这样才会时时意识到自己需要事事做好准备。正是由于这个理念造就海尔的传奇。

二、兼顾利害

原典温习

是故智者之虑，必杂于利害。杂于利，而务可信也；杂于害，而患可

解也。（《孙子兵法·九变篇》）

故不尽知用兵之害者，则不能尽知用兵之利也。（《孙子兵法·作战篇》）

能使敌人自至者，利之也；能使敌人不得至者，害之也，故敌佚能劳之，饱能饥之，安能动之。出其所不趋，趋其所不意。（《孙子兵法·虚实篇》）

犯之以事，勿告以言；犯之以利，勿告以害。（《孙子兵法·九地篇》）

原典解读

用兵之事有利有害，利害相间，而且也是利害相连，不完全了解用兵弊害的人，也就无法理解用兵的益处，因此，真正明智的将帅思考用兵问题，必须兼顾到利与害两个方面。在不利的情况下看到有利的条件，才能提高战胜困难的勇气；在有利的情况下，要考虑到不利因素，充分估计到可能出现的各种困难，才能排除可能发生的意外，趋利避害，化害为利。

孙子要求，将帅在思考及处理问题时要利害两顾。孙子所讲的利与害，从研究战争的思想方法上看，是孙子从军事领域的矛盾范畴研究战争的思想。孙子研究战争是以矛盾为主线而展开的，涉及战争的各个环节、各个侧面的各种矛盾的对立现象。这也是孙子朴素辩证法思想的体现。孙子认为，研究战争必须把握这些矛盾范畴，从矛盾双方来研究问题，不能只知一方面不知另一方面。对于双方争夺制胜的条件、防御部署中矛盾现象的出现，只有兼顾矛盾的两个方面，才能权衡利弊，作出正确处置。在《孙子兵法》中，实际上讲到矛盾的对立、矛盾的主导方面决定着事物的性质等问题，虽然没有今天的哲学语言，但其研究问题的方法是遵循这个思想原则的。

正因为利与害的对立统一，相互制约，在一定条件下互相转化，所以，孙子的“智者之虑，必杂于利害”告诉我们，第一，明智的将帅在考虑战争问题时，要克服认识上的片面性，既要看到利，也看到害，不要见利忘害，也不要见害忘利。第二，要利用敌人贪功求利心理，巧妙调动敌人，达到化敌之利为敌之害，化我之害为我之利，即“屈诸侯者以害，役诸侯者以业，趋诸侯者以利”。这也正是历代兵家运用“杂于利害”谋略，摆脱困境、趋利避害、因敌制胜的重要方法。

商场如战场，其实，这句话不但形象而且又很贴切地说出了商场中所充满的机遇和风险，同时也说明了他们因利害关系而相互存在和依赖。借鉴孙子全面、辩证地分析利害关系的观点，对我们正确处理人生道路上可能出现或者说已经出现的各种困难，具有深刻意义。“害”字当头，处于不利的情况下，要见害思利，看到有利条件，看到光明，才能战胜困难，坚持下去。一个人无论处在怎样艰难困苦的场合，都要充满自信，要相信好时光总会到来。这就是说，当一个人处于不利境遇的时候，不仅要看到有利条件，还要利用这个有利条件，去争取最好的结果。

美国前任总统里根的母亲曾经对他说过这样一段话：“如果你坚持下去，总有一天你会交上好运。并且你会认识到，要是没有从前的失望，那是不会发生的。”里根正是凭借这种信念，克服了许多困难，最后终于从一个连找工作都屡屡碰壁的人而一举成为美国总统。

困难并不可怕，再大的困难也并非不可战胜，只要我们在困难面前保持清醒的头脑，坚持下去，辩证地看待困难，就会迎来解决困难的曙光。这也正是《孙子兵法》中所说的“杂于利，而务可信也”的道理。

世事无绝对，凡事物都有两面性。就像一个硬币都有两面一样，同一个事物也总有利与害两个方面。谋事需“杂于利害”，要处利见害，不可因一时利害得失而踌成大错。我们考虑问题，必定要兼顾利与害两个方面，在不利的情况下仔细分析有利的因素，可以树立起必胜的信心；在有利的情况下，认真分析不利的因素，隐患就可以预先化解。我们想问题、做事情，应该兼顾考虑利害两方面，趋利避害。只顾利不顾害，或者只看到害而发现不了利之所在，都会有失偏颇。

三、兵贵神速

原典温习

“故兵闻拙速，未睹巧之久也。夫兵久而国利者，未之有也。故不尽知用兵之害者，则不能尽知用兵之利也。”（《孙子兵法·作战篇》）

“退而不可追者，速而不可及也。”（《孙子兵法·虚实篇》）

“兵之情主速，乘人之不及，由不虞之道，攻其所不戒也。”（《孙子兵法·九地篇》）

原典解读

孙子告诉我们，在实际作战中，只听说将领缺少高招难以速胜，却没有见过指挥高明、巧于持久作战的。战争旷日持久而有利于国家的事，从来没有过。所以，不能详尽地了解用兵的害处，就不能全面地了解用兵的益处。用兵的道理，贵在神速，趁敌人措手不及，走敌人意料不到的道路，攻击敌人没有戒备的地方。

军队作战就要求速胜，如果拖得很久则军队必然疲惫，挫失锐气、兵力耗尽。长期在外作战还必然导致国家财用不足，国力会为此而大量消耗，由此而产生一系列的矛盾也会随着时间的延长而日益尖锐。如果军队因久战疲惫不堪，锐气受挫，军事实力耗尽，国内物资枯竭，其他国家必定趁火打劫。这样，即使足智多谋之士也无良策来挽救危亡了。

从战术的实施上看，迅速出击往往能打敌人一个措手不及，令敌方防不胜防，从而大获全胜。在战场上，从信息收集、战略策划、兵力部署到两军对垒，都必须迅速而果断地进行，“兵贵神速”，稍有迟疑，机会就会溜走，战机就会失去，优势就会消失。

拿破仑有一句名言：“我的军队之所以打胜仗，就是因为比敌人早到5分钟。”他说：“军队的力量与力学中的动力相似，是质量与速度的乘积。快速的行军，能够提高军队的士气，足以增加取胜的机会。”

商场如战场，经商中比别人早几天抓住商机，就会抢先一步赚大钱，成为商战的胜利者。西班牙的阿曼西奥·奥尔特加·高纳的公司ZARA生产提供的服装，质量并不是最好的，但以快速供货而打败了众多服装厂商，并且创造了快速消费服装的这个市场。阿曼西奥·奥尔特加·高纳也因此一直排在世界富豪榜的前十名。同样做衣服快速消费的瑞典H&M公司的斯特凡·帕森和日本优衣库的柳井正都排在世界富豪榜的前列。

商机总体上是公平的，信息人人有，同行处处有，竞争时时有。竞争

最后的结果，往往就取决于商家行动快半步还是慢半步。竞争就像运动员全能比赛，有时候比的是耐力，是在残酷的竞争中坚持下去的意志；有的时候比的是爆发力，看谁在市场中领先一步。你如果总能比别人先一步行动，在竞争中就会处于优势地位，干事业就会显得很从容。

一个企业的市场快速反应能力其实是综合实力一种体现，也可以算作企业的一项市场核心竞争力，当你比别人快时，就能快鱼吃慢鱼。在这个产品差异化越来越难的时代，营销手段日趋同质的时候，你想得早一点，你动得快一点，你的思索深一点，你计划得周全一些，同样的时间、相同的“积木”块，别人搭起的只是一间小平房，你就有可能搭起一座宫廷。

在我们制订计划的时候，总是根据当时的各种客观形势，有针对性地提出相应的措施。但是我们不能忘记，形势是随着时间的推移而不停改变的，有时甚至到了瞬息万变的地步。若我们制订计划之后却迟迟不去行动或者行动迟缓，那么在出现预期的结果之前，极有可能客观情况又变了，这就是我们常说的计划总赶不上变化了。而我们在公司治理，制定战略时必须考虑兵贵神速的因素。

机不可失，时不再来。这军事上一步之差可导致千军覆没。在经济上信息慢动了半步会贻误商机，让大笔金钱在瞬间白白地滑过。在有利时机到来之时，千万不能犹豫不决，而要果断出击，错过时机后，哀叹“悔之晚矣”也无济于事。“兵贵神速”之妙在于掌握时机，抓住不放，以快取胜。“速者乘机，迟者生变”。打仗如此，干事业亦如此。打仗贻误战机要失败，干事业贻误时机则同样会追悔莫及。机不可失，时不再来。干事业，时间就是金钱，时间也是机遇，时间还可以是租金和折旧，时间里面出效益。

总而言之，兵贵神速其精要在于一个“快”字，以快取胜先发制人，后发制于人。

※ 古为今用·古今和合 ※

孙子关于“有备无患、兼顾利害、兵贵神速”的思想不仅影响了几千年的兵家，对企业战略执行也有非常重要的现实意义。

在商业市场竞争中，从市场调查、预测到战略分析、决策，一直到方案研究、设计研发、生产销售等，都要根据市场需求、供应、消费及竞争情况作出迅速地调整，做好充分的准备，做到利害的兼顾。

对客户的需求和偏好要作出快速洞察，以最快的速度开发新产品，以及提供快速完善的售后服务等，在此期间，都必须保持一种流畅迅捷的响应速度，哪一个环节慢了，都会使速度成为空谈，使成功化为泡影。只有保持高速度，才能使企业迅速占据市场份额，进行市场战略规划和部署，有选择地采取攻防战略，并快于竞争对手作出变化反应。

没有充分准备，快速反应就成为“无米之炊”；不能兼顾利害，战略目标就成为“空中楼阁”。在战略竞争中，效率就是生命，时间就是金钱，提高工作效率可以使时间增值，在商场上，谁抢先一步，谁就会胜利；反之，则会面临被淘汰的命运。

第六节　本章小结

有了战略模型，还必须灵活创新应用。在包容基础上扬弃、在传承基础上创新，发展主体的战略经过和合，就可以差异发展。

和合战略的模型应用，至关重要的是灵活创新应用，这是笔者通读《孙子兵法》悟出来的。阅读《孙子兵法》就会知道，孙子在战略谋划时，就考虑到了战略应用。提出了战略应用的三组战略关系：形与势、虚与实、奇与正。笔者从其全文中，还悟出战略应用的四方面十二个要点：

（1）环境战略：①因地制宜；②把握时机；③临机应变。

（2）信息战略：①重视情报；②谋攻全胜；③料敌制胜。

（3）人本战略：①兵贵于精；②爱兵如子；③赏罚有度。

（4）执行战略：①有备无患；②兼顾利害；③兵贵神速。

根据实际情况灵活运用是和合战略应用的精髓和关键。在战略应用过程中，针对实际情况，会用到中国人耳熟能详的三十六计：

第一套【胜战计】包括：瞒天过海、围魏救赵、借刀杀人、以逸待劳、趁火打劫、声东击西。这是我方占据全面优势情况下的一套计策。

第二套【敌战计】包括：无中生有、暗度陈仓、隔岸观火、笑里藏刀、李代桃僵、顺手牵羊。这是敌我双方势均力敌，在相持态势情况下的一套计策。

第三套【攻战计】包括：打草惊蛇、借尸还魂、调虎离山、欲擒故纵、抛砖引玉、擒贼擒王。这是我方处于进攻情况下的一套计策。

第四套【混战计】包括：釜底抽薪、浑水摸鱼、金蝉脱壳、关门捉贼、远交近攻、假道伐虢。这是敌我双方互有攻守、敌友难辨、混战情况下的一套计策。

第五套【并战计】包括：偷梁换柱、指桑骂槐、假痴不癫、上屋抽梯、树上开花、反客为主。这是对付友军可能反叛为敌态势情况下的一套计策。

第六套【败战计】包括：美人计、空城计、反间计、苦肉计、连环计、走为上。这是我方处于劣势情况下使用的一套计策。

笔者在三十六计中各取一字，以每套为一句，创作六句话，以飨读者，方便大家记忆：

魏逸劫杀东海，李顺笑度无岸；
玉魂擒蛇纵虎，金釜远道捉鱼；
痴客抽换槐花，苦人反走环城。

附 2

三十六计·和合解析

孙子提出了十二“诡道”：“能而示之不能，用而示之不用，近而示之远，远而示之近；利而诱之，乱而取之，实而备之，强而避之，怒而挠之，卑而骄之，佚而劳之，亲而离之”。“诡道”大致可分为两类：一是机诈取胜；二是灵活应变。“此兵家之胜，不可先传也”，根据实际情况灵活运用是其精髓和关键。在战略应用过程中，针对实际情况，会用到中国人耳熟能详的三十六计，在此，做一介绍。

三十六计是中国古代三十六个兵法策略，语源于南北朝，成书于明清。它是根据我国古代卓越的军事思想和丰富的斗争经验总结而成的兵书，是中华民族悠久文化遗产之一。

六六三十六，三十六计每六计成一套，共六套：第一套，胜战计；第二套，敌战计；第三套，攻战计；第四套，混战计；第五套，并战计；第六套，败战计。

三十六计是在《易经》基础上发展起来的。《易经》是我国先人根据天文、地理、军事、化学、数理、生物等科学的发展规律总结出来的一部智慧经典。三十六计是研究了《易经》中的阴阳变化，引用了《易经》的二十七处，涉及《易经》六十四卦中的二十二个卦。三十六计推演出兵法的刚柔、奇正、攻防、彼此、主客、劳逸等对立关系的相互转化，每一计都体现了极强的辩证哲理。在历代帝王争夺霸权的战略中，以易算卦，《三十六计》成为各代军事家获得战争胜利的一种经典智谋和策略。

三十六计流传到今天还极具活力，在日常生活中运用甚广，特别是在战略谋划、商海谈判、商家交往中也常有涉及。但正因为三十六计为大众所熟悉，而且其计策名称的表达，也都是常见俗语，这就使许多现代人往

往不知其计策的真实含义。在应用时，现代人顾名思义、望文生义，使用效果常常难解其妙，有时还适得其反。这里简单介绍一下三十六计的经典内容，帮助大家澄清正解：

第一套【胜战计】包括：第 1 计，瞒天过海；第 2 计，围魏救赵；第 3 计，借刀杀人；第 4 计，以逸待劳；第 5 计，趁火打劫；第 6 计，声东击西。这是我方占据全面优势情况下的一套计策。

第 1 计瞒天过海。解语，备周则意怠，常见则不疑。阴在阳之内，不在阳之对，太阳，太阴。【和合解析】本指光天化日之下不让天（亦指皇帝）知道就过了大海，形容利用习以为常的松懈状态，进行极大的欺骗或迷惑，从而达成目的。

第 2 计围魏救赵。解语，共敌不如分敌，敌阳不如敌阴。【和合解析】本指围攻魏国的都城以解救赵国，现借指用包抄佯攻敌人的必救之所来迫使它撤兵的战术。

第 3 计借刀杀人。解语，敌已明，友未定，引友杀敌。不自出力，以“损”推演。【和合解析】比喻自己不出面，引诱借助态度不明朗的盟友的力量去对付敌人。

第 4 计以逸待劳。解语，困敌之势，不以战，损刚益柔。【和合解析】指作战时要调动敌人而不被敌人牵着鼻子走，预先进入筹划好的战场，养精蓄锐，以对付从远道来的疲惫的敌人。

第 5 计趁火打劫。解语，敌之害大，就势取利，刚决柔也。【和合解析】本指趁人家失火的时候去抢东西，现比喻乘人之危，敌人无暇顾及时，获取好处。

第 6 计声东击西。解语，敌志乱萃，不虞，坤下兑上之象，利其不自主而取之。【和合解析】指表面上像要攻打东面，其实是攻打西面。这在军事上，是使敌人产生错觉，利用敌人神志慌乱，判断失误而获胜的一种战术。

第二套【敌战计】包括：第 7 计，无中生有；第 8 计，暗度陈仓；第 9 计，隔岸观火；第 10 计，笑里藏刀；第 11 计，李代桃僵；第 12 计，顺手牵羊。这是敌我双方势均力敌，在相持态势情况下的一套计策。

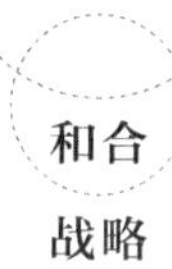

第7计无中生有。解语，诳也，非诳也，实其所诳也。少阴、太阴、太阳。【和合解析】无中生有，指把真实的行动隐藏起来，用虚假的情况迷惑敌人，表面看似乎没有行动，其实行动已经秘密展开，从而达到攻其无备的效果。

第8计暗度陈仓。解语，示之以动，利其静而有主，益动而巽。【和合解析】暗度陈仓，其前置条件是明修栈道，就是以佯攻使敌人做出反应，将真实的意图隐藏在普通的、常规的行动背后，达到出奇制胜的效果。

第9计隔岸观火。解语，阳乖序乱，阴以待逆。暴戾恣睢，其势自毙，顺以动。"豫"，豫以顺动。【和合解析】隔岸观火的要点是，以静观变，随变而动。当敌对方内部有争斗时，要静观其变；当事情发展到有利于自己的地步，要顺势而为，及时出击，以收渔翁之利。

第10计笑里藏刀。解语，信而安之，阴以图之。备而后动，勿使有变。刚中柔外。【和合解析】笑里藏刀，以表面上的友好，掩盖其突然的或重大的行动，达到乘其不意的效果。

第11计李代桃僵。解语，势必有损，损阴以益阳。【和合解析】当局势发展到损失已不可避免时，舍弃小利益，换取大利益。

第12计顺手牵羊。解语，微隙在所必乘，微利在所必得。少阴，少阳。【和合解析】顺手牵羊，指在不影响主攻大局的情况下，利用敌人的疏忽、过失，获取意外的、未料到的战果。常比喻不费劲，乘便得到的胜利。

第三套【攻战计】包括：第13计，打草惊蛇；第14计，借尸还魂；第15计，调虎离山；第16计，欲擒故纵；第17计，抛砖引玉；第18计，擒贼擒王。这是我方处于进攻情况下的一套计策。

第13计打草惊蛇。解语，疑以叩实，察而后动；复者，阴之谋也。【和合解析】敌方的真实情况不明就应查实，不可轻敌冒进。洞察实情而后才行动，是取胜的关键。实施隐秘计谋，更是要反复侦查。

第14计借尸还魂。解语，有用者，不可借；不能用者，求借。借不能用者而用之，匪我求童蒙，童蒙求我。【和合解析】借助于已经死亡或没落的事物为我所用，或假托需要帮助、可以利用者的名义重新以另一种形式出现，以求得攻战的正义性地位。

第 15 计调虎离山。解语，待天以困之，用人以诱之，往蹇来连。【和合解析】调虎离山，就是用人为的方法诱惑敌人离开对其有利的环境，用不利于敌人的天时地利客观条件困扰敌人，以便于打败敌人。

第 16 计欲擒故纵。解语，逼则反兵，走则减势。紧随勿迫，累其气力，消其斗志，散而后擒，兵不血刃。需，有孚，光。【和合解析】要捉住敌人，先放松一步，在不脱离我方的掌控前提下不要过于逼迫，故意放纵他逃跑，以消耗其体力、削减其气势、瓦解其斗志，待其兵力溃散时再出手，达到“兵不血刃”而获胜的效果。

第 17 计抛砖引玉。解语，类以诱之，击蒙也。【和合解析】用类同的事物诱惑敌人，趁其迷惑懵懂之时，将其打败。

第 18 计擒贼擒王。解语，摧其坚，夺其魁，以解其体。龙战于野，其道穷也。【和合解析】群龙无首，必然陷于穷途末路。作战先击溃敌人主力，抓获敌军首领，便可瓦解其全军。常比喻做事要抓关键。

第四套【混战计】包括：第 19 计，釜底抽薪；第 20 计，浑水摸鱼；第 21 计，金蝉脱壳；第 22 计，关门捉贼；第 23 计，远交近攻；第 24 计，假道伐虢。这是敌我双方互有攻守，敌友难辨，混战情况下的一套计策。

第 19 计釜底抽薪。解语，不敌其力，而消其势，兑下乾上之象。【和合解析】不要与敌人正面硬拼，而要设法削减其气势，这是一种以柔克刚的制胜谋略。

第 20 计浑水摸鱼。解语，乘其阴乱，利其弱而无主。随，以向晦入宴息。【和合解析】趁敌人内部混乱时机，消灭敌人，获取胜利。也指有意给敌人制造混乱而获益。通“混水摸鱼”。

第 21 计金蝉脱壳。解语，存其形，完其势；友不疑，敌不动。巽而止蛊。【和合解析】不是脱身逃跑避险，而是一种分身的策略。“蝉壳”留在原地，使敌人不敢轻举妄动，友军也不怀疑，自己主力却已经在别的地方展开攻袭。

第 22 计关门捉贼。解语，小敌困之。剥，不利有攸往。【和合解析】对小股敌人要围歼，不能让其逃走再去追杀。

第 23 计远交近攻。解语，形禁势格，利从近取，害以远隔。上火下

泽。【和合解析】劳师远征，多有不利。结交离得远的国家而进攻邻近的国家，这是秦国并吞六国统一天下的外交、政治战略。纵横捭阖，根据具体形势，采用联合与分化、公开与秘密的手段，在瓦解敌人的基础上伺机破敌，获取胜利。

第24计假道伐虢。解语，两大之间，敌胁以从，我假以势。困，有言不信。【和合解析】虢，战国时期诸侯国名。也作“假道灭虢”。这是一种对付利用处于敌我双方之间小势力的谋略，借助讨伐他国或救援的名义而不是使用威逼其屈服的办法，在取得其信任基础上更容易达到目的。

第五套【并战计】包括：第25计，偷梁换柱；第26计，指桑骂槐；第27计，假痴不癫；第28计，上屋抽梯；第29计，树上开花；第30计，反客为主。这是对付友军可能反叛为敌态势情况下的一套计策。

第25计偷梁换柱。解语，频更其阵，抽其劲旅，待其自败，而后乘之，曳其轮也。【和合解析】友军可能反叛，就要采取措施调动其部队，想办法暗中在关键部位抽换其主力，待其出现败相，再伺机兼并友军归我控制。

第26计指桑骂槐。解语，大凌小者，警以诱之。刚中而应，行险而顺。【和合解析】凭借自身强大的实力控制弱小的友军，用类似“杀鸡儆猴”的方法警戒不服管教的友军和下属。这是一种以刚猛险恶的手段驱使人们服从管治的办法。

第27计假痴不癫。解语，宁伪作不知不为，不伪作假知妄为。静不露机，云雷屯也。【和合解析】对待对方还没有明朗的局势，假装痴呆，掩人耳目，另有所图。假装不知，其实心里明白；假装不行动，其实是在耐心等待时机成熟再行动。

第28计上屋抽梯。解语，假之以便，唆之使前，断其援应，陷之死地。遇毒，位不当也。【和合解析】上楼以后拿掉梯子。给对方便利，以利诱使其上圈套，再截断其退路，陷其于死地。

第29计树上开花。解语，借局布势，力小势大。鸿渐于陆，其羽可以为仪也。【和合解析】巧妙布局，以假乱真，以壮声势，威慑对方。

第30计反客为主。解语，乘隙插足，扼其主机，渐之进也。【和合解

析】第一步须争客位；第二步须乘隙；第三步须插足；第四步须握机；第五步变被动为主动，乃成功。

第六套【败战计】包括：第31计，美人计；第32计，空城计；第33计，反间计；第34计，苦肉计；第35计，连环计；第36计，走为上。这是我方处于劣势情况下使用的一套计策。

第31计美人计。解语，兵强者，攻其将；将智者，伐其情。将弱兵颓，其势自萎。利用御寇，顺相保也。【和合解析】这是一条对付敌军首脑的计策。面对具有强大兵力和明智将帅的敌人，不可以与其硬拼。用美女侍奉，则可以消磨其斗志、削弱其体质，加深其部属的抱怨，使我方有机可乘。

第32计空城计。解语，虚者虚之，疑中生疑。刚柔之际，奇而复奇。【和合解析】在敌众我寡的情况下，故意显示虚弱不设防，让人不知底细，造成敌方错觉，不敢贸然进攻，从而渡过难关。

第33计反间计。解语，疑中之疑，比之自内，不自失也。【和合解析】在敌人怀疑、犹豫时，再布疑阵。利用敌方间谍为我所用，从而起到保全自己、进而谋求胜利的效果。

第34计苦肉计。解语，人不自害，受害必真。假真真假，间以得行。童蒙之吉，顺以巽也。【和合解析】故意毁伤身体以骗取对方信任，从而进行反间的计谋。一般人都不会自我伤害，伤害都会被认定是被别人施加的，容易引起同情，使敌人深信不疑。

第35计连环计。解语，将多兵众，不可以敌，使其自累，以杀其势。在师中吉，承天宠也。【和合解析】汉末董卓专权，王允设计，先许嫁美女貂蝉与吕布，后又献给董卓，以离间二人，致使吕布杀死董卓。敌军强大，不可硬拼，应设法使其内部自相钳制，以削弱其势头。

第36计走为上。解语，全师避敌。左次无咎，未失常也。【和合解析】指战争中看到形势对自己极为不利时就逃走。现多用于遇事不利或没有成功的希望时就选择退却、避开的行为。敌强我弱，求和、投降、死拼都没有出路，只有撤退可以保存实力，以图卷土重来，这是最好的选择。孙子有云：小敌之坚，大敌之擒也。

看了和合解析，读者一定会明白三十六计果然与平常理解的俗语有很大差异，但理解了，还是难以记住，应用起来就不方便。

为便于人们熟记这三十六条妙计，有位先哲在三十六计中每取一字，组成一首诗：

金玉檀公策，借以擒劫贼；
鱼蛇海间笑，羊虎桃桑隔；
树暗走痴故，釜空苦远客；
屋梁有美尸，击魏连伐虢。

相传三十六计是檀公辑录的，所以诗的开头是“金玉檀公策”。这首诗里除了“檀公策”三个字外，每个字都包含了一条妙计，按照诗中的顺序是：

金蝉脱壳、抛砖引玉、借刀杀人、以逸待劳、擒贼擒王、趁火打劫、关门捉贼、浑水摸鱼、打草惊蛇、瞒天过海、反间计、笑里藏刀、顺手牵羊、调虎离山、李代桃僵、指桑骂槐、隔岸观火、树上开花、暗度陈仓、走为上、假痴不癫、欲擒故纵、釜底抽薪、空城计、苦肉计、远交近攻、反客为主、上屋抽梯、偷梁换柱、无中生有、美人计、借尸还魂、声东击西、围魏救赵、连环计、假途伐虢。

这首诗曾帮助笔者记住了三十六计，但美中不足的是，这位先哲把六套在不同态势情况下应用的三十六计打乱了顺序，不利于人们正确掌握领会三十六计的真实含义，比如瞒天过海、笑里藏刀、调虎离山、暗度陈仓、假痴不癫、远交近攻、偷梁换柱、无中生有、借尸还魂、声东击西、围魏救赵等计都含有欺骗的内容，但不同的态势情况下，却各有巧妙，不能混为一谈。

笔者愿意效仿先哲，也在三十六计中各取一字，以每套为一句，组成六句话，以飨读者，方便大家记忆：

魏逸劫杀东海，李顺笑度无岸；

玉魂擒蛇纵虎，金釜远道捉鱼；
痴客抽换槐花，苦人反走环城。

第一句话为第一套计策，依序为：围魏救赵、以逸待劳、趁火打劫、借刀杀人、声东击西、瞒天过海。

第二句话为第二套计策，依序为：李代桃僵、顺手牵羊、笑里藏刀、暗度陈仓、无中生有、隔岸观火。

第三句话为第三套计策，依序为：抛砖引玉、借尸还魂、擒贼擒王、打草惊蛇、欲擒故纵、调虎离山。

第四句话为第四套计策，依序为：金蝉脱壳、釜底抽薪、远交近攻、假道伐虢、关门捉贼、浑水摸鱼。

第五句话为第五套计策，依序为：假痴不癫、反客为主、上屋抽梯、偷梁换柱、指桑骂槐、树上开花。

第六句话为第六套计策，依序为：苦肉计、美人计、反间计、走为上、连环计、空城计。

和合战略

第三篇

和合战略之实践

第十章　如果错了——危机管理

第十一章　如果对了——居安思危

第十二章　如果变了——创新发展

人生旅途，总会面临这样那样的问题，不同的选择会有不同的人生。战略实施，也会遇到各种不同的情况，若采取不同的策略，也会有不同的效果。

战略是面向未来的，有很多不确定性，存在着未知的风险。尽管我们在“古为今用、洋为中用、他为我用”融合基础上，继承和发展、包容和扬弃，建立了源自经典的模型，进行了超越自我的创新，但不可否认的是，未来的真相一定比现在的设想更复杂。

“是故智者之虑，必杂于利害。杂于利，而务可信也；杂于害，而患可解也。”(《孙子兵法·九变》)。秉承和合战略“在包容基础上扬弃，在传承基础上创新”的根本特性，即使战略很成功，即使能够证明所做的一切都没有错，也不能够故步自封，更应该增强忧患意识，居安思危，自强不息，用和合思想理念去谋求进一步的发展。

和合传统，总是把机遇留给那些有准备并关注着变化的人。秉承和合战略“在包容基础上扬弃，在传承基础上创新”的根本特性，面对变化，更应该用和合思想理念去迎接新挑战、抓住新机遇、创造新经典。

| 第十章 |

如果错了——危机管理

战略是面向未来的。从《孙子兵法》感悟出战略模型，“重视情报”“谋攻全胜”“料敌制胜”等，可以使我们尽量不去犯系统性、重复性、区域性的错误，但还是经常会有“计划赶不上变化”的情况，这就导致我们在战略实施时可能遇上意想不到的忧患，也就使我们无法避免犯错误。事实上，任何人都不能保证自己一辈子都不会做错事、没有忧患。

《老子》说：“贵大患若身。”《孟子》说：“生于忧患。”《孙子兵法》说：“以患为利。”

三者说的都是一个意思，那就是：忧患是我们宝贵的财富，困难也能造就人。因此，我们不要怕犯错，不要怕危机、困难、忧患，我们要以和合的理念去应对危机。面对未来可能出现的危机，我们要做好充分预防和准备，“无恃其不来，恃吾有以待也；无恃其不攻，恃吾有所不可攻也”（《孙子兵法·九变》），去拥抱机会、迎接挑战。

和合战略推荐的危机管理分三步：①预防危机；②控制危机；③转危为机。

第一节　预防危机

我们在战略策划、战略研究、战略评估、战略准备时，就要对可能的危机有一个清醒的认识。危机具有突发性，哈佛大学凯尔曼教授指出，你不可能在危机来临之后才想到处理方法，必须事先准备。“凡事预则立，不预则废。”如果能在危机发生之前做好一定的策划、研究、评估和准备，对预防危机、避免危机、处理危机都是很有帮助的。

预防的目的，一方面是为了减少非预期结果产生，另一方面是为了改善不利因素可能导致的后果和影响。也就是说要降低危机产生的频率和危机造成的损失程度。

预防危机的基本对策是危机的识别、评估和管理。

危机识别，是对所面临的以及潜在的危机加以判断、归类整理，并对危机的性质进行鉴定的过程。危机评估是对危机造成的影响和损失进行排查评估，要通过发生的概率及造成的损失来进行量化分析。在危机识别和评估的基础上，要做好危机管理，需要做好以下几方面工作：①我们要对危机进行分类、排序，选择管控重点；②要立足于自身条件和现实需要选择可行的策略，针对不同的危机做好准备进行风险管理，一般可采取排除风险、规避风险、缩减风险、转移风险、分担风险和接受风险、承担风险、保留风险的策略；③相对于管控重点建立预控方案：确定应该采取什么组织形式，怎么安排配置资源，怎么作出应急反应等；④要建立预警监测系统，及时发现危机，及时采取措施。

一个行业在初创阶段，创业的激情和自身的长板效应，会使这个行业先进入的企业有一个快速拉升发展的阶段。在这个阶段由于企业内部没有历史负担，外部缺少竞争对手，企业内部的矛盾被长板赚钱效应所掩盖，企业主很难认识到危机的存在。随着赚钱效应慢慢为人所知，新加入者就会越来越多，竞争就会逐步激烈起来，行业内的企业就会遭遇发展瓶颈，一般的企业也就难以有长板优势，这个时候，就要看谁补短板更及时。

企业的短板，有系统性的短板，也有区域性的短板，或者看上去不像短板，但这块板上有小的细节上的漏洞。其实危机更多的源自于不为人注意的细节中。细节是什么？细节是链接事物的细小环节。无数个细节组成了世界这个有机整体，我们要开发和利用这个世界，就应该注重细节。短板和小的细节上的漏洞，都会造成企业或大或小的危机，成为企业发展的

瓶颈。

天使在想象中，魔鬼在细节中。细节常被认为无关紧要而为人们所忽略。在一个企业中，无论我们处于什么岗位，都要注重细节，从细节作起，不以细为烦，不以小为耻。有的企业为了生存和发展，把“注重细节，追求完美，争创一流”作为员工信条，认为只有这样企业才能生存、发展，否则，将很难避免被淘汰的命运。海尔集团的掌门人张瑞敏曾经这样说过：“什么叫作不简单？能够把简单的事情天天做好，就是不简单；什么叫作不容易？大家公认的、非常容易的事情。非常认真地做好它，就是不容易。”

不注重细节，终究是要吃亏的。小到管理一个个体，大到管理一个企业，更大的比如管理一个国家，都是同样的道理。

千里之堤，溃于蚁穴。一着不慎，满盘皆输。“泰山不拒细壤，故能成其高；江海不择细流，故能就其深。”所以大礼不辞小让，细节决定成败。在现代企业中想做大事的人很多，但愿意把小事做细的人很少。中国现代企业不缺少雄韬伟略的所谓战略家（听说过有不少刚毕业的学生，到单位没几天就会给老板提交所谓的“战略发展”报告的），缺少的是精益求精的执行者。注重细节是一种能力，“关照小事，成就大事”。小事简单不等于容易，细节处理不好的企业，也就没有成就大战略的能力。

老子教导过我们：“天下难事，必作于易；天下大事，必作于细。”尤其是那些企业的高层管理人员，更加不可缺少的就是注重战略管理、战略执行当中的细节，从点点滴滴去体味和纠偏，才能有效地执行企业的总体战略方针，提升企业全面进取的企业风气，达到快速发展的目标。

预防危机，要懂得反省自己。《孟子·梁惠王上》有云：“权，然后知轻重；度，然后知长短。物皆然，心为甚。”——秤了，才知道轻重；量完，才知道长短。世间万物都是这样，心更需要反复衡量，才能认识自己，改善自己。

《论语》中曾子说的“吾日三省吾身”。我们如果不及时反省，就会犯错误，而反省对预防危机的重要性，就和秤与尺在权衡和度量上所起的作用是一样重要的。检讨自己的行为，多加反省，就可以保持对危机的警

觉。如不反省，就无法知道自身的短板在哪里，有哪些地方需要改过，也无法搞清楚有哪些地方需要发扬光大。

战略在实施中、应用后也要懂得反省，要及时总结，根据得失情况做出必要的调整。如果错了，要及时警觉并采取措施，不要继续再错下去，一错再错。

预防危机，从反省做起，从短板补起，从细节抓起。抓细节必须着眼于全局，细节才更有意义。“一枚铁钉居然毁掉了一个王朝”的悲剧切忌不可在现代企业中重演。

※ 洋为中用·中外和合 ※

一枚铁钉居然毁掉了一个王朝

英国有这样一首记叙体民谣：

缺了一枚铁钉，掉了一只马掌；掉了一只马掌，失去一匹战马；

失去一匹战马，损了一位骑兵；损了一位骑兵，丢了一次战斗；

丢了一次战斗，输掉一场战役；输掉一场战役，毁了一个王朝。

这首民谣反映的是战场上细节决定成败的一个真实故事：英国国王到波斯沃斯征讨与自己争夺王位的里奇蒙德伯爵，决战在1485年。

决战开始的前一天，国王厉兵秣马，并且要全军将士把所有的战斗工具调整到最好的状态。一位叫作杰克的毛头小伙子在这场战役中担任国王的御用马夫。他牵着国王最钟爱的战马来到了铁匠铺里，要求铁匠为这匹屡建奇功的战马钉上马掌。

钉马掌只是一件小活儿，却因最近战事频繁，铁匠铺的生意都好得不得了，所以铁匠对这个年轻的马夫有些怠慢。身为国王的马夫，杰克当然容不得对方的这种轻视态度，于是他端着架子对铁匠说：“告诉你，这可是国王的战马，明天国王就要骑着它打败里奇蒙德伯爵”。铁匠再也不敢怠慢眼前的小马夫了，他把马牵到棚子里开始为马钉马掌。

就在为国王的御用战马钉马掌的这一刻，铁匠发现他手中的铁片没有了。于是他告诉马夫需要等一会儿，自己要到仓库中寻找一些能用于钉马掌的铁片。可是马夫杰克却很不耐烦，他说："我可没有那么多时间等你，里奇蒙德伯爵率领的军队正在一步一步地向我们逼进，耽误了战斗，无论是你还是我都承担不起责任。你不能随便找其他一些东西来代替那种铁片吗？"杰克的话提醒了铁匠，他找到一根铁条，当铁条被横截之后，正好可以当成铁片用。

铁匠将这些铁片一一钉在了战马的脚掌上，可是当他钉完第三个马掌的时候，他发现又有新问题出现了——这一次是钉马掌用的钉子用完了，这不能怪铁匠储备的东西不够丰富，实在是战争中需要用的铁制工具太多了。铁匠只好再请求马夫再等一会儿，等自己砸好铁钉再把马掌钉好。马夫杰克实在是等不及了，让铁匠再凑合凑合得了，铁匠告诉他恐怕不牢固，但马夫坚持不愿意再等了。这匹战马就这样带着一个缺少了钉子的马掌离开铁匠铺，载着国王冲到了战斗的最前沿。

最后的结果就如同那首歌谣唱的那样，国王在骑着战马冲锋的时候，没有钉牢的马掌忽然掉落，战马随即翻倒，国王滚下马鞍被伯爵的士兵活活擒住，失去主帅的军队自然溃不成军，这场战役以国王的彻底失败而告终。一个庞大的王朝，就这样被一个铁钉毁掉了。

一个铁钉，非常微小的细节，却为历史留下了沉重的叹息。

※ 古为今用·古今和合 ※

曾国藩反省自己

晚清名臣曾国藩一生都在反省自己。他留下的百万字的日记里，大多数都是对自己言行的反省。初到京师为官的曾国藩耽于应酬交际，而忽略了学习，于是在日记里痛批自己的行为，并决定谢绝应酬，减少交游。曾国藩年轻得志，因而高傲，喜欢与人争论，结果经常使得朋友之间不欢而散。他也在日记里反省自己这样的行为。创办团练的时候曾国藩一时急功近利，伸手向朝廷要官，结果被雪藏了起来。这让曾国藩后悔不已，在他的日记里也有这方面的自我反省。曾国藩几乎每天都对自己的言行进行反省，反省使得他不断改过迁善，优化自己的行为，从而在官场中越来越顺畅，终成一代中兴名臣。

我们经常说不能被同一块石头绊倒两次，这说起来容易，做起来难。很多时候，我们被绊倒之后，立刻起身，拍拍身上的灰尘就离去了，不去关注自己是被什么东西绊倒的，将来遇到的时候还是会再次被绊倒。反省是帮助自己不被同一块石头绊倒两次的最好办法。反省可以帮助我们找到那个绊倒自己的东西，使得我们认识它，将来再遇到的时候就能躲开。

任何人都不能保证自己一辈子都不会做错事，做错事不要紧，关键是要意识到自己的错误，并加以改正。因此，人们一定要学会反省自己，经常对自己的言行进行反省。反省不只应该在失败的时候进行，在成功的时候也应该反省自己，这样做才能使成功持续下去，不会因为自己的一时疏忽而失败。

※ 古为今用·古今和合 ※

医术妙解

《汉书·艺文志》著录《鹖冠子》一篇。里面讲了这么个故事：

魏文王问名医扁鹊说："你们家兄弟三人，都精于医术，到底哪一位最好呢？"

扁鹊答："长兄最好，中兄次之，我最差。"

文王再问："那么为什么你最出名呢？"

扁鹊答："长兄治病，是治病于病情发作之前。由于一般人不知道他事先能铲除病因，所以他的名气无法传出去；中兄治病，是治病于病情初起时。一般人以为他只能治轻微的小病，所以他的名气只及本乡里。而我是治病于病情严重之时。一般人都看到我在经脉上穿针管放血、在皮肤上敷药等大手术，所以以为我的医术高明，名气因此响遍全国。"

这个故事告诉我们，防患于未然才是最好的医术。内行的人知道真正的高人是能够防微杜渐的，预防总是比治病要简单，成本也更低。能在病初之时及时发现并治疗，这也是了不起的。当病重时再治，是没有办法的事，须要花大力气了。而且，万一已经病入膏肓，纵是神医，也无力回天。

"计划造成的损失是最大的损失"（周恩来语）。有许多人往往看不到预防为主的重要性，总舍不得花成本来预防问题的产生。他们存在着种种侥幸心理，以为问题不会产生。事实上，管理学上有个著名的墨菲定理，说的是：事情如果有变坏的可能，不管这种可能性有多小，它总会发生。这也就是说，你如果没有作最坏的打算，那么最坏的结果一定会来到。

想想看，当最坏的结果来到的时候，你要花多大的代价才能去解决？而且很有可能已经解决不了了。那么，为什么不事先作打算呢？事先预防，要省力得多，也可靠得多。

第二节　控制危机

作好了危机预防，并不意味着能够避免危机。危机到来时，首要原则是避免损失的进一步扩大。当危机一旦爆发，其破坏性的能量就会被迅速释放，并呈快速蔓延之势，如果不能及时控制，危机会急剧恶化，遭受的损失会更大。

控制危机的关键是通过采取必要的措施防止事态的恶化，使其不扩大、不升级、不蔓延。某种危机被确认已成为事实后，遏止危机扩散，使其不要影响到其他的事物和今后的事物，是刻不容缓的。进入信息时代后，危机的信息传播比危机本身发展要快得多。防止危机扩散，一方面要阻止危机本身的扩大，这时就要做好危机隔离措施；另一方面，要阻止危机进一步升级，这就要“釜底抽薪”，及时消除“危险源”；此外，还要阻止危机负面影响的蔓延，要做好危机公关。

控制危机，速度是控制的关键因素。当机立断，快速反应，果决行动，从而迅速控制事态，可以避免危机的失控。否则会扩大突发危机的范围，甚至可能失去对全局的控制。危机发生后，能否及时控制住事态，是处理危机的关键因素。

控制危机，隔离是有效的基本手段。如果能够有效地隔离危机，可以避免危机造成进一步的损失。建筑防火墙就是为减小或避免建筑、结构、设备遭受热辐射危害和防止火灾蔓延，设置的竖向分隔体或直接设置在建筑物基础上或钢筋混凝土框架上具有耐火性的墙。它起到的作用就是隔离。监狱关押罪犯，所起的一个重要作用，就是把罪犯和普通人隔离开，防止罪犯继续犯罪。隔离是控制危机的有效手段。

控制危机，找到导致危机的原因是解决问题的基础。“扬汤止沸，不如釜底抽薪。”釜是做饭的锅，薪是烧饭用的柴火，当满锅沸腾的时候，要想不让锅里的水呀粥呀漫溢出来，恐怕没有比抽出锅底的柴火再好的办法了。“扬汤止沸”只能暂缓危急之困境，治标不治本，不能根本解决问题。只有“釜底抽薪”，才能消除沸腾的热源，起到“止沸”的效果。因此，控制危机，必要查明危机产生的真相，找到“危险源”并消除“危险源”，对症下药，才能根本解决问题。

控制危机，要消除对其他的事物和今后的事物的影响。危机出现后，需要消除影响、恢复形象，否则会对其他的事物和今后的事物产生负面效应，这就需要采取的一系列自救行动，包括危机公关。危机公关，要做到诚意、诚恳、诚实。也就是说，解决危机的措施要体现“诚意”，处理问题的态度要表现“诚恳”，对待事实的真相要做到“诚实”。

控制危机要明白以下道理：

（1）危机控制，最重要的是设计适当的制度和措施，通过制度和措施的落实，避免危机的发生，或者能将危机解决在萌芽状态。

（2）尽管我们很难把所有问题都消灭在萌芽状态，但我们应该明白预先策划、过程控制、结果管理都很重要，而且，事后控制不如事中控制，事中控制不如事前控制。

（3）当问题非常严重时，解决起来就很费劲，代价也大。有时，问题积累得多了，时间拖得久了，可能就很难解决了。

（4）当危机不可避免时，找到合适的方法来处理是最重要的。回避、抱怨、推诿都非良策，这都可能导致事态的进一步恶化。

※ 古为今用·古今和合 ※

既来之则安之

笔者小时候看过些连环画，大多记忆模糊，有个有关门槛的故事，到现在还想得起一些大概：故事讲的是一座新房造好了，最后要做门槛，主人家对这座新房建造质量很满意，就选了块好木料做门槛，结果工匠在量好尺寸取材时，把木料锯短了一截，这样门槛怎么装都安不上去了。主人家看了很泄气，哪知道工匠一不做二不休，把门槛从中间锯开了。主人家看了更是大吃一惊，又不便发作只好摇头跑开，走出家门就和乡邻诉苦，好端端的一根木料被这个工匠弄坏了！

后来，主人家垂头丧气地回来家，却发现门槛已经安装好了，而且是“双龙戏珠”的式样，非常神气漂亮。原来工匠把第一次锯下来的木料做了中间的珠子，第二次中间锯开的木料做了左右相对的两条龙，拼装在一起就成了“双龙戏珠”。

这下主人家可高兴了，再次走上大街，逢人就夸工匠能干！

一不小心，木料被锯短了，再怎么着也接不回去了。怨天尤人、寻找借口、逃避躲藏都不能解决问题。冷静下来，想方设法拼装一个“双龙戏珠”才是解决之道。高人和庸才的区别，也许就在这里了。

※ 洋为中用·中外和合 ※

渔民和鱼的故事

日本的北海道有一个渔村，渔民们出海捕鱼，无论如何处置鳗鱼，回港后许多人的鳗鱼都死了。死的鳗鱼，当然卖不到好价钱。但有一位老渔民捕回来的鳗鱼总是活蹦乱跳的，没几年工夫，老渔民一家便成了远近闻名的富翁。

后来大家知道，老渔民使鳗鱼不死的秘诀，原来就是在整舱的鳗鱼中，放进几条叫狗鱼的杂鱼。鳗鱼与狗鱼是出名的“对头”。它们在一起都有了危机感，狗鱼惊慌地在鳗鱼堆里四处乱窜，这样一来，反而倒把满满一船舱死气沉沉的鳗鱼全给激活了。这位日本渔民深谙生存法则。如何让鳗鱼活下来？他的高明就是面对鳗鱼被捕捞后容易死的危机，采取了相应的措施，控制了死鱼的危机。

无独有偶，沙丁鱼是西班牙人最喜欢吃的鱼类之一，市场需求很大。但沙丁鱼的生存条件也很苛刻，一旦离开大海之后便难以存活。当渔民们把刚捕捞上来的沙丁鱼放入鱼槽运回码头后，过不了多久沙丁鱼就会死去。而死掉的沙丁鱼味道不好，销量也差，倘若抵港时沙丁鱼还存活着，鱼的卖价就要比死鱼高出若干倍。为延长沙丁鱼的活命期，渔民想方设法让鱼活着到达港口。后来渔民想出一个法子，将沙丁鱼的天敌鲇鱼放在运输容器里。因为鲇鱼是食肉鱼，放进鱼槽后，鲇鱼便会四处游动寻找小鱼吃。为了躲避天敌的吞食，沙丁鱼自然加速游动，从而保持了旺盛的生命力。如此一来，沙丁鱼就一条条活蹦乱跳地到达渔港。

阿拉斯加的鹿苑

美国阿拉斯加国家动物园的鹿苑中，有6000多只鹿在天然环境中生活。由于狼的存在，每年有400多只鹿死于狼口，于是动物园组织猎手消灭了鹿苑中的狼，鹿群很快发展到一万多只，但由于少了狼的追逐驱赶，鹿不再运动，体质下降，一场疫病使鹿群一下降到4000只左右。动物园再三权衡之后，决定“引进”一定数量的恶狼，此后，鹿的数量又多起来。

控制危机的手段和措施，有的时候可以是“制造”危机。羊没有狼，少了天敌，就会失去奔跑的动力和锻炼的机会，这样会降低它的免疫力使它失去抵抗疾病的能力，这样必然面临着灾难。“制造”危机的目的不是为了扩散、增加危机，而是为了转移危机，在整体和全局上降低危机的损害。

※ 为我用·五力和合 ※

中华自行车危机公关

1986年6月，刚刚成立6年，准备在海外市场大展拳脚的中华自行车公司遇到了麻烦。负责爱尔兰市场销售的负责人紧急向公司通报：爱尔兰一位12岁的小姑娘骑着中华自行车（童车）摔伤。公司总经理听到汇报后，紧急赶赴爱尔兰处理此事。经过调查，发现导致小女孩摔成轻伤的主要原因有两个：一是在崎岖的路面上骑车，二是该童车的前轮胎钢圈因质量欠佳而变形。另外，该童车已出售1年多，保修期已过。

也就是说中华自行车的问题只有一个：承担轮胎钢圈质量欠佳而造成事故的责任。此时，当地的媒体已把“中华自行车质量事故”炒得沸沸扬扬，并表示对中国产品的怀疑，更密切关注着中国企业对此事的处理。中华自行车的海外销售代理公司也开始怀疑：与中国企业合作是否稳妥。

危机当头，该公司总经理在慰问了伤员及其家属后，立即作出如下决定：

（1）承担伤员的一切医疗费用并给予一定的赔偿。

（2）4000多个爱尔兰用户所购买的该型号童车的钢圈，一个也不能少地全部就地换掉。

该公司总经理的承诺立即在当地引起强烈反响。一个星期后，中华自行车公司如期将4000辆童车的轮胎钢圈更换完毕，耗资100多万元。

在海外市场上，尤其是在初期的"抢滩"过程中，中华自行车走的可以说是"华容道"。中华自行车在爱尔兰出现危机后，该公司总经理首先表示了对受害者及其家属的慰问和关切，赔偿损失，并对有可能造成潜在危害的产品全部退换，显示了中国人诚信为本的良好素养和作风，增进了消费者对企业的好感。中华自行车公司的作为，足以令中外消费者，尤其是爱尔兰消费者树立起对中国商品，特别是中国商家对消费者负责，决不推诿责任的信心。

该公司总经理在处理这次危机中，诚实地对待存在的问题，以诚恳的态度迅速赶赴第一线并慰问伤员，以诚意的担当采取负责任的措施，赢得了当地媒体的认可。《认真的中国人》《勇于承担责任的企业》等文章屡屡见诸报端，受伤的小姑娘及其家长对此事的处理结果深表满意，经销商们信心大增，销售市场止跌反弹，有效地控制了危机。

新航的危机管理

危机管理意识起源于欧美，后来传入日本，在日本得到一定的发展。1992年5月欧洲首家控制危机公司进军日本，随后美国的库若联合公司在日本设立了分公司。在以后的发展中，运用危机管理的成功典范当数新加坡航空公司。新航公司在短短的20年中由“名不见经传”一跃而成为利润居世界之首的航空公司，在1991年，旅游业受到经济不景气和海湾战争的严重打击，许多航空公司赤字连连，全世界最大的两家航空公司——美国航空和联合航空，各自亏损2.4亿美元和3.3亿美元；航空公司的始祖，居世界第17位的泛美航空则宣告倒闭，唯新航一枝独秀，营业收入增长9%，为30亿美元，创5.3亿美元的利润。新航为何取得如此成就，重要的一点就是该公司推行了危机管理。新航国内没有航线，得不到政府的补贴，只有靠自己披荆斩棘。目前新航虽跻身世界级航空公司之林，可当年靠自己求生存的危机意识仍然存在。新航“危机管理”关键的一点就是时时以顾客的抱怨为改善的借鉴，及时发现危及企业声誉的一切斑点，并加以控制。

新加坡航空006号班机事故的处理过程，可以很好地说明该公司危机管理所起的重要作用。006号班机是一架从新加坡樟宜国际机场出发，经台湾桃园国际机场飞往洛杉矶国际机场的新加坡航空定期航班。事件当时，负责此航班班机为机身编号9V-SPK的波音747-400型客机。2000年10月31日UTC15时17分（台湾当地时间夜间11时17分），在象神台风强风豪雨下，该班机准备自06左跑道起飞时，因为大雨造成的能见度不佳、机组人员的疏忽与塔台方面的沟通不良、塔台航空交通管制员的不符合程序操作以及桃园机场的指示设施不到位，因而误闯了正在施工维修而暂停开放的06右跑道。在客机开始加速后，直到飞行员目视到停放在跑道上的施工机具时，在无法及时停止情况下，班机以超过140节的速度擦撞机具，之后翻覆并断裂成两截，机身引起大火。在这场意外中，共有79名乘客和4名机组成员罹难，这是新加坡航空自创立以来，第一次发生有人员丧生的空难纪录，也是新一代波音747首次出现致命事故。

事件处理过程回放：

2000年10月31日23:18，新加坡航空客机在台湾桃园机场起飞失败坠机；

11月1日凌晨1:10，新航台湾分公司召开记者会；

11月1日凌晨，新航CEO致歉，并宣布支付每人2.5万美元慰问金；

11月2日，新航CEO抵台，120名新航员工支援；

11月3日，台湾“飞安会”初步判定失事原因为飞机跑错跑道；

11月4日，新航宣布每人40万美元赔偿金计划后，报道集中于赔偿额度，死伤人数，乘客背景，失事原因，检察官起诉，新航背景；

11月9日后，报道开始淡化；

2001年2月，初步鉴定报告出炉。

新加坡航空公司的飞机起飞坠毁后，新航不到2小时的时间里就召开了记者会。这个速度快得让绝大多数人大吃一惊，其随后的进程也非常顺利，几乎对新航没有什么负面报道和影响。

新航为什么能做到这一点？新航推行的危机管理起了作用。在危机未发生之前，新航的很多事情是有准备的。比如说新航已经备好了所有机场的联系方式和相关媒体的联系方式，新航要发布的所有新闻声明的模版已经事先准备好了（这个模版就是一个事实的描述，从哪里到哪里起飞的飞机，是什么机型的，飞机上有多少人，现在坠毁了，这是一个很简单的声明。这个声明事先都可以准备好，事情发生后，只要把事实放进去就可以了）。所以它在一个多小时就可以召开一个新闻发布会。然后新航的CEO开始致歉，并宣布每一个人的慰问金是2.5万美元（在发生这种大的危机，出了这么多人命的危机的时候，公司负责人一定要出来表示负责的态度）。

新航31日发生坠机，在下个月4号就宣布每人40万美元的赔偿金额，这个金额是史无前例的。就是因为新航知道赔偿金额通常是一个持续不断的话题，是一个经常的新闻点，它可以把赔偿金额提到这么高，让遇害者一方不会有新的新闻点出来（发生大危机的时候，不要让危机有后续的负面新闻点）。同时也很好地告诉大家：我敢确保我们以后不会发生这个事情，要是再发生的话，我的赔偿金会越来越高，不会越来越低。到了11月9号，这个83人死亡的重大事故开始没有什么新闻了，新航的危机控制和处理办法是非常值得我们借鉴的。

新媒体危机控制

21世纪初，世界进入光纤宽带时代、移动互联网时代、云计算时代和大数据时代。新兴媒体加速向移动化、融合化、社会化发展，新媒体已经正式步入第一媒体序列。新媒体时代，数字化、网络化、即时化、互动化的特征，快速地影响和改变了社会舆论的生成模式，使舆情传播具有鲜明的特点。这是一个人人都有麦克风，个个都是发言人的时代。一条有分量的新闻，瞬间会被数万家乃至数十万家网站自动抓取、自动转载。众多的个体网民表达自己意愿、情感、思想甚至诉求的愿望日益强烈。新媒体时代，任何一个网民都有可能成为信息的生产者、舆论事件的报道者。智能手机的普及，更让大众麦克风随时随地地现场直播变成现实。新闻发布的大众化，使得信息呈碎片状分布，同一件事有成千上万的网民按照各自的观点分别发布消息，再加上众多的转发和评论，舆论发展呈网状扩散，加剧了信息的碎片性。新媒体的快速发展，使得海量信息和传播渠道急剧增多，多向传播，多点互动，移动获得，移动表达，即时传播，即时分享，并且呈现“点对群”“群对群”的特点。这些网络化、立体化、群际化的传播方式，显现了极强的群际传播特点，既是各种信息、思想、观念、看法、意见的集散地，也成了个别单一话题的放大器，对社会公众的态度、认知与行为越来越发挥着重要的作用。随着手机等移动媒体的快速发展，使得信息的传播范围更加广泛。任何一条有价值的信息，随时、随地都有可能超越地域的界限，瞬间传遍世界各地，由局域热点迅速变为全国甚至全球的热点。这种传播范围短时广泛化，是新媒体时代信息传播的最鲜明的特点。新媒体时代信息的传播，完全摆脱了时间与空间的限制，尤其在时间上，无论是文字、照片，还是音频、视频，只要当事人愿意，轻轻一点，瞬间便上传到网上，形成了新的信息。一方面，舆情的传播速度，尤其是突发事件的报道，在网民的参与下远远超越了传统媒体；另一方面，新媒体与受众的零距离互动使舆情得到快速传播和及时的反馈。

网络新媒体所具备的无边界、低成本、高速度、隐蔽性等特点，给舆情控制带来新的课题。网络新媒体作为近年来的危机处理的一个新手段，除了在内容和形式上的不懈创新外，如何通过对信息流通渠道加强管理或其他方法提高网络信息的信任度、美誉度也就成为值得关心的问题。在当今互联网移动互联网的新媒体上，有相当多的人热衷于对热点新闻、猎奇言论进行转发、评论、点赞，来表现自己的聪明睿智或展示自己正直向善的人品，这会使信息的受众群不断被扩大，信息的效应也随之被加大。而且这种群体感的认同是引导舆论时的一个良好的受众心理基础。控制舆情，要利用网络的多种媒介平台和形式的多样性，采用企业处理危机的部分实况转播报道，危机中和危机后的民意调查等形式与受众进行深入的互动沟通，配合其他传播方式形成强大的信息网络，尽快扭转局势，重建形象。

为了应对网络新媒在危机出现时所可能发生的危机裂变，完善应对网络舆情的体制和机制是需要考虑的，可以从以下四个方面来组织和建设：

（1）建立网络舆情管理的组织体系；

（2）构建基于网络监测系统的舆情研判机制；

（3）健全基于网络平台的危机舆情公关机制；

（4）建立基于网络协同系统的危机舆情应急联动机制。

第三节　转危为机

危机来临时，控制住事态当然重要。如果能够秉承和合理念，在包容基础上创新，使危机转化为机遇，就会有更好的结果。

从《孙子兵法》感悟出战略模型，我们需要“因地制宜”面对危机，“把握时机”处理危机，更应该“临机应变”使危机转化为机遇。

从《孙子兵法》感悟出战略模型同样告诉我们，在危机来临前，要“有备无患”“兼顾利害”做好预防；在危机处理时，速度就成为关键，“兵贵神速”，要快速做好控制。

和合理念告诉我们，对于过去，做错的事已经成为事实，要承认和包容过去；对于现在，关键是要面对现实，意识到自己的错误，并加以改正；对于未来，这更重要，要努力超越自我，争取未来有一个好的结果。

尽管你必须承担由于犯错造成的后果，但犯错之后最重要的事情是“转危为机”：不要继续再错下去，要吸取教训，特别是要规划好未来，脚踏实地做好今天的事。

红军长征，就是一个对后人深有启发的转危为机的案例。

1933 年 9 月至 1934 年夏，中国共产党领导的中央革命根据地红军的第五次反“围剿”作战，在中革军委博古等领导人最初实行军事冒险主义、失利后实行军事保守主义的战略指导下，屡战失利，苏区日益缩小，形势日趋严重，革命陷入低谷。

1934 年 10 月，中央主力红军已经到了生死存亡的关键时刻，为摆脱国民党军队的包围追击，红军被迫实行转移，退出中央根据地，进行长征。10 月 10 日夜间，中共中央和红军总部悄然从瑞金出发，率领红一、三、五、八、九军团连同后方机关共 8.6 万余人进行战略转移，向湘西进发，开始了悲壮的、前途未卜的漫漫征程。

在历时 2 年的长征中，中央红军突破几十万敌军的包围封锁，辗转

14个省，翻越18座大山，跨过24条大河，走过荒草地，翻过大雪山，行程约两万五千里。期间共进行了380余次战斗，攻占700多座县城，共击溃国民党军数百个团。中央红军历经曲折，战胜了重重艰难险阻，于1935年10月到达陕北，与陕北红军胜利会师。1936年10月，红二、四方面军到达甘肃会宁地区，同红一方面军会师。红军三大主力会师，标志着长征的胜利结束。

在中国革命出现危机的关键时刻，中国共产党意识到存在的错误，在遵义会议上果断结束了“左”倾教条主义在中央的统治，确立了毛泽东在红军和中共中央的领导地位，中国革命的航船终于有了一位能驾驭其进程的舵手！以毛泽东等为代表的一批党的领袖人物，带领红军，将中国革命的大本营转移到了西北，为开展抗日战争和发展中国革命事业创造了条件。在两年中，红军长征保存和锻炼了革命的基干力量，唱响战略转移的凯歌，谱写出的人类近现代战争史上英雄史诗。

第五次反“围剿”失败被迫长征，是中国共产党在土地革命战争中遭受重大挫折的标志。但是就在同时，由于日本人入侵华北，民族矛盾迅速激化，抗日呼声空前高涨，一个新的大势正在兴起。在不利的大势中找出潜在的有利之势，才能因势利导，顺势而为，把逆境变成组织成长的最好机会。长征出发时中国共产党顺势而为，打出了“北上抗日”的旗号，从而给这支败退的军队找到了生存和发展的理由。中国红军在中国共产党领导下，审时度势、顺势而为，成功地把一次巨大危机转变为战略转移的机遇，为中国革命奠定了胜利的基础。

长征快到达陕北的时候，毛泽东在登上六盘山后，写下了那首著名的词：“天高云淡，望断南飞雁。不到长城非好汉，屈指行程二万。六盘山上高峰，红旗漫卷西风。今日长缨在手，何时缚住苍龙？”越是在逆境之中，领导者越没有沮丧的权利；越是处于充满负面信息的环境中，领导者越要给予组织以充分的信心。逆境中领导艺术的核心就是在人们的心灵中重新激起对战斗的渴望，对战争胜利的信心。而这一切的前提，在于领导者本身必须具有坚定的信念和坚强的意志。毛泽东用自己的内心之火，重新点燃人们的信念之光。可以想象，两万五千里长征，如果是一支军阀的

军队，也许早就已经散掉了。红军是支让很多人无法理解的军队，衣不蔽体，食不果腹，装备极差，每天面临着死亡，却历经苦难而不溃散。为什么？因为这确实是一支有信仰、有理念的军队。价值驱动充分激发出人在精神层面的力量。在物质极其匮乏的情况下，价值信仰成了凝聚团队的核心。

伟大的组织往往是在逆境中成长起来的。在逆境中优秀的领导者可以最大限度调动和发挥自身和团队的潜能。最苛刻的环境反而会逼出组织内在的生存活力，逼着组织升级自己的竞争优势，杀出一条血路，从而将对手击败。

红军长征的胜利，是中国革命转危为安的关键。长征的胜利表明，中国共产党及其领导的工农红军是一支不可战胜的强大队伍，长征中红军表现出的对革命的必胜信念和一往直前、不怕牺牲的英雄气概，成为激励共产党人和人民军队前进的巨大动力。

当年红军长征胜利到达陕北之后，毛泽东曾就长征做过精辟的总结："长征是宣言书，长征是宣传队，长征是播种机。长征是以我们胜利、敌人失败而告终。"中国工农红军的长征是一部伟大的革命英雄主义史诗。它向全中国和全世界宣告，中国共产党及其领导的人民军队，是一支不可战胜的力量。长征，铸就了伟大的精神。长征精神，是中国共产党人和人民军队革命风范的生动反映，是中华民族自强不息的民族品格的集中展示，是以爱国主义为核心的民族精神的最高体现。长征精神为中国革命不断从胜利走向胜利提供了强大精神动力。

※ 洋为中用·中外和合 ※

德黑兰皇宫

在伊朗的德黑兰皇宫，你可以欣赏到当今世界上最漂亮的马赛克建筑。那里的顶棚和四壁看上去就像由一颗颗璀璨夺目的钻石镶嵌而成。只不过，走近细看，你会惊讶地发现，这些流光溢彩的"钻石"

其实就是一些普普通通的镜子的碎片。

其实，当初这座宫殿的设计者打算用来镶嵌的，并不是这些钻石般的小碎片，而是一面面从国外进口的硕大镜子。但是，天不遂人愿，当第一批镜子抵达工地后，人们惊恐地发现镜子已经被打破了。承运人只好忍痛将这些破损的镜子丢弃了，并把这个坏消息通知建筑设计师。

令人惊讶的是，该设计师并没有因此放弃这些破损的镜子，而是叫人将所有丢弃的镜子重新捡回，并要求将残破的镜子敲成更小的碎片。一切就绪后，按照这名设计师的构思，工人们将这些碎片镶嵌到墙壁和顶棚上，于是碎片就变成了“钻石”。

置身于这座宫殿，看着四周这些不计其数的小小碎片点缀的墙壁时，你或许会为设计师的巧思妙想而啧啧称奇，或许更会为人生的意义陷入沉思。

当初，打破镜子并不是人们预期的结果，更没有料到支离破碎的镜片会成为完美无瑕的艺术品。在人生中，有多少次，当挫折与失败突然来袭，我们的热情梦想、豪情壮志，就像那完好的镜子被打得粉碎一样，被侵蚀得千疮百孔。但是，当我们人生的碎片簌簌掉落时，千万不要以为那就是世界的末日，千万不要让碎片抛撒一地，应该去捡拾起那些碎片，重新上路，用生命的碎片镶嵌组合出属于自己的人生传奇。

※ 古为今用·古今和合 ※

失败乃成功之母

《汉语成语大词典》中对“失败是成功之母”是这样解释的：母，先导。指善于从失败中吸取经验教训，才能成功。据考证，它源于鲧禹治水的神话。中国古代神话《山海经·海内经》中说鲧偷了天帝的息壤（可以生长的土）来挡洪水，结果失败了。天帝命祝融杀死了鲧，但他虽死犹生。《归藏·启筮》云："鲧死三岁不腐，剖之以吴刀，是以出禹。"这几句话是说："禹是从鲧肚子里生出来的。他的父亲死后三年尸体不腐烂，最终生出了儿子禹。"大禹从鲧治水的失败中汲取教训，面对滔滔洪水，改变了鲧"堵"的治水办法，对洪水进行疏导，结果成功了。后来就有了"失败是成功之母"一说。

越王勾践卧薪尝胆，大破吴师。苏秦说秦王不成，而后刺股读书终佩六国相印。晋朝孙敬，每晚读书时，他为了不打瞌睡，就用绳子系在自己的头发上，另一端系在房梁上，每当头往下垂时，绳子就会将他扯醒，醒后便继续读书，就这样他成了一个用悬梁来防止自己睡着的名人。这就有了后来中国卧薪尝胆、悬梁刺股的成语。不怕失败的心态、愈挫愈勇的精神、坚持不懈的努力，最终成就了他们自己的人生。

塞翁失马焉知非福

战国时期有一位老人，名叫塞翁。他养了许多马，一天马群中忽然有一匹走失了。邻居们听到这事，都来安慰他不必太着急，年龄大了，多注意身体。塞翁见有人劝慰，笑笑说："丢了一匹马损失不大，没准还会带来福气。"

邻居听了塞翁的话，心里觉得好笑。马丢了，明明是件坏事，他却认为也许是好事，显然是自我安慰而已。可是过了没几天，丢的马不仅自动回家，还带回一匹骏马。

邻居听说马自己回来了，非常佩服塞翁的预见，向塞翁道贺说："还是您老有远见，马不仅没有丢，还带回一匹好马，真是福气呀。"

塞翁听了邻人的祝贺，反倒一点高兴的样子都没有，忧虑地说："白白得了一匹好马，不一定是什么福气，也许惹出什么麻烦来。"

邻居们以为他故作姿态纯属老年人的狡猾。心里明明高兴，有意不说出来。塞翁有个独生子，非常喜欢骑马。他发现带回来的那匹马顾盼生姿，身长蹄大，嘶鸣嘹亮，剽悍神骏，一看就知道是匹好马。他每天都骑马出游，心中洋洋得意。

一天，他高兴得有些过火，打马飞奔，一个趔趄，从马背上跌下来，摔断了腿。邻居听说，纷纷来慰问。

塞翁说："没什么，腿摔断了却保住性命，或许是福气呢。"邻居们觉得他又在胡言乱语。他们想不出，摔断腿会带来什么福气。

不久，匈奴兵大举入侵，青年人被应征入伍，塞翁的儿子因为摔断了腿，不能去当兵。入伍的青年都战死了，唯有塞翁的儿子保全了性命。

※ 洋为中用·中外和合 ※

先失败后成功的小故事

在 19 世纪初期，有位英国将军在战场上吃了败仗，落荒而逃，躲进农舍的草堆里避风雨，又痛苦，又懊丧。茫然中，他忽然发现墙角处有一只蜘蛛在风雨中拼命结网，蛛丝一次次被吹断，但蜘蛛一次次拉丝重结，毫不气馁，终于把网结成。将军深受激励，后来重整旗鼓，终于在滑铁卢之役打垮了卓越的军事天才拿破仑。这位将军就是历史上赫赫有名的英国最杰出的首相威灵顿。

纵观世界，无数科学家都是历经砥砺方才有所成就。玛丽·居里在 1 吨的废渣里提炼出 0.1 克的镭。爱迪生发明电灯，试验失败了上万次，终于找到了用钨来做灯丝。别人问他，那失败的那么多次，没想过放弃吗？他说，我的每一次失败只是说明了那种材料不适合做灯丝。让我寻找另外的材料，所以我最终能找到用钨来作灯丝，终于成功了。爱迪生在他的一生中，共得到 1093 项发明专利，例如留声机、电影、电动笔、蜡纸及日光灯等。我们可以想象得到，在他非凡的生涯中，经历过多少次的失败。我们要庆幸他有拒绝接受失败、不屈不挠的精神。

肯德基的创始人是山德士上校，山德士上校是位退伍的军人。他原在一条旧公路旁开餐厅，后来，新公路建好之后，车子不经过这里，他只好把餐厅关了，那时他已经60岁了。他认定他唯一的财产——做炸鸡的秘方，一定有人要，他决定向各大食品公司推荐他的秘方，但每家公司面对这一个衣衫褴褛的人都拒绝了。经过1009次的努力，他终于被一家食品公司认可。在而后短短的一年半之内，他开了300家连锁店，受到人们的喜欢。是什么使他成功的呢？是一次次失败后他都不放弃。为什么他不放弃呢？因为他坚信失败是成功之母。

美国总统林肯21岁时经商失败，22岁参选州议员落败，24岁经商又失败，26岁丧妻，他伤心得几乎崩溃。到49岁时，他前后共经历了10次竞选失败，但他不气馁，到52岁时，终于当选美国总统。日本本田汽车创始人本田，在他的传记中写道："我的人生是失败的连续。"假如他不努力，是无法从一位修理脚踏车的小工，成为世界著名汽车厂的老板的。

百事可乐"针头危机"

威廉斯太太从超市买了两罐百事可乐给孩子喝，孩子喝完后就随手将罐子倒扣于桌上，这时候，竟然倒出一枚针头。威廉斯太太大惊失色，立即向新闻界揭露此事，可口可乐公司也趁机大肆宣传自己的产品，一时间，百事可乐鲜有人问津。

面对媒体和公众的质疑，百事可乐当机立断，一方面通过新闻界向威廉斯太太道歉，并给予威廉斯太太一笔可观的奖金，感谢她对百事可乐的信任，感谢她为百事可乐把了质量关，并通过媒体向广大消费者宣布：谁若在百事可乐中再发现类似问题，必有重奖。另一方面，百事可乐更加重视生产线上的质量检验，并请威廉斯太太参观工厂，使威廉斯太太亲眼见到百事可乐的可靠质量。这种做法，使威廉斯太太消除了疑虑，并给予了好评。媒体和公众也都对百事可乐的做法表示肯定，百事可乐成功地消除了危机。

在面对危机时，当机立断，控制事态的发展是最重要的。任何犹豫不决、等待观望的行为都会使危机变得更大，更难处理。百事可乐公司在“针头事件”中，采取果断措施，使公司顺利地化险为夷。

※ 他为我用·五力和合 ※

中华自行车转危为机

中华自行车公司在成功地控制了爱尔兰小女孩骑童车摔伤的危机后，并没有就此止步，仅仅满足于做好“善后”工作，而是举一反三，很好地利用了这次契机，在企业内部掀起了一次深刻自我反省的活动。该公司总经理奋笔疾书：“不熟练掌握操作技术和产品质量，是员工之耻；不坚持控制产品质量，是管理者之耻；不跻身先进行列，赢不得消费者的满意和赞赏，是公司之耻。”“三耻”思想强烈地震撼了每一位公司员工。雪“三耻”活动，使员工对质量和形象刻骨铭心。一年后，中华自行车在爱尔兰的销售量增长了10倍。

现在，在深圳中华自行车（集团）股份有限公司内销自行车的说明书上，都有这么一段话：“将产品介绍到各地，让别人知道中国的产品是优秀的，同时向世界宣告，中华民族也是优秀的。”

中华自行车公司在成功地化解一次关系到海外爱尔兰市场的危机后，转危为机，为自己赢来了发展契机。后来其销售网络遍及欧美、澳洲、日本、东南亚等国家和地区以及国内30余个主要省、市、自治区。

第四节　本章小结

和合战略推荐的危机管理分三步：①预防危机；②控制危机；③转危为机。

预防危机，从反省做起，从短板补起，从细节抓起。抓细节必须着眼于全局，细节才更有意义。我们在战略策划、战略研究、战略评估、战略准备时，就要对可能的危机有一个清醒的认识。如果能在危机发生之前做好一定的策划、研究、评估和准备，对预防危机、处理危机都很有帮助。

有许多人往往看不到预防为主的重要性，总存在着种种侥幸心理，舍不得为预防花成本。事实上，管理学上有个著名的墨菲定理，说的是：事情如果有变坏的可能，不管这种可能性有多小，它总会发生。你如果没有做最坏的打算，那么最坏的结果一定会来到。

预防的目的，是要降低危机产生的频率和危机造成的损失程度。预防危机的基本对策是危机的识别、评估和管理。危机识别，是对所面临的以及潜在的危机加以判断、归类整理，并对危机的性质进行鉴定的过程。危机评估是对危机造成的影响和损失进行排查评估，要通过发生的概率及造成的损失来进行量化分析。①要对危机进行分类、排序，选择管控重点；②要立足于自身条件和现实需要选择可行的策略，针对不同的危机做好准备进行风险管理，一般可采取排除风险、规避风险、缩减风险、转移风险、分担风险和接受风险、承担风险、保留风险的策略；③相对于管控重点建立预控方案，确定应该采取什么组织形式，怎么安排配置资源，怎么做出应急反应等；④要建立预警监测系统，及时发现危机，及时采取措施。

做好了危机预防，并不意味着能够避免危机。危机到来时，首要原则是避免损失的进一步扩大。其关键是通过控制危机防止事态的恶化。某种危机被确认已成为事实后，遏止危机扩散使其不要影响到其他事物，是刻不容缓的。危机处理，速度是关键。如果能够及时、有效地化解危机，可以避免危机造成进一步的损失。

控制危机要明白以下道理：①危机控制，最重要的是设计适当的制度和措施，通过制度和措施的落实，避免危机的发生，或者能将危机解决在萌芽状态。②尽管我们很难把所有问题都消灭在萌芽状态，但应该明白预先策划、过程控制、结果管理都很重要，而且，事后控制不如事中控制，事中控制不如事前控制。③当问题非常严重时，解决起来就很费劲，代价也大。有时，问题积累得多了，时间拖得久了，可能就很难解决了。④当危机不可避免时，找到合适的方法来处理是最重要的。回避、抱怨、推诿都非良策，这都可能导致事态的进一步恶化。

和合理念告诉我们，对于过去，做错的事已经成为事实，要承认和包容过去；对于现在，关键是要面对现实，意识到自己的错误，并加以改正；对于未来，这更重要，要努力超越自我，使危机转化为机遇，争取未来有一个好的结果。

如果你曾经做错过什么，这都已经成为过去！尽管你必须承担由此造成的后果，但现在最重要的事情是：不要继续再错下去。你可以选择随遇而安，你可以把失败当作成功之母，对于因为做错了什么，而使你遭受任何困难和挫折，你都可以既来之则安之。你也可以吸取教训，规划好未来，特别是要做好今天的事。你更应该转危为机，使明天更精彩！

第十一章

如果对了——居安思危

“日中则西、月满则亏”所揭示的是自然规律，告诉人们这样一个道理：事情不会总是处于圆满的理想状态。“思所以危则安矣，思所以乱则治矣，思所以亡则存矣。”可以说，这个道理，古今中外，概莫能外！提醒人们要居安思危、居治思乱、居存思亡。忧患意识是中华民族自古以来的优良传统之一，它代表一种高尚人格，体现的是一种社会责任感和历史使命感。正是中华文明忧患意识的文化传统，才使中华民族历经磨难而不衰，始终屹立于世界民族之林。

《易经》六十四卦最后一卦是未济卦，其所提出的“未济”思想，也指出做事不可做太满，阐明“物不可穷”的道理。我们为人处事同样千万不可太盛，千万不可自满，千万不可自认为已达巅峰的完美状态。而是要始终保持与时俱进的状态，持续改进，秉承“未济”的思想，居高思倾、居进思退、居安思危，去争取达到预期目标并时刻准备应对非预期的突发事件。

秉承和合战略“在包容基础上扬弃，在传承基础上创新”的根本特性，即使战略很成功，即使能够证明所做的一切都没有错，也不能够故步自封、停滞不前，更应该增强忧患意识，居安思危，自强不息，用和合精神去谋求进一步的发展。

第一节　生于忧患　死于安乐

中国历史绵延数千年，探究王朝兴衰更替的奥秘，可以发现这样一个规律：“生于忧患、死于安乐”。三国时的刘备和他儿子刘禅就是最好的例子。少年刘备与母亲以织席贩履为业，生活非常艰苦。后来起事投靠过多个诸侯，也是颠沛流离，备尝艰辛。但刘备青少年时期的经历，养成了他弘毅宽厚的性格。刘备励精图治，求贤若渴，知人待士，百折不挠，终成帝业，开创了蜀汉江山，史称先主。反观刘禅，小时候备受父亲刘备宠爱，成长于安乐的环境中，缺少磨炼，登基后则由鞠躬尽瘁死而后已的诸葛亮照顾。诸葛亮离开人世后，刘禅难以担当后主重任，贪图享受，亲近小人，最后葬送了蜀汉江山。

球王贝利也清醒地认识到艰苦磨砺对成功的重要性。贝利成名后，有个记者采访他：“你的儿子以后是否也会同你一样，成为一代球王呢？”贝利回答：“不会。因为他与我的生活环境不同。我童年时的生活环境十分差，但我却正是在这种恶劣的环境中磨炼我坚强斗志，使我有条件成为球王，而他生活安逸，没有经受困难的磨炼，他不可能成为球王。”

同样也是困苦的逆境造就了西部民歌之父王洛宾，这位被誉为中国“西部歌王”的音乐大师，一生历经坎坷，多次身陷囹圄，妻离子散，长期处于心理压力极大的困境中。然而他却以“胜似闲庭信步”的态度，投身于大西北的沙漠孤烟之中，创作了广为传唱的《在那遥远的地方》《半个月亮爬上来》《达坂城的姑娘》《掀起你的盖头来》等多首西部民歌。

在 19 世纪末，美国康奈尔大学曾进行过一次著名的“青蛙试验”：他们将一只青蛙放在煮沸的大锅里，青蛙触电般地立即窜了出去。后来，试验人员又把它放在一个装满凉水的大锅里，任其自由游动。然后用小火慢慢加热，水温慢慢变高了，青蛙应该可以感觉到外界温度的变化，可能是因为习惯了温度的变化，却并没有立即往外跳，直到后来失去逃生能力而

被煮熟。

科学家经过分析认为，这只青蛙第一次之所以能“逃离险境”，是因为它受到了沸水高温的剧烈刺激，于是便使出全部的力量跳了出来。第二次由于没有明显感觉到刺激，因此，这只青蛙便失去了警惕，没有了危险感觉，它可能觉得这一温度正适合，十分享受，并不急于离开。然而当水温足够高时，慢慢上升到了足以致死时，即使青蛙感觉到了情况不对，它或许已经没有能力再从高温的水里逃出来了。

同样道理，人天生有惰性，往往会安于现状，不到迫不得已多半不愿意去改变已有的生活轨迹。当我们遇上猛烈的挫折和困难时，常常会激发自己的潜能，积极主动地去寻求改变；可一旦事态趋向平静，便会耽于安逸、享乐，变成“温水青蛙”，不思进取。若一个人久久沉迷于这种无变化、图安逸的生活时，就不会去留意周遭环境、现实生活等的变化，当危机到来时就像那温水青蛙一样只能坐以待毙。我们不能做温水中的青蛙，越是好的形势，越要有忧患意识。

做企业同样也有“温水青蛙”的困境，事实上，企业面临的竞争环境大多也是渐变式的，如果企业主对环境的变化不保持警觉，最后就会像这只青蛙一样被温水煮熟而无法逃生。所以，一个企业不要满足于眼前的既得利益，不能沉湎于过去的胜利和未来的美梦中，而忘掉危机的逐渐形成和一步步地逼近。所取得的成就越辉煌，就越不能骄傲自满，懈怠停滞，必须清醒地看到发展面临的困难和问题。只有不断增强忧患意识，才能辩证地看待形势，辩证地看待成绩，这样才能不走错路，少走弯路。

企业主要有忧患意识。忧患意识就是要在平安优越的环境下，要想到患难困苦，不能满足于现状。或通过理性反思总结经验教训，或通过批评和自我批评揭露缺点错误，或通过对现状的认识中发现潜在的不足，或通过对现状的传承中找出事物进一步发展的要求，目的都是为了更加健康地向前发展。一个企业要生存，要壮大，关键在于企业当家人的苦心经营。当今世界，市场竞争激烈。企业家应该时刻想到不测风云。有些企业投机取巧，只顾眼前利益，缺乏忧患意识，有的甚至为了牟取暴利，不惜以次充好，以假乱真，制假造假贩假，采用种种不正当手段，来欺骗消费者。

他们可能得逞于一时，但是，一旦他们的阴谋败露，他们将受到灭顶之灾，法律将严惩他们，亲朋好友会远离他们，消费者也抛弃他们，其结果可想而知。由此可知，企业要发展，不能满足于暂时的成绩，不能依赖于一时的暴利，不能取巧于短时的投机，而是要有忧患意识，远离安乐，逆水行舟，锐意进取！

企业主，要有忧患意识、危机意识。这并不意味着妄自菲薄，每个人都会有长处和弱点，危机意识能够帮助你在发挥个人长处的基础上改善自身的弱点和弊病，完善自己，发展自己。这也不意味着杞人忧天，不要过多地担心不可能存在的危机，而要将主要精力放在切合实际的挑战中去，努力研究影响自身发展的因素，争取进步，谋求发展。树立忧患意识、危机意识，它可以时刻警醒你注意身边的威胁和挑战，时刻以高度警觉的态度面对竞争，面对人生；它可以不断鞭策你细致地观察身边的人和事，在探寻发展规律的同时找到适合自身特点的发展模式，不断创新，不断进步；它可以增强你的信心，提高你面对挫折和逆境时冷静处理难题的勇气和能力。树立危机意识，在危机中求生存，你的人生将更加淡定和美好，更加丰富和精彩！

※ 古为今用·古今和合 ※

《孟子·告子下》

舜发于畎（quǎn）亩之中，傅说（fù yuè）举于版筑之间，胶鬲（gé）举于鱼盐之中，管夷吾举于士，孙叔敖举于海，百里奚（xī）举于市。

故天将降大任于斯人也，必先苦其心志，劳其筋骨，饿其体肤，空乏其身，行拂（fú）乱其所为，所以动心忍性，曾（通“增”）益其所不能。

人恒过，然后能改；困于心，衡于虑，而后作；征于色，发于声，而后喻。入则无法家拂（bì，古同“弼”，辅助）士，出则无敌国外患者，国恒亡。

然后知生于忧患而死于安乐也。

上文中有些词句，非常著名，常被引用。是先秦孟子及其弟子所著录的。根据笔者的理解，用现代汉语解读一下：

舜在成为贤明君主前曾从事田野耕作，傅说在被殷商王举以为相之前是做筑墙的劳工的，胶鬲做商纣王大臣前是贩鱼卖盐的，管仲是齐桓公把他从狱官手里救出来被用以为相的，孙叔敖做楚国令尹前在海滨隐居，百里奚是被秦穆公从奴隶市场里赎买回来授以国政的。

这些人都曾经历贫贱，但他们在经受了艰苦磨炼之后，终于成就了不平凡的事业，实例证明：上天要把重任降临在某人的身上，一定先要使他心志苦恼，使其筋骨劳累，让他忍饥挨饿，身体空虚乏力，行动都不如意，这样来激励、磨砺他的意志心性，使他性情坚忍，增益他所不具备的能力。

一个人，出错多了，然后知错能改；心意困苦，思虑阻塞，然后才能奋发图强；别人的愤怒表现在脸色上，鄙夷表达在言语中，然后你就会知道自己的处境。一个国家，如果在国内没有坚守法度的大臣和足以辅佐君王的贤士，在国外没有与之匹敌的邻国和来自外国的祸患，就常常会有覆灭的危险。

这样，就知道“忧愁患难足以使人生存，安逸享乐足以使人灭亡”的道理了。

※ 洋为中用·中外和合 ※

温水中的青蛙，享受着温水，即使到了致命的高温时，它也会浑然不觉。有些企业也是这样“死于安乐”的。

柯达胶卷

柯达公司由发明家乔治·伊士曼始创于 1880 年，总部位于美国纽约州罗切斯特市。柯达胶卷是世界上最成功的胶卷品牌之一，柯达产品通过世界各地的子公司销往 150 多个国家，世界胶卷市场占有率曾达到 70%。

就是这么一家世界知名的企业，一个有着 131 年历史的著名公司，于 2012 年 1 月 19 号宣布破产。这个百年老店为什么走到破产的这一步？

对于这个问题的回答，有一个较为普遍的共识是：在它发展的历史上，三次重大的决策失误。笔者认为，三次重大的决策失误，都是柯达公司没有做好迎接新技术的准备，“居安不思危”的结果。

第一次，1945 年，一个叫卡尔逊的技术人员发明了静电复印技术，卡尔逊拿着自己的技术专利找到了柯达公司，希望以自己的技术专利入股，然而被柯达公司的董事会、老板们拒之门外。

第二次，是 5 年之后，1950 年一个叫朗德的技术人员发明了一次成像技术，拿着这项技术找到柯达公司，就像当年的卡尔逊一样，又被柯达公司的董事会、老板们拒之门外。

第三次，是 1975 年，柯达公司自己的两个技术研发人员，在实验室里发明了世界第一台数字成像技术，柯达公司是一个生产胶片的以及相应的照相设备的公司，数字成像技术对柯达公司的核心产品生产的胶片有颠覆性的影响，柯达公司的老板们严令这项技术封锁在实验室里。

大家都知道，第一次被柯达公司的董事会、老板们拒之门外的静电复印技术，使施乐公司因为这项静电复印机的核心产品成为这个行业的龙头老大。现在信息化办公，几乎每一台电脑都连接着一台使用静电复印技术的设备。第二次被柯达公司的董事会、老板们拒之门外的一次成像技术，10 年之后，柯达公司认识到失误，1960 年，花了 10 亿美元从朗德手里买回这项技术专利，巨大的资金成本的付出的同时，浪费了 10 年宝贵的时间。第三次，直接导致了柯达公司的破产，数字成像技术尽管被封锁在柯达公司实验室里，在 20 世纪 80 年代，世界许多研发人员也陆续发明了这项技术，经过 20 世纪 90 年代的痛苦转型，到了 21 世纪这 10 多年迅速崛起，完成了更新换代之后和结构产品调整之后，佳能公司、尼康公司现在成为世界摄影界的两个龙头老大。柯达公司没有居安思危，没有做好迎接新技术的准备，而是故步自封，封锁技术的同时，也封锁了自己的辉煌，昔日影像王国随着胶卷的失宠，不复存在。

柯达胶卷实在是太成功了，曾经创造了无与伦比的辉煌，以往的成功经验成为一种思维定式，束缚了柯达决策层的进取意识，面对大量出现的新技术，还是用老产品去应对，结果被故步自封所葬送。如果柯达公司能够以和合精神、和合理念规划柯达和合战略，就不会有其发展史上的三次重大决策失误。这三次重大的决策失误有一个共同的特点是缺乏和合理念。对一项技术，对一个产品，对其发展前景缺乏“在包容基础上扬弃，在传承基础上创新”的意识，固守在过去已有的产品上、市场上，一句话，固守在过去成功的模式上，不思进取，这是导致百年老店柯达公司破产的一个决定性的因素。

在这 100 多年中，串起了无数个光辉时刻的柯达公司，如果能够居安思危，适应全新的技术产品，用和合的精神面对新情况新问题，实施和合战略，我们一定会看到柯达公司再翻开更精彩的一页。

※ 古为今用·古今和合 ※

秦国霸业

战国时期，秦国于公元前 230 年起用不到 10 年时间统一了中国。一开始，秦首先灭韩；公元前 228 年，次灭赵；公元前 226 年，陷燕都；公元前 225 年，再灭魏；公元前 223 年，后灭楚；公元前 222 年，再其后灭燕；公元前 221 年，最后灭齐。但其在完成大一统之后，在短短的 14 年后即被击溃。

秦国处于当时的苦寒边远之地，商鞅变法后，秦国采用差异化发展战略，成为强国。当时的秦国国君秦孝公，与商鞅达成了秦国发展的两个十年战略规划：

第一个十年计划是打基础、作准备，鼓励开荒，奖励耕织，努力发展“农业”，储备粮食物资。

第二个十年计划是抓军事、拓疆土，鼓励参军，奖励杀敌，积极发展“军事”，把储备的粮食物资用到战场上。

秦孝公和商鞅，为了保证战略规划得到实施，打击传统贵族，压制隐士、学者、游士、商人，禁止粮食贸易，甚至用成文律法，强制解散大家族，剥夺贵族控制的资源，推行“无军功不授爵”的制度，“废井田、开阡陌”，鼓励垦荒、奖励耕织，小农经济开始兴起，这确实使秦国比其他国家获得了更快的发展，集聚了更多的实力，也推动了社会的进步。商鞅变法最大的进步在于，他让土地得到了流通，最大化地被开垦。

秦孝公和商鞅，为了鼓励士兵多杀敌、打胜仗，以斩获敌人首级为考核标准，让那些一无所有的草根有上升的通道，如果一个士兵在战场上斩获两个敌人“甲士”首级，他做囚犯的父母就可以立即释放。如果他的妻子是奴隶，也可以转为平民。杀敌人五个“甲士”可拥有五户人的仆人。而且在军中，由于爵位高低不同，每顿吃的饭菜甚至都不一样。三级爵有精米一斗、酱半升，菜羹一盘。两级爵位只能吃粗米，没有爵位的普通士兵能填饱肚子就不错了。军功爵还是可以传子的。如果父亲战死疆场，他的功劳可以记在儿子头上。真是一人得军功，全家都受益。商鞅变法，打开了那个固化的社会，让民众看到了升迁的希望。

商鞅变法把秦国民众统统变成两种人，一种是农民，一种是士兵；一个是只会耕地的牛，一个是只会拼命杀敌的狼；一个在后勤，一个上前线，都为战争服务！而且农民和战士都必须愚昧无知、卑贱贫穷，这样才能用爵位和财物之类的小恩小惠让他们服从。历史的事实说明，商鞅变法是成功的战略，商鞅用简单的、可操作的、见效快的办法，折腾出一个实力强劲、杀气腾腾的秦国。

秦孝公和商鞅，彻底破坏传统社会的组织架构，秦国涌现了很多

新兴贵族，短时间内为秦国缔造了一支强大的军队和一群顺从的百姓，使秦国从一个弱小的边缘国家成为强国。据学者统计，从公元前356年商鞅开始变法到公元前221年秦灭齐完成统一，列国共有96场有大国卷入的战争，其中秦国发动了52场（占54%），并取得了48场胜利（占92%）。

但成功之后，问题也来了。商鞅变法对打天下有效，但对坐天下来说就有待商榷了。如果把商鞅变法作为长期国策，在和平年代，必不可持久，最终必定会溃败。

秦国完成大一统之后，仗剑四顾，已无对手。从苦难的边陲弱国，一步步走到打遍天下无敌手的顶峰，自有一种登泰山而一览众山小的良好感觉，失去了在苦寒边远之地立国时的忧患意识，开始沾沾自喜、故步自封。认为老路子好走、老办法好使，没有看到战略阶段不同了，战略目标、策略手段也要跟着变化，秦国仍然按一台战争机器在运作。秦始皇既不安抚天下，也不对国策转型升级。

秦始皇统一全国后，其文化、模式和定位等都还停留在“打天下”的阶段，用这种方式治理天下，必然大乱。看看秦始皇夺得天下之后所做的事，大家就能明白商鞅变法的遗毒对秦始皇的思维方式影响有多深——焚书坑儒、修万里长城，秦始皇还在采取愚民政策，还在为战争做准备，这是作死的节奏啊！

于是，一句“天下苦秦久矣”的口号，如同星星之火可以燎原之势，迅速成为一股强大的反秦势力。大秦帝国虽然实现了千秋霸业，但只维持了14年就宣告灭亡！

这段历史让人唏嘘，也引人深思。

秉承和合战略“在包容基础上扬弃，在传承基础上创新”的根本特性，即使战略很成功，即使能够证明所做的一切都没有错，也不能够故步自封，更应该增强忧患意识，居安思危，自强不息，用和合精神去谋求进一步的发展。更何况秦国的战略阶段已经发生根本性的变化，不求转变，焉能不败！

第二节　居安思危　有备无患

途经小溪流，常常会听到潺潺的流水声，不时还会看到转弯跌落处，溅起层层水花。但是河流深了，表面看起来往往很平静，水面下却是激流暗涌。静水流深，告诉我们看上去平静无奇的东西，往往隐藏着巨大的危险。唐代罗隐有首《泾溪》的诗写出这个道理："泾溪石险人兢慎，终岁不闻倾覆人。却是平流无石处，时时闻说有沉沦。"

小心驶得万年船，告诫我们：谨慎不容易出错，即使表面上风平浪静，也要居安思危，小心行舟。

原典欣赏：居安思危（司马光）

上谓侍臣曰："治国如治病，病虽愈，犹宜将护。傥遽自放纵，病复作，则不可救矣。今中国幸安，四夷俱服，诚自古所希，然朕日慎一日，唯惧不终，故欲数闻卿辈谏争也。"

魏征曰："内外治安，臣不以为喜，唯喜陛下居安思危耳。"

原典解读

这是唐太宗对亲近的大臣们之间的对话，唐太宗说："治国就像治病一样，即使病好了，也应当休养护理，倘若马上就自我放开纵欲，一旦旧病复发，就没有办法解救了。现在国家很幸运地得到和平安宁，四方的少数民族都服从，这真是自古以来所罕有的，但是我一天比一天小心，只害怕这种情况不能维护久远，所以我很希望多次听到你们的进谏争辩啊。"

魏征回答说："国内国外得到治理安宁，臣不认为这是值得喜庆的，只对陛下居安思危感到喜悦。"

魏征常常以隋朝灭亡作为教训，规劝太宗要"居安思危，善始克

终”“居安思危，戒奢以俭”。魏征也因直言进谏，辅佐唐太宗励精图治，共同创建“贞观之治”的大业，被后人称为“一代名相”。

※ 洋为中用·中外和合 ※

在《左传·襄公十一年》也记载了“居安思危”的故事。

春秋时期，有一次宋、齐、晋、卫等十二国联合出兵攻打郑国。郑国国君慌了，急忙向十二国中最大的晋国求和，得到了晋国的同意，其余十一国也就停止了进攻。郑国为了表示感谢，给晋国送去了大批礼物，其中有：著名乐师3人、配齐甲兵的成套兵车共100辆、歌女16人，还有许多钟磬之类的乐器。

晋国的国君晋悼公见了这么多的礼物，非常高兴，将8个歌女分赠给他的功臣魏绛，说：“你这几年为我出谋划策，事情办得都很顺利，我们好比奏乐一样的和谐合拍，真是太好了。现在让咱俩一同来享受吧！”

可是，魏绛谢绝了晋悼公的分赠，并且劝告晋悼公说：“咱们国家的事情之所以办得顺利，首先应归功于您的才能，其次是靠同僚们齐心协力，我个人有什么贡献可言呢？但愿您在享受安乐的同时，能想到国家还有许多事情要办。《书经》上有句话说得好：‘居安思危，思则有备，有备无患。’现谨以此话规劝主公！”

魏绛这番远见卓识而又语重心长的话，使晋悼公听了很受感动，高兴地接受了魏绛的意见，从此对他更加敬重。

第二次世界大战后数十年里，战败国日本，取得了举世称颂的“经济奇迹”，其中小学教科书上就写着：“日本国土狭小，没有资源，只有靠技术、靠奋斗，否则就要亡国。”也许，就是这种忧患意识，这种靠技术、靠奋斗的精神，造就了日本经济的成功。

微软公司的老板比尔·盖茨曾深有体会地说：“微软距离破产永远只有

18 个月。”微软公司是当今最成功的跨国电脑科技公司之一，它的成功与其老板的忧患意识有莫大关系。

波音公司为了增强员工的危机意识，摄制了一部模拟公司倒闭的电视片，在一个天空灰暗的日子里，波音公司高挂着“厂房出售”的招牌，振聋发聩的扩音器里传来“今天是波音公司时代的终结，波音公司已关闭了最后一个车间”的通知，员工们一个个垂头丧气地离开了工厂……该片在员工中产生了巨大震撼，强烈的危机感使员工们以主人翁的姿态，努力工作，不断创新，也使波音公司始终保持了强大的发展后劲。

不停步于现在的成功，居安思危，有备无患，是和合战略题中应有之义。

在科技发展日新月异的今天，面对日益激烈的国际竞争，尽管我国的企业在某些领域可与发达国家相媲美，但在很多领域还存在相当大的差距，唯有继续弘扬艰苦奋斗的精神，时刻做好面对变故、面对失败的准备，做到有备无患，我们才能持续改进，不断发展。居安思危有助于我们科学判断自己所处的历史方位，既把握优势也看到不足，从而不断开创中国企业的新局面。

由于既定战略不可能尽善尽美，以及战略环境的复杂多变，致使战略调整工作几乎是难以避免的。即使在目前阶段还看不到战略环境的变化，即使我们制定的战略已经无可挑剔，我们还是要居安思危，做到有备无患。特别是当发现既定战略目标、战略重点、战略阶段、战略对策，在实施中暴露出了某些问题，或当战略环境发生局部性或全局性变化的情况下，企业主要及时对既定战略要素做好调整工作。对此，战略领导者应该具有充分的思想准备和警觉，以免一旦既定战略有误或环境发生重大改变时，使战略实施系统失控，给企业造成不应有的损失。

※ 他为我用·五力和合 ※

饱老鼠和饿老鼠

1925年，美国科学家做了这样一个试验：将一群刚刚断奶的幼鼠一分为二，圈养在两个笼子里。第一组享受“优惠待遇”，给予其充足的食物，最大限度地满足其食物需要，这一组称为“饱老鼠”。第二组则遭受“歧视待遇”，只提供相当于第一组老鼠所得的60%的食物，让它们经常处在吃不饱的状态，这一组称为“饿老鼠”。实验结果大大出乎人们的预料：长期饱食终日的饱老鼠难以活过千日，老鼠未到中年就死掉了。而饿老鼠们则多数高寿，其寿命大多超出第一组老鼠的一倍多。不仅如此，饿老鼠的皮毛光滑，反应敏捷，行动迅速，看起来也很精神。其免疫能力以及繁殖能力都要比饱老鼠们要高。

这一实验引起了各国科学家们的兴趣，之后又有不同国家的许多科学家做了大量类似的实验，实验范围扩大到苍蝇、鱼、猴子等各种生物，同样发现了惊人相似的一幕又一幕。为论证这一普遍真理能否适合人类，科学家又以与人类同源共祖的猴子做实验，结果如出一辙，难分伯仲。

对这样一个结果科学家们众说纷纭，形成了见仁见智、数家争鸣的理论格局，其中“限额”说以其言之有理、持之有据而为大家所接受。此“说法”认为动物终其一生能消耗的热量有一个固定的限额，限额一旦用完就意味着生命的永久停止，吃多吃少与寿命长短成反比：吃得多，暴饮暴食，限额就完成得早，生命就早日终结；吃得少，细水长流，寿命持续时间就长。

回顾历史，反观现实，我们会发现，人也难逃“饱老鼠和饿老鼠”这一现象所体现规律的制约。“饱老鼠和饿老鼠”的故事在人类社会也广泛地存在着、不时地演绎着。为什么中国古代的帝王们多是短命的呢？虽

然有各种各样的解释，但“饱食终日”应该是其重要原因之一。现在有些“福贵病”甚多，也难以排除“饱食终日”这一原因。

其实，笔者认为，“饱老鼠和饿老鼠”的故事所揭示的并不仅仅是“动物终其一生能消耗的热量有一个固定的限额”这么一个问题，因为这不能完全解析“饿老鼠的皮毛光滑，反应敏捷，行动迅速，看起来也很精神。其免疫能力以及繁殖能力都要比饱老鼠们要高”这一系列现象。饿老鼠比饱老鼠寿命长之外，其他许多方面的品质表现也比饱老鼠更优异，笔者认为这与其动物心理状态也是有一定关系的。动物在得不到食品充分满足的情况下，会更加积极努力，想方设法去调动身体机能去获取更多的资源；而饱老鼠“饱食终日”，无所追求，自然会相对懒散，结果身体机能反而不如饿老鼠。动物在欲望得到满足的情况下，会无所事事，也就不容易保持身心健康。

同样的理由，为什么“穷人的孩子早当家”“从来纨绔少伟男”？这里面的原因除了食物的满足程度不同以外，更重要的因素应该是穷家子弟的欲望更不容易得到满足，会产生动力发愤图强，去积极争取；而富家子弟更易达成所愿，往往出现纨绔弟子“饱食终日，无所用心”的情况，导致了两者的差异。人有惰性，在安逸的状态下不易产生积极的心态，人有仇人的时候更易成就复仇的能力，而人在没有仇人时，也许就会缺乏动力和压力去形成这种能力，如果要有所成就，就需要假想敌。无论是顺境还是逆境，人们只有制定高于其现实条件的目标，才会激发其积极心态。无所用心、无所追求、无所事事，败坏的不只是事业，败坏的还有身心健康。事实上，人类社会进步到今天，许多富家子弟确定了更高的人生追求之后，其表现往往使穷家孩子难望其项背。

今天，我们要好好地读一读、悟一悟“饱老鼠和饿老鼠”的故事，提醒自己：越是好的形势、好的状况，越要有忧患意识，这关系到身心健康、事业成败！当我们所取得的成就越辉煌，就越不能满足于现状，越不能骄傲自满，懈怠停滞！在情况好的时候要随时想着不好的可能，这样才能让人随时保持一种警惕意识和一种不断向前进的动力。

华为的危机意识

深圳商报记者陈姝在采访华为公司时了解到，当2000财年利润位居全国电子百强时，创始人任正非强调的是“华为的冬天”。华为2013年营收首超爱立信，任正非在讲话中却提醒“华为需要警惕危机快于改革的情况发生”，提出了“第91天危机”：“华为的财务曾算过账，华为公司的现金够吃三个月，当第91天来临时，华为公司如何度过危机呢？”

对于华为来说，无时不在的危机意识正是创新的内生动力之一。正因为这样，华为才可以在强手林立的通信行业存活下来，并且越活越好。

在2000财年，华为创下了152亿元的销售额，利润达29亿元位居全国电子百强首位。在企业迎来第一个成长的巅峰时，华为谈的不是成绩，而是危机。2001年3月，华为创始人任正非在公司内刊上发表了后来广为传颂的《华为的冬天》。在文中他大谈问题：“华为存在的问题不知要多少日日夜夜才数得清楚……华为的冬天正在到来，各种机制、管理等正面临危机，已经到了不得不调整、改革的地步”。

在另一篇《北国之春》中，任正非再次提出“冬天”的问题。他说，华为经历了十年高速发展，能不能长期持续发展，会不会遭遇低增长，甚至是长时间的低增长；企业的结构与管理上存在什么问题；员工在和平时期快速晋升，能否经受得起冬天的严寒；快速发展中的现金流会不会中断……“华为总会有冬天，准备好棉衣，比不准备好。我们该如何应对华为的冬天？”

在华为内部诸多的讲话和文章中，“居安思危”一直是很重要的一个部分，不论是著名的《华为的冬天》，还是《华为的红旗到底能打多久》《华为要做追上特斯拉的大乌龟》，都有着强烈的危机意识。即使是2013年，华为首次在全年业绩上超过了爱立信成为全球第一，任正非仍然在2014年5月的一次会议上大谈如何应对“第91天危机”。

华为这种无时不在的危机意识，使得整个公司上下时刻保持活力和战斗力。《华为的红旗到底能打多久》中这样说：“华为相对还很弱小，面临更艰难的困境，要生存和发展，没有灵丹妙药，只能用别人看来很‘傻’的办法，就是艰苦奋斗。”

为了能在强手林立的通信行业里领先，华为不断激励自己通过创新保持稳健有效的增长。华为的研发总是先于行业5～10年进行布局。对华为来说，研发投入不是百米短跑，而是一场马拉松。华为每年都将销售收入10%以上的资金用于创新，以2014年为例，华为在云计算、大数据、5G等领域开拓创新，研发投入达408亿元，较2013年大幅增长29.4%。过去10年，华为研发投入已累计超过1900亿元。（来源：《深圳商报》2015年8月14日）

【新闻链接】

华为于1987年在深圳成立，从一家初始资本只有21000元的民营企业，成长为世界500强公司。其电信网络设备、IT设备和解决方案以及智能终端，已应用于全球170多个国家和地区。华为坚持聚焦战略，对电信基础网络、云数据中心和智能终端等领域持续进行研发投入，使公司始终处于行业前沿，引领行业发展。

第三节　自强不息　厚德载物

原典欣赏：周易

君子安而不忘危，存而不忘亡，治而不忘乱，是以身安而国家可保也。（《周易·系辞下传》）

天行健，君子以自强不息。（《周易·象传》）

地势坤，君子以厚德载物。（《周易·象传》）

原典解读

《周易》是一部中国古哲学书籍，也称易经，简称易。《周易》是一本揭示变化的书，周易以高度抽象的六十四卦的形式表征普遍存在的双边关系中可能发生的各种各样的变化，并附以卦爻辞作简要说明。《周易》是中国传统思想文化中自然哲学与伦理实践的根源，对中国文化产生了巨大的影响。它是中华人民智慧与文化的结晶，被誉为“群经之首，大道之源”；在古代是帝王之学，政治家、军事家、商家的必修之术。

《周易》被尊为群经之首，其高深难学的内容，总是给常人上知天文，下晓地理，无事不包、无事不藏的感觉。从“不知易、不可为良相”这句话，可以知道《易经》在人们心目中的地位。

以《周易》规律为源头的中华传统文化的世界观和方法论，是中国自古以来一直在用而未被今人全面了解的中国文化之核心，包含了：对立统一、阴阳互根、阳逆阴顺、此消彼长、物极必反等规律，和这些规律数千年沉淀和积累形成的自强不息、厚德载物、居安思危、乐天知足等中华文化的基本精神特征，以及中华文化的核心和精髓之一——和合理念。

笔者以为，江湖骗子，有的人会用周易算命，大多是用迷信忽悠人。但笔者同时认为，周易所揭示的事物变化的规律性，的确能够帮助人们了解命运变化的奥秘。据说，仙人吕洞宾经黄龙禅师指点后终于开悟，在他的一首道歌中曾经留下一句非常耐人寻味的话：“有人问我修行法，遥指天边日月轮。”每当我们抬头而望，浩瀚无垠的宇宙空间，映入我们眼帘的是天上的日月星辰，日月随着时间的变化，稳健运行，永不停息。

清晨黎明，是谁带给人间第一线曙光，使人们感受到光明和温暖，让人们体验生命的美好？当然是“太阳之神”！太阳是地球生命能量的源泉，给我们带来光明，让万物快乐生长，我们有理由相信，“快乐和光明”是太阳的天道秉性。

夜幕降临，又是谁将皎洁的月光洒向人间，使人们沉浸在柔和的银装素裹之中，享受生命的安详和宁静？当然是“月亮仙子”！月亮是地球夜间星空的精灵，洁白的月光洒向人间，让人们体验到月亮“安详和纯洁”

的天道秉性。

“天行健，君子以自强不息。”“地势坤，君子以厚德载物。”这两个句子出自孔子为《周易》写的《象传》。象传，既是解释卦象之义的。在《象传》中，作者实际上是把人类自身的情感、意志和道德准则赋予了自然的天、地、万物，再反转过来，用这种天地之道来为它提出的人道作自然哲学的论证。《象传》从天地之道到人道的思想，从内容上看，《象传》所论述的人道原则是极有价值的，它是对先秦儒家学派政治、伦理思想的继承和发展。

“天行健，君子以自强不息。”是孔子为《乾》卦写的解说词。说的是天道运行周而复始，稳健有序，永无止息，谁也不能阻挡，君子应效法天道，自立自强，不停地奋斗下去。《乾》卦是《周易》的首卦，其精神也直接代表了《周易》的首要精神，强调的是人在天地之间要奋发有为。

“地势坤，君子以厚德载物。”说的是大地包容、滋养其存在于地球上的万物生灵，告诉我们君子应效法大地“随顺、饶益”的厚德之道，胸怀宽广，用包容心、随顺心和滋养饶益之心来对待身边所有的人和其他一切生灵，承载包容世间一切万事万物。

1914 年，梁启超在清华大学讲演，以“自强不息”“厚德载物”勉励学生，阐明这样一个道理：天（即自然）的运动刚强劲健，相应地，君子处世，也应像天一样，自我力求进步，刚毅坚卓，发愤图强，永不停息；大地的气势厚实和顺，君子应增厚美德，容载万物。后来，“自强不息”“厚德载物”成为清华大学之校训。

2006 年 4 月 6 日，正在新西兰访问的中国总理在会见当地华侨华人代表时，也引用了这个句子：“天行健，君子以自强不息；地势坤，君子以厚德载物。我们中华民族自古就有自强不息、团结包容、吃苦耐劳、勤奋努力的高尚品质，不仅能够在自己的国家创业，还能够在世界各地努力奋斗，创造丰硕的成果。”

自强不息、厚德载物，是中国传统文化的两条命脉，是中华民族生生不息于地球的精神之源，是中华儿女傲然挺立于世界的力量之源。“君子安而不忘危，存而不忘亡，治而不忘乱，是以身安而国家可保也。”它告诉我们，在情况好的时候要随时想着不好的可能，这样才能让人随时保持一种警惕意识，和一种不断向前进的动力。

人应当像天地一样坚强稳健，在内心培养起包容一切的宽阔胸怀！学会坚强与包容，在稳重中走向成功！一个品德深厚的人，才能成就不朽事业；一个自立自强的人，才能成为精英栋梁！当一个人的内心能够像大地一样，对一切众生充满包容、随顺和慈悲，那么这个人的内心是何其快乐、安详而自在、广阔啊！

世界上人物各异，好坏并存，万物都有其不足的一面，我们为何不以一颗火热的包容之心，来体察它的另一面呢？包容不等于放任自流，不负责任。包容不是迁就和溺爱。包容别人，并不是欣赏别人的过错，也不是放纵别人去犯错、成就别人去犯错、鼓励别人去犯错，而是允许别人犯错并帮助别人更好地改过。

人性区别于兽性、物性，其最显著的特征在于，人能够自觉主动地选择善良属性。但是仅有自觉意识还不足以保证人认识自身的善并实现之。在这种情况下，“自强不息”就成为人们的首要选择。只有自强不息，才能够实现自我觉醒，从而发挥自身的善良属性，成就自身的善良品格。自强不息强调自觉性，是一种自主自发的行为，是契合天地之道的自我觉醒；自强不息强调过程性，是一种永不停息的行为，是效法天地之道的发展过程。

自强不息、厚德载物，与和合理念是相契合的，一样的承认不同事物之矛盾、差异，一样的提倡包容和传承，一样的倡导超越自我、推动自我完善。和合理念的根本特征“在包容基础上扬弃，在传承基础上创新”，同样是自强不息、厚德载物的必然要求。

通过厚德载物，发展主体广交朋友、广纳贤才，获得实力的积累；通过自强不息，发展主体自我觉醒、自我完善，获得创新的发展。战略主体不断推陈出新，革故鼎新，从而培育独特的、新颖的、有益的核心竞争力。

需要在这里强调的是：和合战略的追求目标，不是停留在社会的平均水平上，而是通过实力的积累和智慧的创新，以获得超额利润和优势战

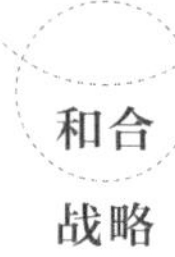

略地位为追求目标，帮助发展主体获得持续、高速发展。和合战略是解决一个企业如何从现在的状态达到将来理想位置的问题，是一种有意识、有预计、有组织的行动安排。自强不息、厚德载物，同样是和合理念的题中之意。

※ 洋为中用·中外和合 ※

以色列的崛起

半个多世纪以来，遭受世人偏见，甚至敌视，土地贫瘠、资源短缺的以色列能够崛起，也许在某种角度上说是得益于其令人同情、灾难深重的历史。

在以色列1948年宣布独立之前的1000多年的历史中，犹太人没有自己的国家，定居在世界上几乎每一个地方，生活在偏见和敌视中。

在以色列建国之后，在外交上遭到中东各邻国的集体抵制，埃及、伊拉克、约旦、叙利亚，以及黎巴嫩立即向以色列宣战，开始了以色列独立战争，此后的半个世纪里还断断续续经历了4次大的战争和无数小的冲突，可以说以色列是在夹缝中求生存。

以色列实际控制国土面积仅2.8万平方公里，自然条件极其恶劣，水资源和矿产资源都十分贫乏，以色列国土有近60%是沙漠。面对困境，以色列人就在沙漠里建造了3个森林区；以色列建国之初只有10万公顷的可耕地面积，后来达到了44万公顷；以色列原来灌溉面积只有3万公顷，后来扩大到26万公顷，农业产值也增加了16倍。

以色列建国以来的历史可以说是一部自强不息、进取发展的历史。

以色列最初是指一个民族而非地名，可查最早的记载出现在公元前1211年。公元前722年至586年开始，到1517年成为奥斯曼帝国一个省份，以色列经历过亚述、巴比伦、波斯、希腊、罗马、拜占庭等古国的统治，犹太人在这一地区逐渐衰落并遭驱逐，散于全球各地，连中国的开封都有犹太教会堂的遗迹。犹太教最重要的两本经籍《密西拿》和《塔木德》也是在这段时期写成。

当今世界，犹太人以其在20世纪的第二次世界大战的悲惨遭遇而为人熟知，也为其建国后抵御强敌、进取发展而为世人所尊重。用灾难深重来形容以色列的犹太人遭遇并不为过，但犹太人坚持以《塔木德》作为生活规范，使犹太民族得到传承和发展。

犹太人的智慧结晶《塔木德》接受了历史的洗礼，经受了现实的考验。《塔木德》以道德的力量凝聚了犹太民族精神，使这个民族的人们，除了会创造财富的神话外，还不忘犹太自强不息的民族之魂。这个最会赚钱、最能赚钱的民族，总能做出一些毫无铜臭味事情来。比如，犹太大哲学家路德维希·约瑟夫·约翰·维根斯坦（Ludwig Josef Johann Wittgenstein，1889年4月26日—1951年4月29日），就散尽其继承的巨额财产，过着清淡孤寒的生活。

【和合推荐】

《塔木德》共20卷1200多页，250多万字，是一本犹太人至死研读的书籍。《塔木德》是犹太教口传律法的汇编，是仅次于《圣经》的典籍。主体部分成书于2世纪末至6世纪初，为公元前2～5世纪间犹太教有关律法条例、传统习俗、祭祀礼仪的论著和注疏的汇集。从整体看，反映7世纪前犹太教的宗教信仰、口传律法、伦理规范和社团生活的历史发展。《塔木德》包括《密西拿》《革马拉》《米德拉西》3个部分，是10个世纪中2000多位犹太学者对自己民族、历史、文化、智慧的发掘、思考和提炼。

第四节　本章小结

秉承和合战略“在包容基础上扬弃，在传承基础上创新”的根本特性，即使战略很成功，即使能够证明所做的一切都没有错，也不能够故步自

封，更应该居安思危，自强不息，用和合精神去谋求进一步的发展。

越是好的形势，越要有忧患意识。所取得的成就越辉煌，就越不能骄傲自满，懈怠停滞，必须清醒地看到发展面临的困难和问题。只有不断增强忧患意识，才能辩证地看待形势，辩证地看待成绩，这样才能不走错路，少走弯路。忧患意识就是要在平安优越的环境下，要想到患难困苦，不满足于现状，或通过理性反思总结经验教训，或通过批评和自我批评揭露缺点错误，或通过对现状的认识中发现潜在的不足，或通过对现状的传承中找出事物进一步发展的要求，目的都是为了更加健康地向前发展。

对一项技术，对一个产品，对其发展前景缺乏“在包容基础上扬弃，在传承基础上创新”的意识，固守在过去已有的产品上、市场上，一句话，固守在过去成功的模式上，不思进取，这是导致百年老店柯达公司破产的一个决定性的因素。

在这一百多年中，串起了无数个光辉时刻的柯达公司，如果能够居安思危，适应全新的技术产品，用和合的精神面对新情况新问题，实施和合战略，我们一定会看到柯达公司再翻开更精彩的一页。

由于既定战略不可能尽善尽美，以及战略环境的复杂多变，致使战略调整工作几乎是难以避免的。即使在目前阶段还看不到战略环境的变化，即使我们制定的战略已经无可挑剔，我们还是要居安思危，做到有备无患。特别是当发现既定战略目标、战略重点、战略阶段、战略对策，在实施中暴露出了某些问题，或当战略环境发生局部性或全局性变化的情况下，企业都要及时对既定战略要素做好调整工作。对此，战略领导者应该具有充分的思想准备和警觉，以免一旦既定战略有误或环境发生重大改变时，使战略实施系统失控，给企业造成不应有的损失。

以《周易》规律为源头的中华传统文化的世界观和方法论，是中国自古以来一直在用而未被今人全面了解的中国文化之核心，包含了：对立统一、阴阳互根、阳逆阴顺、此消彼长、物极必反等规律，和这些规律数千年沉淀和积累形成的自强不息、厚德载物、居安思危、乐天知足等中华文化的基本精神特征，以及中华文化的核心和精髓之一——和合理念。

不停步于现在的成功，居安思危，有备无患，是和合战略题中应有

之义。

在情况好的时候要随时想着不好的可能，这样才能让人随时保持一种警惕意识，和一种不断向前进的动力。

自强不息、厚德载物，是中国传统文化的两条命脉，是中华民族生生不息于地球的精神之源，是中华儿女傲然挺立于世界的力量之源。自强不息、厚德载物，是和合理念的题中之意。

| 第十二章 |

如果变了——创新发展

世界是物质的，物质总是在运动变化着的，我们的思想也会随着物质世界的运动变化而变化。

一天内，太阳的位置每刻都在变；一个月内，阴晴圆缺，每天的天气、每晚的月亮都在变；一年内，春夏秋冬四季在轮换交替变化……

变化给这个世界带来了惊喜，也带来了无奈。纷繁复杂的变化中，要避免左右摇摆、迷失方向、误入歧途，互联网、全球化正在为当今世界带来深刻广泛、影响长远的变化，自然和人为的因素造成的时代潮流奔腾向前，拒绝变化是没有出路的，唯一的选择是适应变化。

当今世界正在发生的大变革大调整，无论是方兴未艾的新科技革命、广泛普及的信息化、日益深入的经济全球化，还是区域经济一体化，正在加快人类文明的前进步伐，深刻改变人类的生产方式、生活方式、组织形式、思维模式，加深各国相互依存，推动世界经济版图重塑，加剧综合国力竞争。

时代在变，环境在变，思想在变，所有的一切都在发展变化着，抓住变化，就抓住了机遇。勇于创新的精神是引领世界进步的力量，故步自封终究会被社会进步的潮流所淘汰。

“一切墨守成规，必将导致失败。”和合传统，总是把机遇留给那些有准备并关注着变化的人。秉承和合战略“在包容基础上扬弃，在传承基础上创新”的根本特性，面对变化，更应该用和合精神去迎接新挑战、抓住新机遇、创造新经典。

“创新是一个民族进步的灵魂，是国家兴旺发达的不竭动力”，更是企业和个人走向成功的不二法门。只有时刻保持勇于创新的精神，才能在人生的旅途、企业的征途中立于不败之地。

“创新”是什么？就是突破前无古人的桎梏束缚和墨守成规的僵化程式，打破经验主义和教条主义的条条框框，从无到有，标新立异，开风气之先河。“人无我有，人有我优，人优我特”就是创新。创新的本质是突破，即突破旧的思维定式，旧的常规戒律。创新要有创新的思维，应用创新的方法，最终达到创新制胜的目的。

第一节　创新思维

时代在进步，技术在更新，知识在爆炸，人们每时每刻都必须做好准备，用创新的思维迎接新挑战的到来。

原地踏步，故步自封，墨守成规，就躲不开被淘汰的威胁。勇于迎接新的挑战，是和合精神的时代要求。

创新是历史进步的动力、时代发展的关键，位居今日中国“五大发展理念”之首。中国共产党十八届五中全会上习近平总书记提出的创新、协调、绿色、开放、共享“五大发展理念”，把创新提到首要位置，指明了中国发展的方向和要求，代表了当今世界发展潮流，体现了中国共产党认识把握发展规律的深化。用以创新为首的“五大发展理念”引领时代发展，必将带来我国发展全局的一场深刻变革，为全面建成小康社会、实现中华民族伟大复兴中国梦提供根本遵循、注入强劲动力。

创新尤其是科技创新成为世界主题、世界潮流、世界趋势。谁都知道创新重要，但究竟重要到什么程度，把它放在什么位置，怎样定位，却见仁见智。中国共产党把创新放在国家发展全局的核心位置，体现了对人类社会发展规律的深刻认识，体现了对国家民族发展根本的深刻体认，在中国几千年治国理政思想史上是第一次，在中国共产党的历史上是第一次，在社会主义发展史上是第一次；放眼今日世界，把创新放在国家发展如此极端重要位置，放在制定未来发展规划理念的首要位置，也是极为少见的。

在我们的社会生活中，在人类的历史进程中，创新思维是一个极其重要的思维方式。创新思维是指以新颖独创的方法解决问题的思维过程，通过这种思维能突破常规思维的界限，以超常规甚至反常规的方法、视角去思考问题，提出与众不同的解决方案，从而产生新颖的、独到的、有益的思维成果。

人们的思维常被思维习惯、思维定式、思维惯性所束缚。物竞天择的进化过程，使人们在本能上会有对失败的害怕以及对风险的规避，而创新恰恰容易造成失败和风险，人们更愿意相信成功经验，而很难主动去改变。

中国的教育在学术知识的教学上无疑是非常成功的，培养了地球上最优秀的一群群数学天才，在开发知识和及产生学者方面也很卓越，但就如钱学森之问所关注的“为什么新中国没有培养出国际大师”一样，一个非常严重的问题是中国教育机构“生产的产品”缺乏创新思维。中国式教育追求标准答案，唯分数论使一切非标准的答案都被磨灭。但问题是，老师的标准答案一定是唯一的吗？老师的标准答案一定是标准的吗？问题背后的真相也许是令人遗憾的。

创新，需要在思想文化上弘扬传统精华、克服传统弊端，提出新思想、新观念、新学说、新风尚，创立新体系、新学派、新方法、新文风。创新要从娃娃抓起！

※ 洋为中用・中外和合 ※

以色列的教育

以色列教育不同于东方教育，也有别于欧美教育。经过家庭教育、学校教育和社会文化的熏陶，以色列学生形成了自信、独立、好

奇和富有创造力这几大品质。这使他们能够更好地掌握变通的能力，从而适应未知的变化。

2013 年 3 月任以色列教育部部长夏伊·皮隆（Rabbi Shay Piron）认为，以色列的创新性源于整个民族和国家的文化传统，创新精神已经渗透到社会的方方面面，人人都可以通过教育激发潜能，成为精英。

24% 的以色列劳动人口拥有大学学历，12% 的人口拥有大学以上的学历。这使以色列成为工业国家里学历程度第三高的国家，仅次于美国和荷兰。以色列拥有一支受过良好教育并具有企业家精神的创新人才队伍，其大量出色的创新型人才，来源于注重科学精神和创新能力培养的教育理念和教育方式。以色列的优质大学教育，主要是负责推动全国的高科技繁荣和经济的快速发展。以色列大学的主要任务是教给学生方法，帮助学生把头脑中的想法实现，而不是传授知识。根据夏伊·皮隆的介绍，以色列有三个教育“秘诀”，第一是培养科学精神，鼓励学生“斗胆、不畏强权”地踊跃质疑提问，不轻易盲目地接受别人给出的答案；第二是培养责任感，学生从高中起，以养成社会责任感为目的，每年必须参加 60 小时的社会实践志愿活动，没完成志愿活动者没资格上大学，表现不好很难被好大学录取；第三是培养使命感，学生们被告知，其使命是改变世界，让学生知道接受教育不仅是为自己，更是为了推动整个世界不断向前。

以色列是中东地区唯一的发达国家。以色列的高新技术产业举世闻名，其在军事科技、电子、通信、计算机软件、医疗器械、生物技术工程、农业、航空等领域具有先进的技术水平。其电子监控系统和无人飞机十分先进，在世界范围内拥有很高的口碑。犹太民族以不到世界 0.2% 的人口，获得了全世界约 24% 的诺奖，且涵盖各个学科领域。

瑞士洛桑管理学院发布的《全球竞争力年鉴 2014》，以色列创新能力排名高居全球第一位。尽管以色列国土面积不到我国浙江省的 30%，处在严峻的地缘政治条件下，而且自然资源极其恶劣，控制地区有 50% 以上是沙漠，水资源和矿产资源十分贫乏。但在研究和开发（R&D）花费指数上，以色列是世界第三高的国家，在科技准备（产业界在 R&D 上的花费、科研社群的创造力、个人电脑和网络覆盖率）上则是世界第八，在科技创新上是世界第十一，高科技出口总额上是世界第十六。在世界经济论坛发布的《全球竞争力报告 2015—2016》中，以色列在 148 个经济体中创新综合排名位居第三，被誉为“世界创新工厂”。

犹太民族自古以来就有重视教育的传统，认为“知识是夺不走的财富”，是“唯一可随身携带，终身享用不尽的资产”。以色列开国总理古里安说：“犹太历史的基本内容就是没有教育就没有未来。”前总理梅厄夫人说：“教育投资是卓有远见的投资。”长期以来，“知识即财富”这种观念已深入每一个以色列人的脑海中。

纵观战后以色列的发展历程，教育发挥了极其重要的作用，成为促进国家发展的持久推动力。

※ 洋为中用 · 中外和合 ※

阿西莫夫考智力

阿西莫夫是美籍俄国人，世界著名的科普作家。他曾经讲过这样一个关于自己的故事。

阿西莫夫从小就很聪明，年轻时多次参加“智商测试”，得分总在 160 左右，属于“天赋极高”之人。有一次，他遇到了一位汽车修理工，是他的老熟人。

修理工对阿西莫夫说：“嗨，博士，我来考考你的智力，出一道思考题，看你能不能正确回答。”阿西莫夫点头同意。修理工便开始出题：“有一位聋哑人，想买几枚钉子，就来到五金商店，对售货员做了这样一个手势：左手食指立在柜台上，右手握拳做出敲击的样子。售货员见状，先给他拿来一把锤子，聋哑人摇摇头。于是售货员明白了，他想买的是钉子。"

"聋哑人买好了钉子，刚走出商店，接着进来一位盲人。这位盲人想要一把剪刀，请问，盲人将会怎么做？"

阿西莫夫顺口答道："盲人肯定会这样——"他伸出食指和中指，做出剪刀的形状。

听了阿西莫夫的回答，汽车修理工开心地笑起来："哈哈，答错了吧！盲人想买剪刀，只需要开口说'我买剪刀'就行了，他干吗要做手势啊？"

阿西莫夫只得承认自己回答得很愚蠢。而那位汽车修理工在考问前就认定他肯定答错，因为阿西莫夫"所受的教育太多了，不可能很聪明！"

这个故事里面，阿西莫夫因为有了"聋哑人比手势买钉子"的经验，先形成了思维定式和惯性，也就是汽车修理工先造成了他的思维障碍，使一个智商比普通聪明人高出 50% 的人出了个"盲人比手势买剪刀"的笑话。而汽车修理工在考问前就因为阿西莫夫"所受的教育太多了，不可能很聪明"，认定他肯定答错，从一个侧面，也说明了教育造成的思维习惯、思维定式、思维惯性的可怕！

在当今世界互联网已经为我们建立起大量知识库的现实条件下，思想的教育、文化的熏陶、能力的培养、智慧的启迪、身体的锻炼都比知识的积累重要得多。我国的教育在升学的压力下，在高考指挥棒的引导下，注重标准答案的填鸭式教学，注重知识的死记硬背，尽管中国学生是地球上最用功的学生群体，但在这种模式的约束下，我们的孩子没有茁壮成长，成为最缺乏好奇心和想象力的群体；我们的孩子没有被培养成有创意的"聪明"的学生，更不要说创新性人才。乔布斯上大学上了一年不上了，他给我们带来了苹果手机。比尔·盖茨上大学上了三年不上了，他成为微软的老板。真正的创新者、创业者是有时对于常规和惯例敢于蔑视和破坏的一批人。当然，和合思想理念告诉我们基础理论知识的学习是必不可少的，这也是对前人智慧的传承，但需要提倡更多的能力和智慧的培育，这是当今参与全球化竞争的重要方面。

失败是成功之母，失败往往促使我们去做新探索、找新出路、想新办法、用新战略，迫使我们用创新思维帮助自己成功。越来越多的事实证明，成功往往也可能是失败之母，为什么这样说？是因为在过去已有的成功经验基础上，往往会看不到或不愿看到事物的发展变化，还沉浸在自己以往的经验中，这些以往的经验就会成为一种思维定式，使我们的思维出现盲点、误区和偏见，束缚我们的思维，使我们的眼光停留于过去，没有看清楚当下，更没有看到未来，面对大量出现的新情况新问题，还是用老经验老办法去处理，就容易固化思维而导致失误、错误，甚至失败。柯达胶卷的失败就是一个典型的例子。所以我们说成功也会是失败之母。如果柯达公司高层能够突破思维定式，用和合的精神、创新的思维面对新情况新问题，打开思维空间，也许还能树立全新的品牌形象。因此，我们需要突破思维定式，用创新的思维面对新情况新问题，要打开思维空间，找到新方法，破解新情况、解决新难题。

有许多企业主不可谓不努力、不可谓不辛苦，但埋头苦干的结果换来的却是被无情淘汰的命运。其背后的原因令人深思。

【和合推荐】

贝弗里奇在其《科学研究的艺术》一书中解释了惯性思维："我们的思想多次采取特定的一种路，下一次采取同样思路的可能性就越大。在一连串的思想中，一个个观念之间形成了联系，这种联系每利用一次，就变得越加牢固，直到最后，这种联系紧紧地建立起来，以致它们的连接很难破坏。这样，正像形成条件反射一样，思考受到了条件的限制。我们很可能具备足够的资料来解决问题，然而，一旦采用了一种不利的思路，问题考虑得越多，采取有利思路的可能性就越小。"

第二节 创新方法

回望人类历史长河中科学技术带给人类社会发展的巨大推动，比照农耕时代、工业时代和互联网创造的社会变革，互联网技术正开创人类一个全新的时代。

互联网时代具有“去中心化、自组织性、趋扁平化”的特性，也使和谐与合作成为一种不可逆转的必然趋势。这是一个不可多得的和合新机遇。

如何抓住新机遇，如何突破思维定式，如何不沉湎于以往的经验，这需要有创新方法。创新，需要对待新生事物能感兴趣，有好奇心，懂得质疑，并学会探索。好奇是创新意识的萌芽，兴趣是创新思维的营养，质疑是创新行为的举措，探索是创新学习的方法。

创新需要主动性。遇到问题时，需要主动思考，要学会主动去探索，发挥主观能动性。只有把主观因素充分调动起来，才能从现有条件出发，改变不利条件，创造出新的有利条件，才能以坚强的意志和十足的干劲，克服种种困难，取得成效。

创新需要积极性。兴趣是最好的老师，当一个人对一件事感兴趣，他才会有积极性。有了兴趣，他必然会舍得花费更多的精力、时间去想方设法、学习研究，会舍得花费更多的资金、资源去努力耕耘、积极处理，必然就会做得与众不同，超越他人取得成功。

创新需要创造性。要懂得质疑，发挥自己的创造性。要善于并敢于创造性地变通，以免该断不断，坐失良机。只要变得合理、变得有据，就能通得有效、获得成果。

创新的方法有很多，这里推荐三种：发散型创新方法、聚焦型创新方法、逆向型创新方法。在包容基础上扬弃，在继承基础上创新，是和合创新方法的根本要求。见人之未见，想人之不想，悟人之难悟，方显大智慧啊！希望大家能够悟出更多好方法。

一、发散型创新方法

面对一个具体的挑战、难题，不是就事论事，如果能够从这个问题出发，思维发散出去，考虑更多边界问题和更多的可能性，想到方方面面，就是发散型创新方法。

比如笔的用途。人们当然会先想到笔的用途是写字；也有人会想到笔不仅可以写字，还可以绘画；也有人想到可以作为爱情的信物、亲友的礼物；也有人会想到可以做杂耍的道具；也有人想到了野外生存时，将笔管变为吸管，做汲水的工具；甚至电影里还被用来做伤人的凶器……总之，一群少年儿童，他们中间的智慧就能够想到数十多种用途。

在这种思考用途的过程中，潜移默化，润物无声，能够启迪人生的智慧。

二、聚焦型创新方法

聚焦就是抓住精华，抓住交集，抓住焦点。

聚焦型创新方法，要抓住精华。就像剥笋，将枝枝叶叶去掉，将外壳外衣去掉，最后进入最精华的、最核心的部位，才得到可供食用的笋。

聚焦型创新方法，要抓住交集。就是利用基础数学“集”的概念，不同的集，如果有交集，就是问题的重点核心。比如我们想做的事情很多，我们能做的事情也很多，当今社会让我们可做的事情也很多，但这些想做的、能做的、可做的事情不会完全一致，如果有一致的事情（也就是说这些事情有交集），就是我们应该聚焦去做的事。

聚焦型创新方法，要抓住焦点。就像用放大镜把散漫的阳光聚焦到一个点上，会造成很高的温度，照在柴堆上，它会燃起熊熊的大火。

就像毛泽东领导革命军队“集中优势兵力打歼灭战”，抓住精华，抓住交集，抓住焦点，人们才能够集聚能量，抓住实质，获得成果。

三、逆向型创新方法

逆向型创新方法就是用不同于常规的思维方式、方法，分析问题、解决问题的方法。道家学派的祖宗老子的《道德经》，里面有许多东方的智慧。其中有一句——“将欲取之，必先予之”，你想得到一个东西，那你必须首先要付出，有舍才能够得，这是典型的逆向思维。“军争之难者，以迂为直，以患为利”(《孙子兵法·军争篇》)，也是一个典型的逆向思维。

司马光砸缸的故事，讲的是童年时期的司马光，有一次和几个小伙伴在花园里玩，一个同伴掉入盛满水的大缸里，情急之下救人，人们的常规思维都是人要从水中拉出来，离开了水，这样才能够保住人的性命。司马光他想到如果扒住缸沿去救人，人小力气小，又不够高，可能想救人却被小同伴把自己也拉入水中，一同溺亡。小小的司马光没有按常规的思维，急中生智搬起了园中的石头，砸向了大缸，让水离人，挽救了同伴的命运，成为一个流传千古的佳话，这背后就是一个逆向思维。

发散型是求多，聚合型是求精，逆向型是求异。未来的创新要鼓励产学研合作，要鼓励企业与国内外大学合作、与研究咨询机构合作，没有产学研合作，完全靠企业自己研究开发是不行的，当然企业也要提高自身研究开发能力，还得要重视人才引进、培养和使用。国内外大学有很多技术的积累，却没有能力将它产业化，产学研合作就有机会将它产业化了。许多技术需要进行互补、合作才能实现产业化、市场化，企业从零开始，没有传承，创新也是无从谈起，没有出路的。

我们应该认识到，常有所疑，是创新的开端。勇于破疑，是创新的动力。创新的做事方式，由于没有经过实践检验，一般很难证实其可行性。改进的过程，大多数情况下往往是铢积寸累的缓慢过程，所以我们强调与时俱进、持续改进。尽管我们不能确保每次改进都有最巧妙的创新方法，但我们至少可以在总结实践经验或向前人、向书本学习的基础上，经过多方案的比较，选择较佳的方案来做事。每天进步一点点，日积月累，我们一定能够找到更加智慧的做事方式：

（1）在事情做之前，要先弄清楚做事的目的、要求以及做事的传统方式。

（2）要发挥主动性和创造性，腾出时间来积极思考，策划多方案进行分析比较选择，即使是处理常规性的事务，也要勇于尝试创新的做事方式，不断自我完善、持续改进，找出快、好、省的解决方案。

（3）要加强做事的过程控制和阶段性成果管理，确保最终结果符合做事的目的和要求。

（4）在事情做完后，要及时总结经验教训，找出做事的规律性，为今后做事打好基础、做好准备，从而不断取得更多效益。

※ 他为我用·五力和合 ※

华为的创新

华为把自己的创新比喻成“针尖式”的创新，换言之，就是在某一项技术上持续投入取得突破。

2G、3G时代还是追赶者的华为，在4G时代实现了与国外巨头齐头并进，而在5G时代华为将力争成为全球的引领者。华为是业界最早投入5G研发的厂商，同时也是投入最大的。在2009年华为就开始了5G研究，并于2012年在巴塞罗那通信展上展示了5G原型机。华为方面透露，在2018年底前，华为将致力于5G标准化制定，2018年将率先与合作伙伴联合开通5G试商用网络，2019年推动产业链完善并完成互联互通测试，2020年正式商用。

华为在芯片领域的投入是另一个“针尖式”创新的典型。芯片领域是一个需要长期积累和连续投入，并且存在很大商业风险的领域，而华为却坚定不移、低调地做了11年。海思成立于2004年10月，业务包括消费电子、通信、光器件等领域的芯片及解决方案。华为对海思的定位是支撑公司自身产品的硬件架构。这家一直默默耕耘企业多年来在大陆芯片设计行业排名榜首，在华为近年来发布的多款旗舰智能手机中，都有海思芯片从中助力。在国内，海思也被认为是未来可以与高通抗衡的本土品牌。

“针尖”和“聚焦”成为华为在向上超越过程中的关键词。2013年，华为全年实现销售收入2390亿元，同比增长8.5%；净利润为210亿元，同比增长34.4%，首次在全年销售收入上超过爱立信成为全球通信行业老大。任正非在2013年年报的CEO致辞中表示：“我们只可能在针尖大的领域里领先美国公司，如果扩展到火柴头或小木棒那么大，就绝不可能实现这种超越。”华为收窄战略面，在针尖领域，就踩不着别人的脚。“我们在主航道上是针尖战略，针尖战略就是冲到最前面，不与别人产生利益冲突。”

在ICT行业，华为坚持有所为有所不为，即聚焦在信息的传送、处理、存储和重现来提供产品和解决方案。在聚焦管道战略的保障下，华为2014年全球销售收入2882亿元（465亿美元），同比增长20.6%；净利润279亿元（45亿美元），同比增长32.7%。“华为公司这二十多年的发展，基本踩对了鼓点”，任正非2014年在拉美及大T系统部、运营商BG工作会议上说，其原因是，在世界整体经济大爬坡的时候，华为强调规模化增长，加强合同质量管理和坚定不移地转变战略目标，并坚持以利润为中心。在今年分析师大会上，华为提出服务产业战略，从过去由产品驱动、服务支撑转为产品与服务共同驱动；企业业务坚持被集成战略；消费者服务从产品维修服务转变为全生命周期用户体验管理，这将进一步巩固华为在通信行业第一的优势。（来源：《深圳商报》2015年8月14日。作者：陈姝）

米老鼠的诞生

美国的迪斯尼曾一度从事美术设计，后来他失业了。原来他和妻子住在一间老鼠横行的公寓里。但失业后，因付不起房租，夫妇俩被迫搬出了公寓，他们不知该去哪里。

一天，二人呆坐在公园的长椅上，正当他们一筹莫展时，突然从迪斯尼的行李包中钻出一只小老鼠。望着老鼠机灵滑稽的面孔，夫妻俩感到非常有趣，心情一下子就变得愉快了，忘记了烦恼和苦闷。

这时，迪斯尼头脑中突然闪过一个念头。对妻子惊喜地大声说道："好了！我想到好主意了！世界上有很多人像我们一样穷困潦倒，他们肯定都很苦闷。我要把小老鼠可爱的面孔画成漫画，让千千万万的人从小老鼠的形象中得到安慰和愉快。"风行世界数十年之久的"米老鼠"就这样诞生了。

在失业前，迪斯尼一直住在公寓里，每天从早到晚都同老鼠生活在一起，却并没有产生这样的设想。而在穷途末路、面临绝境的时候出现了这样的灵感，原因何在？其实，"米老鼠"就是触发了灵感的产物。迪斯尼后来说这件事的时候，发出这样的感慨："米老鼠带给我的最大礼物，并非金钱和名誉，而是启示我陷入穷途末路时的构想是多么伟大！还有，它告诉我倒霉到极点时，正是捕捉灵感的绝好机会。"

这件事提醒我们，在对问题已进行较长时间思考的执着探索过程中，需随时留心和警觉，在同某些相关与不相关的事物相接触时，有可能在头脑中突然闪现所思考问题的某种答案或启示。就像迪斯尼夫妇由小老鼠触发灵感一样，许多意想不到的东西都可以成为触发灵感的媒介物。

第三节　创新制胜

未来学家预测：人类现有的绝大多数职业再过 20 年将会在这个地球上永远的消失。失业和破产将成为 21 世纪最时髦的名词之一。

在竞争日益激烈的今天，怎样才能脱颖而出？怎样才能跟得上时代前进的步伐，不被社会所淘汰？怎样才能百战百胜，笑傲职场？成功人士的

经验告诉我们：创新是制胜的法宝。现代竞争的实质是创新能力的竞争。

创新精神对于一个公司来说非常重要，它意味着从无到有、从有到特，这其中一定充满了风险和不确定性，但同时也会有很多的机遇。因此，要创新就不能惧怕风险、挫折和失败，很多知名公司总是鼓励员工进行冒险和尝试，同时也宽容失败，不以成败论英雄，而是以能否创新论英雄。创新型员工是公司发展的推动器，是个人成长的助力器，要成为一流员工，就要敢于创新。

在工作中，如果你一味遵循旧的思路，遇到问题不肯开动脑筋，从另一条路去找方法，那么，你就永远不可能做出杰出的成绩。

唯有创新才能做出精品，超越他人。也就是说，要想在工作中出人头地，就必须学会以新制胜，在新意上做文章，方能有所成就。传统的老路子也许很安全，但缺乏新意，老套古板，很难适应瞬息万变的市场。

多数人认为在工作上要遵守服从原则，越听话领导越喜欢。要尽量按照领导的意思来做事，不然就是不尊敬领导的表现，如果什么事都爱表现自己，大家会觉得你缺乏自知之明。其实，这种想法并不错，按照领导的想法去办事自然是应该的，但是如果你对领导的意图没有任何创新精神，特别是你明明已经发现了不妥而不提出改进建议的话，你在工作上就没有任何主动性，那么久而久之你将成为一个被动工作的员工，没有自己的想法，如同一个被操纵的木偶。作为一个领导来说，他更喜欢什么样的员工呢？领导喜欢的不是听话的奴才，而是会动脑子想办法的聪明人；领导要的是预期的结果，如果能够超越领导的期望，你一定更被看重。

但需要强调的是：没有一个领导会喜欢一个资历尚浅的员工违反规定做出自以为是的事情。我们应该明白公司的规定是多年经验总结积累的结果，轻易的变化，往往会带来非预期的结果；特别是有些工作大都需要多人协作完成，一个人的随心所欲的变化会导致其他相配合的人无所适从，会降低团队的效率，这些都是对规定作调整时必须考虑的问题。最好别自作主张，而应该预先提出改进的建议，获得批准后再执行。古代信息传递不方便，君主与在外的将领信息不对称，“将在外君命有所不受”，移动互联网的普及改变了这一状况，“将在外君命有所不受”已经不是改变规定

的借口。

但可以肯定，没有哪个老板喜欢那些在工作中不动脑筋，完全照条例、框框去工作的员工，因为这种员工缺乏创新精神，缺少必要的推陈出新的勇气。

因此，许多公司都努力把自己的员工培养成自动自发的人。因为自动自发的员工，有独立思考的能力，能做出更出色的业绩。他们不会像机器一样，别人吩咐做什么就做什么，他们往往会发挥自己的创意，以创新制胜，出色地完成任务。

如何创新制胜?《伊索寓言》里的一个小故事给我们一个形象的解释：

一个暴风雨的日子，有一个穷人到富人家讨饭。

“滚开！”仆人说，“不要来打搅我们。”

穷人说：“只要让我进去，在你们的火炉上烤干衣服就行了。”仆人以为这不需要花费什么，就让他进去了。

这个可怜人，这时请厨娘给他一个小锅，以便他“煮点石头汤喝。”

“石头汤”厨娘说，“我想看看你怎样能用石头做成汤。”于是她就答应了。穷人于是到路上拣了块石头洗净后放在锅里煮。

“可是，你总得放点盐吧。”厨娘说，她给他一些盐，后来又给了豌豆、薄荷、香菜。最后，又把能够收拾到的碎肉末都放在汤里。

当然，您也许能猜到，这个可怜人后来把石头捞出来扔回路上，美美地喝了一锅肉汤。

如果这穷人对仆人说：“行行好吧！请给我一锅肉汤。”会得到什么结果呢？结果是十分明显的，这就是创新思维的力量！因此，伊索在故事结尾处总结道：“坚持下去，方法正确，你就能成功。”

创新制胜也是一样，坚持下去，方法正确，你就能成功。

※ 洋为中用·中外和合 ※

3M 公司

3M 公司全称 Minnesota Mining and Manufacturing（明尼苏达矿务及制造业公司），创建于 1902 年，总部设在美国明尼苏达州的圣保罗市，是世界著名的产品多元化跨国企业。3M 公司为全球近 200 多个国家的客户提供产品及服务，其产品已深入人们的生活，从家庭用品到医疗用品，从运输、建筑到商业、教育和电子、通信等各个领域，极大地改变了人们的生活和工作方式。

3M 公司素以勇于创新、产品繁多著称于世，生产数以万计的创新产品，在医疗产品、高速公路安全、办公文教产品、光学产品等核心市场占据领导地位。

3M 公司倡导创新精神并且鼓励员工创新。在这里，只要你肯创新，即使失败也会受到鼓励。公司领导说：“在 3M 公司，你有坚持到底的自由，也就是意味着你有不怕犯错、不畏失败的自由。”

在 3M 公司的企业文化里，几乎任何人的任何新构想，都是可接受的。对于犯错，公司采取宽容的态度，因为公司认为一个不犯错的人势必不是一个爱创新的人，要创新就必须允许犯错。曾听说过有一个很典型的例子说明了 3M 公司对犯错的宽容态度。

该公司一位高级负责人，曾经尝试进行一种产品的创新，但由于中间发生意外，造成了千万美元的巨额损失。当时，许多人对他的这种做法非常不满，有的甚至提出应立即把他开除。但是，公司董事长却坚持认为这是创新的“副产品”，是一种可以原谅的错误。如果继续给他工作的机会，他的进取心和才智有可能超过未受过挫折的人。相比那些因为惧怕失败而不敢创新的人来说，犯这种错误的人要珍贵得多。

结果，在董事长的信任下，这位创新失败的高级负责人不但没有被开除，反而被调任同等重要的职务。后来，他吸取上次失败的教训，重新进行实验，结果大获成功，为公司发展做出了卓越的贡献。这显示了3M公司对待创新失败的宽容态度，也是鼓励创新的极好证明。

一个世纪以来，3M致力拓展科技极限，不停改进、结合和创造，先后开发了6万多种产品，每年平均有500种实用、可靠和针对不同客户需求的新产品问世。这个世界著名的多元化科技企业，产品比比皆是：从随手拈来的报事贴便纸条，到道路上的交通标志以及绚丽多彩的广告贴膜，从家庭用品到医疗用品，从手机到笔记本电脑到汽车，几乎各个领域都能发现3M公司的身影。

3M公司是创新制胜的典范。

创新的艺术

美国著名设计公司IDEO的总经理汤姆·凯利，在《创新的艺术》一书中把读者带到了这家拥有超凡激情与想象力的公司幕后，揭示了IDEO长久保持高水准创新能力的奥秘：

（1）善于观察一般人习以为常之事，从细微处入手，才会拥有打破常规的能力；

（2）以使命激发团队激情，营造内部竞争气氛，促使团队更快地到达胜利的终点；

（3）敢于为公司注入新鲜血液，雇用一些偏离主流的员工，你会获得意外的惊喜；

（4）创新的最大障碍在于公司固定的意识倾向，不要让僵化的思想侵蚀人们的精力；

（5）优秀的公司往往不畏风险，积极面对挫折，并勇于探索界限之外的风景。

> IDEO 的产品曾经一次次轰动整个设计界，从苹果电脑精灵古怪的鼠标到宝丽来 I-Zone 一次成像相机，无不显示其杰出的创造力与创新精神。同时，IDEO 也广泛涉足咨询业，以其来自商战前线的实际经验为呆板乏味的公司洗脑，启发他们创新的灵光。IDEO 的成功案例与耐人寻味的教训，给所有商界人士提供了最实际的创新理念：只有突破常规、胸怀愿景，才能在商界中出奇制胜。
>
> 创新永无止境，在不懈尝试中自我磨砺，你的公司终将获得洞察未来之眼。（来源：百度百科）

※ 古为今用·古今和合 ※

乾泉教授（知名学者，管理专家，中国商学院联盟首席专家）认为，《周易》的核心讲“三易”，即“简易”“不易”“变易”。笔者认为这“三易”揭示了中国哲学的核心的重要内容，也正好是“和合战略”的基本方向。因此，值得重视和研究。

1. 简易

《周易》提供的逻辑理论模型，使人们能够更“简易”分析问题、处理问题。简单管理是和合战略管理发展的方向，管理的制度化、规范化、标准化、程序化等，是“简易”的路径。和合战略以《孙子兵法》为本源，建立了策划、研究、评估、准备等模型，目的是为了在继承前人智慧的基础上，使读者们能够“简易”地建立起自己的发展战略，避免重复性的工作，帮助读者规避系统性、区域性的错误。

2. 不易

《周易》提供的逻辑理论模型，揭示了事物发展变化的规律性，这种规律性在一定的条件下是不变（不易）的。任何事物都有一定的生命周期，其产生、发展、变化都是有规律可循的，构成其有机生命的基本规律是相对不变（不易）的。和合战略引用经典的案例、故事、著作，为的是让读者明白事物的关联性和其在一定条件下不变（不易）的规律性，帮助读者更好地认识事物，掌握其规律性。

3. 变易

不变是相对的，变化是绝对的，任何事物都是发展变化的。变化就是变易，“变易”是易经研究的主要内容，《易经》的六十四卦、三百八十四爻及其“彖传”“象传”“文言”等，揭示的是事物发展、变化的基本规律。和合战略以“在包容基础上扬弃，在继承基础上创新”为根本特性，希望读者面对变化，抓住机遇，用和合精神去创新、去发展，去创造新经典。

第四节　本章小结

时代在变，环境在变，思想在变，所有的一切都在发展变化着，抓住变化，就抓住了机遇。勇于创新的精神是引领世界进步的力量，故步自封终究会使一个组织、个人慢慢地被社会进步的潮流所淘汰。和合传统，总是把机遇留给那些有准备并关注着变化的人。秉承和合战略的根本特性，面对变化，要用和合精神去创新、去发展。

“创新”就是突破前无古人的桎梏束缚和墨守成规的僵化程式，打破经验主义和教条主义的条条框框，从无到有，标新立异，开风气之先河。创新的本质是突破，即突破旧的思维定式，旧的常规戒律。创新要有创新的思维，应用创新的方法，最终达到创新制胜的目的。

创新思维是指以新颖独创的方法解决问题的思维过程，通过这种思维能突破常规思维的界限，以超常规甚至反常规的方法、视角去思考问题，提出与众不同的解决方案，从而产生新颖的、独到的、有益的思维成果。

人们的思维常被思维习惯、定式、惯性所束缚。物竞天择的进化过程，使人们在本能上会有对失败的害怕以及对风险的规避，而创新恰恰容易造成失败和风险，人们更愿意相信成功经验，而很难主动去改变。

在当今世界互联网已经建立起大量知识库的现实条件下，思想的教育、文化的熏陶、能力的培养、智慧的启迪、身体的锻炼都比知识的积累重要得多。

失败是成功之母，失败往往促使我们去做新探索、找新出路、想新办法、用新战略，迫使我们用创新思维帮助自己成功。成功往往也可能是失败之母，在过去已有的成功经验的基础上，人们往往会看不到或不愿看到事物的发展变化，还沉浸在自己以往的经验中，面对大量出现的新情况新问题，还是用老经验老办法去处理，就容易固化思维而导致失误、错误，甚至失败。因此，我们需要突破思维定式，用创新的思维面对新情况新问题，要打开思维空间，找到新方法，破解新情况、解决新难题。

创新，需要对待新生事物能感兴趣，有好奇心，懂得质疑，并学会探索。好奇是创新意识的萌芽，兴趣是创新思维的营养，质疑是创新行为的举措，探索是创新学习的方法。

创新需要主动性、积极性、创造性。见人之未见，想人之不想，悟人之难悟，方显大智慧！推荐三种创新方法：发散型是求多，聚合型是求精，逆向型是求异。未来的创新要鼓励产学研合作，企业从零开始，没有传承，创新也是无从谈起，没有出路的。

我们应该认识到，创新的做事方式，由于没有经过实践检验，一般很难证实其可行性。改进的过程，大多数情况下往往是铢积寸累的缓慢过程，所以我们强调与时俱进、持续改进。

创新精神对于一个公司来说非常重要，它意味着从无到有、从有到特，这其中一定充满了风险和不确定性，但同时也会有很多的机遇。因此，要创新就不能惧怕风险、挫折和失败。

时代在进步，技术在更新，知识在爆炸，人们每时每刻都必须做好准备，用创新的思维迎接新挑战的到来。回望人类历史长河中科学技术带给人类社会发展的巨大推动，比照农耕时代、工业时代和互联网创造的社会变革，互联网技术正开创人类一个全新的时代。原地踏步，故步自封，墨守成规，就躲不开被淘汰的威胁。勇于迎接新的挑战，是和合精神的时代要求。

在继承基础上发展中华传统的智慧，在包容基础上扬弃地球传世的文化。我们要用和合的传统、和合的理念、和合的精神，迎接新挑战、抓住新机遇、创造新经典。

附 3

战略升华·和合结语

兵无常势，水无常形。世界万事万物都在变，人的一生也有变数。人生从来不是你能完全预料的，一切都计划好的、从来就没有惊喜的人生是不现实的！一帆风顺往往只不过是美好的愿望而已。遭受过痛苦挫折的人生才会有非凡的成就。在当今互联网时代，互联网技术在短短二十年的商业化浪潮中，以前所未有的速度谱写着改变世界的产业传奇和创业人生。互联网赋予每一个人无限的可能，让个人力量增强、个人价值释放、个人知识爆炸，互联网让普通的个人越过几百年塑造的专业屏障、权威评价和路径依赖，获得平等而充分的展现机会，个人和个人力量的汇聚释放出以往不曾有过的创造力与自我价值。这是一个全新的时代，这更是一个需要创新精神、不怕犯错的时代。风光时，不可安于现状，失意时，也不要自怨自艾。无论人生如何变幻，自己只要微笑着，永远保持一颗宁静的心，以不变应万变，生活总会充满阳光。

量子技术、纳米技术、基因技术、信息技术、联网技术将在今后很长一段时间内，影响地球的生态文明和社会文明。互联网，特别是移动互联网的应用，使技术和观念的扩散速度是前所未有的；中国政府在全球推广的高速铁路火车，高铁的普及，将极大地促进人员、货物和服务的流通。新的科技革命已经悄然到来，当今世界，经济全球化日益发展、科技进步日新月异、国际竞争日趋激烈。

随着知识更新的加快、新技术扩散的加快、信息传递的加快，产品的生命周期将呈现缩短的趋势。靠短暂的、偶然的产品开发，或靠灵机一动的市场战略获得成功的企业，将不可持续。

为了应对复杂多变的竞争环境，为了满足经济全球化的发展，为了跟上互联网经济时代，我们需要以和合战略来赢得发展机会和竞争优势。

从竞争走向合作，从战争走向和平，和平与合作，是当今世界发展的主流思想和共同理念。

目前地球主流文明有三种：一种文明是基督教文明，再一种文明是伊斯兰教文明，第三种就是儒教文明。这些文明的冲突是当今世界冲突的主要思想根源。

美国哈佛大学的亨廷顿教授，写过一篇文章，这篇文章的题目叫《两种文明的冲突》。亨廷顿认为，世界上有两种对立的文明，一种文明就是基督教文明，另外一种文明就是儒教、伊斯兰教文明。

亨廷顿有一个学生，这个学生的名字是富兰西斯·福山，福山更是在老师的基础上进行了发挥。福山写了一篇文章《历史的终结与最后的人》。他认为，两种文明冲突的结果是，基督教与伊斯兰教的矛盾还可以解决，而基督教和儒教的这种矛盾，是没有办法解决的。最终可能就是儒教这种文明应该要消亡，然后，基督教文明应该要占统治，这样的话，历史就终结了。也就是说，历史发展到这样的阶段，就是以基督教文明占了上风，而且基督教文明战胜了儒教文明，在这个时候，历史就达到了最高层次了，就终结了，就不必要再前进了。而像基督教文明，比如说，像美国文明这种民主、平等、自由，像这种文明生活的人也就是最后的人。

其实不然，基督教信奉上帝，上帝是唯一的；伊斯兰教信奉真主，真主也是唯一的。他们都不可能让别人来统领自己、支配自己，这种冲突就不可调和。

儒教文明包含儒、释、道三家思想及中国化的佛教思想，你中有我，我中有你，不是像基督教和伊斯兰教那样截然对立的。这是和合文化的思想基础。和合，是继承基础上的发展，是包容基础上的扬弃。和为贵！合为乐！和合战略是一种继承和创新、包容和扬弃的战略。

基督教和伊斯兰教，无论是它们两者之间，还是与别的文明的冲突，都将是你死我活、非你即我、无法调和的冲突，这也必然导致其自身的不可持续性。

能够一统江湖的必然是和合文化。回望人类历史长河中科学技术带给人类社会发展的巨大推动，比照农耕时代、工业时代和互联网创造的社会变革，互联网技术正开创人类一个全新的时代。这个时代具有去中心化、自组织性、趋扁平化的特性，也使和谐与合作成为一种不可逆转的必然趋势。

中华民族，在世界工业革命后，被西方列强所超越。在中国共产党领导下，中华民族再次崛起，国际上也有很多正面的评价，比如说中国的奇迹、中国的道路、中国的经验、中国的模式等。中国的高铁正以 300 多公里的时速冲向世界，中国的制造、中国的技术、中国的规范、中国的文化，随着中华民族的崛起，已经或者将要被世界所认同，这是一个不可多得的新的机遇期。

就像过去几千年中一样，我们将重新以最大经济体屹立于世界民族之林，在此之际，中华民族为世界做出了新的、应有的贡献。和合战略将是我们奉献给这个世界新的经典战略！

2018 年 5 月 15 日于杭州